王式华 著

STRATEGIC
EMPOWERMENT

从战略到
执行的突破

战略
赋能

中国工人出版社

图书在版编目（CIP）数据

战略赋能：从战略到执行的突破 / 王式华著. —北京：中国工人出版社，2024.6
ISBN 978-7-5008-8459-0

Ⅰ. ①战… Ⅱ. ①王… Ⅲ. ①企业管理－战略管理 Ⅳ. ①F272.1

中国国家版本馆CIP数据核字（2024）第102521号

战略赋能：从战略到执行的突破

出 版 人	董 宽
责任编辑	丁洋洋
责任校对	张 彦
责任印制	栾征宇
出版发行	中国工人出版社
地 址	北京市东城区鼓楼外大街45号 邮编：100120
网 址	http://www.wp-china.com
电 话	（010）62005043（总编室） （010）62005039（印制管理中心） （010）62379038（社科文艺分社）
发行热线	（010）82029051 62383056
经 销	各地书店
印 刷	天津中印联印务有限公司
开 本	710毫米×1000毫米 1/16
印 张	16.75
字 数	227千字
版 次	2024年7月第1版 2024年7月第1次印刷
定 价	48.00元

序　言

正在发生的未来
——中国企业战略迷思与新觉醒时代

靠机会取得的成功往往令人迷失，放大个体的能力。做企业是很不容易的，历经坎坷，“九死一生”，于“你死我活”的商场竞争中杀出一条血路，打败对手，赢得胜利的刺激与快感很容易让人成瘾，回头一看，“敌人”已经被甩在身后，那种霸气与豪气往往令企业创始人产生强烈而持久的“路径依赖”，成功增强自信，自信过头就是自负，再加上身边人的赞誉助推，会使管理者产生“舍我其谁”的成功幻象，恍如进入“人挡杀人，佛挡杀佛”的不败之地，认为干什么都能成功，于是开始进行多元化大规模扩张，丧失了敬畏之心，忽略了个人能力的提高，把自己当成“Myth”——“神话”，从而忘记了反面——“迷思”，企业创始人沉醉于资产规模庞大的虚假繁荣里，企业深陷毫无战略的发展迷乱中。

类似的例子比比皆是，多少曾经知名度很高的企业，瞬间陷入危机，我们不禁要问：为什么经过多年积累，规模庞大的企业会发生危机并迅速滑向灭亡？为什么很多企业家更愿意追求快速发展与规模制胜？企业出现经营危机的根本原因是什么？企业如何发展才能成为梦想中的“百年老店”？如何才能基业长青？

企业发展到一定规模，必须开始进行战略思考与战略设计，不能什么都想要，面对越发不确定的 VUCA（Volatile——不稳定，Uncertainty——不确定，Complex——复杂，Ambiguous——模糊）时代，战略选择与战略定力会让企业聚焦“主航道”，不断突破至暗时刻，走向光明的未来，我国企业要破除“神话”，走出战略“迷思”，开启新觉醒时代。其核心在于思考并回答企业的事业理论之问，也就是德鲁克的经典三问：我们的事业是什么？我们的事业将是什么？我们的事业应该是什么？

1. 我们的事业是什么？

想要搞清楚我们的事业是什么，需要回答两个问题，第一个问题：谁是我们的客户？第二个问题：在客户心目中，价值是什么？这两个看似简单的问题，要清晰回答并不容易，尤其是后者，站在客户的角度来看，企业提供的产品或服务有哪些价值？比如很多年轻人到北京三里屯吃饭，吃的是什么？吃的是情调，吃的是氛围，吃的是快乐，而绝不只是饭菜本身，所以，如果在三里屯开餐馆，只宣称“菜品正宗，老幼咸宜”，而不考虑选址及环境氛围的打造，估计这个餐馆不会长久。回归“价值”，会让我深刻理解某个行业或企业。客户是企业存在并持续发展的唯一理由，尊重客户，不断关注并满足客户的需求，持续为客户提供价值，是企业事业理论构建的根本。

2. 我们的事业将是什么？

事业是什么，还只是立足于现在，并没有考虑未来，而环境的变化始终是未来的主变量，哪些因素会影响行业的发展？行业发展趋势是什么？客户的需求有哪些变化？竞争对手有哪些新动向？哪些创新会改变并创造客户的新需求？这些动态性的问题需要企业每年都进行洞察与反思，并不断调整，从而完善本企业的事业理论。

3. 我们的事业应该是什么？

提出“我们的事业应该是什么？”的目的在于使企业不断反思本产品或服务提供的价值是否符合环境的变化，随着时间的推移，企业需要检视客户及客户价值的变化，并随之进行业务的调整与完善。

在外部环境越发不确定的现实下，企业的成败就在转瞬之间，如何避免目前的能力短板成为制约企业未来发展的障碍，企业需要聚焦从战略到执行的能力建设，持续进行管理内功的打造与实践，才有可能走向光明的未来。这种未来，《孙子兵法》称之为“不战而屈人之兵”；佛教称“涅槃”；华为的说法是“听到上帝的脚步声”，这个脚步声不是离你远去，而是正向你走来。

是为序。

王式华

2024 年 6 月

目 录

CONTENTS

第一章

开篇：不确定未来的战略管理

第一节　战略，是一个“知道”的过程

战略始终是企业的头等大事。发展方向搞不清楚，就只是做生意，赚点小钱，而不是做企业。但凡做企业，必然需要思考做什么业务，做成什么样，如何赢得客户等问题，这些都是战略需要考虑的。

企业要有战略，要明确未来向何处去，看清楚终局走向，然后反过来对业务、资源及能力进行布局与安排，以终局反观布局，用未来牵引现在。

战略是放眼未来，而不是基于过去和现在，过去及现在的经验未必适应未来的发展，且未来具有巨大的不确定性，所以，战略首先始于思考，思考要全面，要深入，要长期，这是个痛苦的过程。德鲁克说：企业首先要做正确的事，然后才是正确地做事，但是永远没有人告诉你，对某个企业而言，在特定的时间阶段，正确的事到底是什么。

提到战略，我们本能地认为战略是企业一把手的事，与其他人无关。不能否认，一把手要对企业战略投入更多的精力，做出更多的战略思考，但这并不等同于战略就是一把手的事。更准确地回答是战略需要企业中高管的团队共创，贡献集体智慧，道理很简单，如果只是一把手的战略，中高层管理者为什么要去执行自己并未参与甚至并不认同的战略呢？

企业如何做战略思考，如何做战略制定？需要在方法论的指导下进行思考、演绎、论证，没有方法的指导和牵引，战略思考无疑会陷入“老虎吃天，无从下嘴”的茫然状态，战略太宏大，牵涉的面太多，从哪里思考？逻辑是什么？结果是什么？这几个关键问题如果不能得到解答，战略思考乃至战略制定就是空话，仅仅是想想而已，思考都谈不上，更遑论战略制定。

战略是一个深入思考并努力知道的过程。知道什么？知未来，知外部，知他人，知自己。经过长期研究与实践，现总结出四知战略框架模型，如图 1–1 所示。

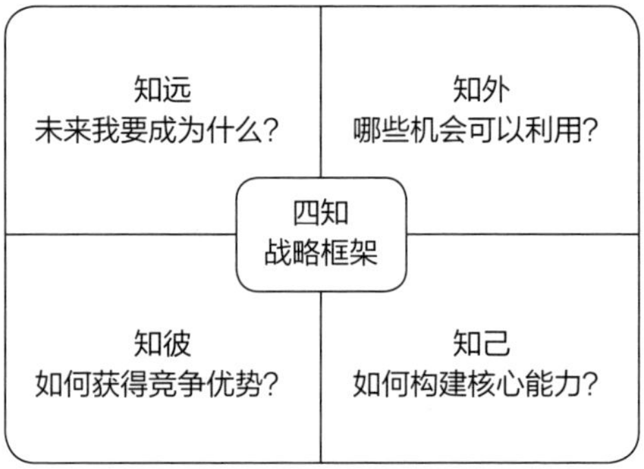

图 1–1　四知战略框架模型

一、知远：如何明确我们是谁？——没有愿景，就没有灵魂

企业首先应明确未来要成为什么样子？没有未来的指引，就不可能对现在进行布局，那企业就是什么赚钱做什么，没有选择，资源投入也不知道如何倾斜，短期效应明显，打一枪换一个地方。

所以，企业要先想清楚为什么做和做成什么样，前者是使命（Mission），后者是愿景（Vison）。亨利·福特为了让每一个普通人拥有汽车，穷尽毕生精力；比尔·盖茨的梦想是让每一户家庭的桌子上都有一台计算机。伟大而高远的梦想帮助企业穿越层层迷雾，抵御数不尽的磨难和挫折，以强大的意志力不断逼近愿景的达成。

企业必须从社会创造价值的角度来思考公司的使命与愿景，企业规模越大，格局也应该越高，按照德鲁克的说法，企业要构建自己的事业理论指导实践。当然，企业一开始考虑的是生存，未必想得很长远，有人问华为创始人任正非为什么要进入电信企业，任正非回答：要知道这个行业竞争如此激烈，我就不进来了。可见，华为开始是将电信作为一项业务来做的，没想那么多，也没想那么远。但是，随着华为的规模越来越大，品牌越来越响，此时的任正非，必须站在更高的角度思考华为，如为社会应该作出的贡献。

没有使命愿景，就没有灵魂，不管企业的规模有多大，都是灵魂出窍的企业，是飘荡在空中，找不到根的“孤魂野鬼”。

二、知外：如何捕捉外部机会？——没有机会，就没有增长

使命与愿景是遥远的未来，企业要为之努力和奋斗。千里之行，始于足下，行动上需要落实到业务层面，通过业务为客户提供价值，实现商业上的盈利，从而有可能有动力向愿景逼近。

企业到底做什么业务？企业创立是基于某个机会，而企业发展同样需要抓住机会，随着环境的变化，原来的业务可能进入“天花板”和“停滞期”，需要新的业务补充，企业战略需要持续筛选、甄别各种业务机会，从而选择适合自己的机会达到持续发展。

外部到底有哪些业务机会？要放弃哪些机会，抓住哪些机会？这是需要深度思考并慎重抉择的关键问题。要回答这些问题，就需要对外部环境进行系统思考和分析，也就是市场洞察。

企业要通过市场洞察找寻战略机会点，然后判断自己的优势与机会是否匹配，从而判断要抓取哪些机会作为再发展的杠杆，没有机会，就没有增长。

三、知彼：如何确立竞争优势？——没有竞争，就没有强大

每个企业都处于某个行业中，某个行业会有众多企业参与其中。所以，竞争是企业无法回避的现实。谈到竞争，自然要回答：竞争对手是谁？我如何比竞争对手做得更好？

从某种意义上讲，企业战略是竞争战略，这一点战略大师迈克尔·波特很早就提出了三种基本竞争战略，即总成本领先、差异化以及集中化。可见，如何面对竞争乃至如何赢得竞争是战略的重要课题之一。

竞争优势的确立，并非企业的自我感觉良好，也绝非夸夸其谈的“自嗨”。企业需要思考并回答：我的客户是谁？我究竟为客户提供什么价值？与竞争对手相比，我的优势有哪些？我在哪些方面可以比竞争对手做得更好？

竞争优势的构建，要聚焦两个核心问题：我的客户是谁？我为客户提供什么独特价值？知彼的目的是要关注行业和竞争对手，对手之间相互学习，相互借鉴，相互追赶，没有竞争，就不会强大。

四、知己：如何构建核心能力？——没有壁垒，就没有持续

竞争优势回答了企业如何参与以及赢得竞争，也就是思考建立本企业的竞争门槛，再进一步，竞争门槛是否足够强大，形成高壁垒，从而建立持久的竞争优势呢？所以，企业不仅要考虑比较竞争优势，更要思考核心竞争优势。

核心竞争优势并非无缘由而来，它是需要在比较竞争优势的基础上不断发展并优化的，这是个艰苦的长期过程。企业首先要明确自己的长处，然后不断琢磨如何把这种长处发挥到极致，从而形成核心竞争优势，企业就具备了持续的竞争优势，最终才可以“不战而屈人之兵”。没有壁垒，就没有持续。

战略，是一个“知道”的过程。知远，是为了明确未来要去哪里；知外，是了解如何去；知彼，是看清楚其他竞争对手；知己，是更深刻地了解自己是谁。层层递进与演绎，实现逻辑上的打通。当然，逻辑上成立，实践中未必成功；但是逻辑上不成立，实践中肯定不成功。先在逻辑上知道，再从实践中修正，这就是战略。

第二节　没有战略思维，何谈战略

企业管理者大都从事具体业务工作，在业务能力、业务经验以及解决具体问题方面都很擅长，但长期从事业务工作很容易导致思维的具象化，思维也就更偏向具体问题，缺乏高度和系统性。所以，对企业管理者而言，尤其是中高层管理者，需要进行战略思维的训练与培养，道理很简单，没有战略思维，何谈战略？

什么是战略思维？对外部环境和行业发展趋势有深刻的洞察与预判，能看到表面现象背后的实质，能从单一现象联想到对其他事物的影响，这都是战略思维。战略思维的构建有三大底层逻辑，分别是时间思维、本质思维和系统思维，如图 1–2 所示。

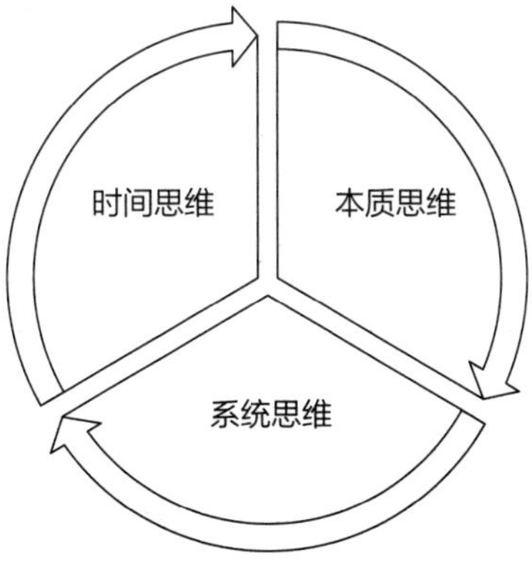

图 1–2　战略思维的三大底层逻辑

一、时间思维——站在未来看现在

时间思维要求我们看待事物的时候，不是从现在来看，而是把时间轴拉长，从过去、现在乃至未来进行思考，这样就可以对未来的发展趋势做出预判。

我国经济已经从高速发展阶段转到高质量发展阶段，如何理解？长期以来，我国经济保持了高速增长，一方面，我国地域广阔，市场需求极大；另一方面，我国人口众多，人工成本低廉，这两个因素成就了我国经济的辉煌，但发展到今天，很多行业增速下滑，行业天花板出现，人口红利已然消失，高速增长不可持续，必须回到结构调整，回到内生性增长，所以要进行高质量发展。站在时间维度，深刻理解高质量发展的内涵至关重要。

运用时间思维，很多行业面临转型升级的关口，比如家用电器、建筑工程、房地产等行业。长期以来，家电业主要依靠大规模制造、大规模广告以及大规模分销的模式获得高速发展，但到今天，支撑家电制造的有利因素已经消失，人口红利没有了，线下渠道已经式微，宣推成本越来越高，如果还坚持原有的发展模式，只能继续采取“价格战”这一低端的竞争手段，最终的结果就是行业消亡。站在未来的角度，家电业如何转型？大幅提升产品含金量，大幅降低人工成本是两个关键点，所以，家电巨头美的收购库卡，进军工业机器人领域，格力发展多元化业务，海尔进行互联网转型，都是利用互联网技术尝试行业转型的样本。

站在未来看现在，才能看得清楚，也才有紧迫感，否则就是“温水煮青蛙”，因循守旧，只有死路一条。

二、本质思维——看透面子和里子

所谓本质思维，就是我们常说的“透过表面看本质”，表面现象很多，只关注表象，很容易随波逐流，疲于奔命，到头来成为“韭菜”，任人收割。

修炼本质思维，看透现象背后的实质，是战略思维培养的重要手段。

比如，为什么新东方的“东方甄选”会爆红？

东方甄选的爆红缘于董宇辉、YOYO 等一批新东方教师直播风格的与众不同。在此之前，直播带货的主播大同小异，先吸引流量，有了流量之后就开始卖货。这个标准套路的结果就是造就了一大批标准化的主播，时间长了，大家产生审美疲劳，此时，东方甄选横空出世，董宇辉凭借多年的文字功底与知识积累，展示了不一样的表现力，为直播圈带来了截然不同的文化味道，横扫直播界顺理成章，其本质是差异化所产生的竞争优势。

国家为什么限制校外辅导培训班？本质是提倡公平、共同富裕的大背景要求。国家为什么要建立全国统一大市场？显然不是回归市场经济，而是提高市场效率，是高质量发展的重要举措。

还有，销售的本质是什么？销售业绩的背后是什么？为什么有的人可以很快得到客户的信任，有的人却很难获得信任？了解客户痛点，匹配需求，只是表象，销售的本质是“安全感的建立”，不能成交意味着客户从你这里无法获得安全感，只要没有安全感，就不可能建立信任，没有信任就绝不会有成交，即使有一次成交，也不可能有持续的成交。所以，销售是客户安全感建立以及持续强化的过程，不了解这一点，不可能做好销售。

类似的现象比比皆是，看穿表象，直击本质，看透面子和里子，是战略思维培养的重要方法。

三、系统思维——从闭环角度思考

系统思维有两层含义：一是任何事物都不是独立存在的，是相互关联的，比如蝴蝶效应；二是任何事物都会经过发生、发展以及终结这个过程，是个闭环，而不仅仅是某个部分。

系统思维前者的含义要求我们具备敏感性，对企业内发生的任何现象都要保持敏感和警惕，从某件小事能看到对团队及企业的影响。比如，某个团队成员产生了抱怨和牢骚情绪，虽然是个别现象，但从系统思维来说，一个人的行为可能会影响团队其他人，进而影响整个企业的氛围。所以，体会到这一点，就需要管理者及时介入，与他进行沟通交流，纾解他的情绪，将可能扩大的负面影响降至最低。

系统思维后者的含义要求我们凡事要做闭环，不能只是启动一件事，而不去跟踪和反馈。企业中类似的现象非常多，启动了很多工作，但慢慢就没有后续了，这是典型的闭环思维缺失，是工作中的大忌。

系统思维是避免点式思考，多角度看问题的良好方法，也是训练战略思维的重要手段。

战略思维的训练和培养，是企业中高层管理者的必修功课，不具备战略思维，就无法进行战略思考，即使有战略框架模型的辅助，也不可能对战略有感觉，更遑论战略制定。

第三节　战略的起点，最终要回到初心

企业的战略思考与规划，需要中高层管理者具备战略思维，同时，创始人的生活经历以及成长轨迹不可避免地对企业发展产生影响，留下深刻的烙印，无视过去的习惯是错误的，也是不负责任的。从某种意义上说，创始人的初心，就是企业战略的起点。

亨利·福特，福特汽车创始人，19 世纪 60 年代出生在一个农场里，从小就展示出对机械的兴趣与天赋，由于农场有很多繁重的工作，小时候，亨利·福特就在想办法发明制造某种工具替代人工劳作，就像拖拉机取代艰苦的人工耕地一样，所以，量产一直是他的心愿。

基于这样的初心，亨利·福特创办了福特汽车，用标准化的流水线作业方式大规模批量生产 T 型汽车，让曾经价格遥不可及的汽车成为普通百姓的代步工具，改变了千万人的生活方式。1914 年，亨利·福特将工人的工作时间从每天 9 小时减到 8 小时，日工资从 2.5 美元提升到 5 美元起，这是世界工业史上划时代的大事件。

亨利·福特的朴素思想是，如果连生产汽车的人都买不起汽车，还有谁会买？如果没有人买得起，那生产的汽车卖给谁？他试图通过加薪让产业工人阶层富裕起来，进而有能力购买从福特流水线生产的 T 型汽车。

直至今天，亨利·福特提出的四条商业原则依然令人充满敬意。

第一，对未来不要惧怕，对过去充满尊重。一个恐惧未来、害怕失败的人只会作茧自缚。失败只不过打开了一扇门，使我们更加理智地重新开始。当过去的失败教训为未来指明方向时，其价值就得以体现。

第二，不要理睬竞争。无论是谁，如果他能将一件事情做好，就应该让他去做这件事。那种企图不让别人从事商业的行为是在犯罪——因为他为了个人的利益而试图破坏别人生存的机会——这是在用权力，而不是用智力来竞争。

第三，提供服务先于获取利润。利润是企业的生存、拓展之本。获取利润无可厚非，诚信经营的企业自然会得到利润。但必须并且只有通过提供优质服务，才会得到利润。利润不是服务的出发点，而是服务的结果。

第四，反对低买高卖。商业的过程应当是，以公平的价格买进原料，生产中尽可能节省成本，将原料转化成可消费的产品，再向消费者出售。

曹德旺，福耀集团创始人，被称为汽车玻璃大王。出身贫寒，9 岁上学，上学前甚至连名字都没有，14 岁辍学，在街头卖过烟丝、贩过水果、拉过板车、修过自行车，经年累月一日两餐，食不果腹，遍尝人情冷暖，在被人歧视中艰难谋生，精神和肉体蒙受双重苦难。

曹德旺在逆境中崛起，创办福耀集团，历经多年打拼，成为国内第一、全球排名前列的汽车玻璃供应商，市场份额高达 30%（福耀集团官网数据）。难能可贵的是，曹德旺在成功之后，始终坚持回报社会，积极投身公益事业，多年来累计捐款超过 250 亿元，是名副其实的“中国首善”。

什么是企业家？曹德旺谈到，企业家的追求，应该是国家因为有你而强大，人民因为有你而富足，社会因为有你而进步。格局与境界之高，令人叹服不已。

通过这两个中外企业家的故事可知，企业规模能做多大，和创始人的经历、格局以及初心密切相关，企业发展突破，离不开创始人的意志和追求。如果个人没有追求，小富即安，企业谈何战略？

所以，战略的起点，首先要回到初心。也就是，先明确个人想成为什么，然后再谈企业战略。

个人发展战略，要基于四个思考方向：未来而不是过去，机会而不是问题，独立而不是盲从，卓越而不是平庸。如图 1–3 所示。

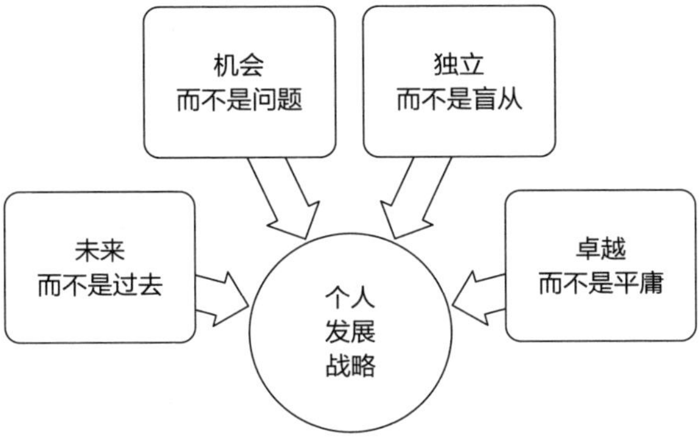

图 1–3　个人发展战略的四个思考方向

一、未来而不是过去

有战略的人往往基于未来做事情，而不是沉溺于过去。马尔克斯在其名著《百年孤独》中写道："无论走到哪里，都应该记住，过去都是假的，回忆是一条没有尽头的路，一切以往的春天都不复存在，就连那最坚韧而又狂乱的爱情，归根结底也不过是一种转瞬即逝的现实，唯有孤独永恒。"一语指明过去的就是过去了，要向前看。

人们容易陷入两种情绪：路径依赖和舒适区，前者指过去，后者指现在。过去越成功，越容易产生依赖性，越有可能成为前进道路上的阻碍；现在的日子过得越舒服，越有安全感，就越甘愿维持现状，不愿去改变。要摆脱这两种情绪，并不简单。

读书、运动、学习，都是基于未来所做的准备。若要发展得更好，成长得更快，就要多向前看，多做符合未来发展趋势的事情，而非安于现状，得过且过。

二、机会而不是问题

半杯水放在桌上，有人说：还有半杯水；又有人说：只有半杯水了，前者是乐观主义者，后者是悲观主义者。更进一步，前者看到的是机会，后者则更多看到了问题。当然，这个说法未必准确，但意思差不多。

看到机会和看到问题的结果截然不同，前者更积极，会围绕机会做准备，用以捕捉机会；后者关注问题，着眼于如何解决问题，不能说解决问题不对或者不好，但是问题解决得再出色，无非与问题发生之前相同，并不是发展的眼光。

问题有很多，而且始终存在，问题是解决不完的，关注发展的机会才是战略。

三、独立而不是盲从

保持思想和思考的独立性是有战略的人的一个重要特征。“随大流”是多数人的选择，因为简单安全，而且没有风险，独立意味着不盲从于其他人的想法，倾听并跟随自己内心的声音，坚定地做出自己的选择，并且承担这种选择所带来的任何后果。

独立是很困难的，需要自己做出判断，需要背负压力，承担责任，这并不是每一个人都能做或者愿意去做的。我们经常说的“巨婴”，不是指年龄和生理状态，而是心态层面不成熟和不独立，总是依赖他人，有的人一辈子都是“巨婴”。

做一个有独立意志的人，是个人发展战略的重要前提，不独立，很难有战略。

四、卓越而不是平庸

个人发展目标是个人战略的重要组成部分，制定目标的基本原则是站在未来看现在，而不是站在现在看未来。基于未来，发现机会，然后制定卓越的发展目标。

制定目标的通常做法是看看今年及前几年目标的达成情况，然后在今年目标的基础上有一个上浮比例，即明年的目标。如果换个角度，先设想未来5—10年的远期目标，也就是未来5—10年后自己想成为什么样子，然后从远期目标倒推回来，再设定明后年的目标，这是站在未来看现在的含义。

只有设定卓越的远期目标，才能唤醒内心奋斗的激情，为未来做准备，积极投身实现卓越目标的过程。选择卓越，意味着远离平庸。

上述四个思考方向是制定个人战略的基础，从这四个方面进行深入思考，会看清楚自己的发展方向。一开始可能很模糊，而且毫无头绪，要形成深度思考的习惯，慢慢会想清楚。要有耐心，个人战略需要思考和沉淀，绝非一蹴而就。

既然有了对个人战略的思考，那么如何制定个人战略呢？表1–1的模板可以供大家参考。

表1–1 个人发展战略制定模板

个人核心价值观	
五年远景目标（未来想成为什么？）	
三年中期目标	
年度战略主题	
个人发展战略所要解决的主要矛盾	
年度行动计划	
所需支持	

个人发展战略制定模板给了我们一个很好的思考框架，其中需要重点关注以下三点。

（一）个人核心价值观

核心价值观是每个人的行动指南，推崇什么？反对什么？要有特别清晰的阐述。核心价值观是个人成长与发展之根，是我们行事与选择的判断依据，有了它，内心会感到平静与安宁，杜绝短期和浮躁，踏踏实实去做事。

核心价值观是判断是与非的唯一标准，有了它，无论外部怎样，其他人做什么，都不能成为我们采取同样行动的理由，我们要依据自己坚信的核心价值观做出判断，采取行动。人没有核心价值观，就是无源之水、无本之木，成为浮萍，随波逐流。

（二）年度主题

从五年远景目标到三年中期目标，再到年度目标，由远及近，围绕年度目标确定行动主题。所谓年度主题，也就是年度目标的目的是什么，是否与三年和五年目标相对应，比如五年目标是“成为本专业领域的领军人物”，年度目标是“在本专业领域核心期刊发表文章 10 篇”，那么就要问：发表文章的目的是什么？显然是为了提升专业水平，提升专业水平就是年度主题，或者简称“专业提升年”。

有了年度战略主题，才能聚焦资源与行动，优先做与战略主题相关的事情，资源和时间有限，必须做优先级排序，才能最大限度发挥效用。

（三）个人战略要解决的主要矛盾

主要矛盾的挖掘、分析与辨识是个人战略中的重点，也是最难的部分，就是要搞清楚，若要实现远景目标，主要的阻碍有哪些。

识别出主要矛盾，就可以围绕主要矛盾的解决制订行动计划，这样的行动计划才会具有针对性，而不是泛泛而谈，不痛不痒。主要矛盾就像靶心，打枪可以瞄着打，没有靶心，打枪就是脱靶乱打，还浪费子弹。

主要矛盾的挖掘并不容易，需要洞穿表面，直击本质。比如，某人的五年目标是“成为一流高手”，主要矛盾定义为“成为一流高手与能力不够之间的矛盾”，这是主要矛盾吗？回答是否定的，需要继续问：为什么能力不够？答：实践机会少。为什么实践机会少？客户少。为什么客户少？刚入行，还在摸索，没有固定的打法和套路。到此，主要矛盾就出来了，成为一流高手与专业基本功不扎实之间的矛盾。主要矛盾的识别，需要多问几个为什么。

主要矛盾是行动计划的指引，而识别主要矛盾是关键，直接决定行动计划的精准性与效果。

把个人发展战略搞清楚，企业战略才会迎刃而解，无论是个人还是企业战略，都必须回答“成为谁”这一问题，然后做取舍和选择，两者背后的逻辑是一样的。区别在于，个人战略的制定需要企业创始人做出思考并回答，是内化的过程；而公司战略的制定，需要中高层管理团队集体共创，是外显的过程。

有了战略思维，对个人发展战略也进行了思考及回答，那么，如何制定企业战略呢？四知框架仅说明了战略思考的方向和维度，从操作层面来说，可以完成战略管理闭环的方法论是什么呢？

第四节　BLM 业务领先性模型利与弊

战略管理作为一门学科兴起，流派与理论颇多，战略十大流派均有其主流思想以及核心观点，从迈克尔·波特的三种基本竞争战略，到普拉哈拉德的核心竞争力，再到明茨伯格的战略 5P，尽管流传广泛，知名度高，但更多的是概念或观点，并不能完全应用于指导企业实践。

所以，很长一段时间以来，企业的战略规划缺乏权威的方法论支撑，大都采取"环境分析—目标制定—策略计划"的步骤，通过 PEST、SWOT 等传统工具进行战略分析，或者借鉴麦肯锡、波士顿等著名咨询公司的战略咨询报告，这种做法只是在"抄作业"和"做练习"，并无实际的意义和价值。在外部环境急剧变化的当今，传统工具已经不能完全适用现阶段的企业战略管理，目前主流的战略管理方法论是 BLM（图 1–4）。

BLM 最早是 IBM 与哈佛大学共同研究开发的一套企业战略制定与执行的系统方法，经华为引入并实践后成为目前非常受欢迎的战略模型，对国内企业战略管理的发展起到了良好的助推作用。

了解 BLM 的优势和不足，便于读者正确地理解和掌握这个工具。

在应用方面，BLM 具有以下三个典型优势。

优势 1：结构完整，逻辑严谨。

BLM 涵盖战略制定、战略解码以及战略执行三大模块，也是战略管理体系的三大核心内容，结构性非常好，便于我们对战略管理进行系统思考。

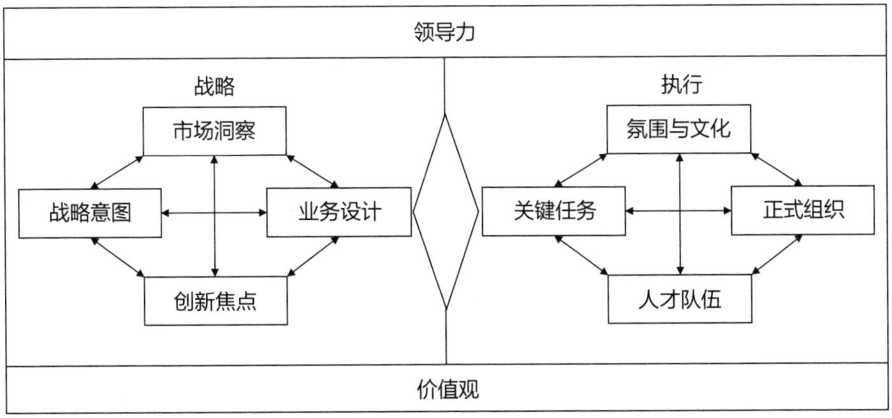

图 1–4　BLM（业务领先性）模型

战略首先是逻辑，逻辑上成立，现实中未必能实现；逻辑上不成立，实践中肯定不可能成功。所以，从这个角度来讲，战略就是地图。地图是逻辑性很强的工具，一旦决定去哪里，首先明确身在何处，其次在地图上规划路径，并最终做出选择。BLM 的各模块层层递进，逻辑严谨，是良好的战略管理工具。

优势 2：统一语言，促进共识。

通过 BLM，企业中高层管理者共同掌握一套工具，使用同一种语言，可以更好地统一大家的思想，相对更容易形成团队共识。

在年初或年终，企业中高层管理者可以采用战略研讨会的方式，以 BLM 为核心工具展开战略研讨，为公司的战略方向出谋划策，在大家的讨论与碰撞中，对企业发展方向有更清晰的了解，从而为年度战略执行奠定良好基础。

优势 3：持续应用，格局提高。

一方面，BLM 可以用于制定公司的战略规划；另一方面，通过持续不断的思考与应用，可以训练我们每个人的战略感，从而建立并提升战略思维。

战略思维的重要性毋庸置疑，如果不能站在更高的角度去思考，不具备更远的战略视野，则进步与成长的空间将会非常有限，BLM 可以很好地帮助我们提升眼界、提高格局。

BLM 的不足之处同样可以总结为三个方面。

不足 1：覆盖面广，不易掌握。

BLM 涉及的范围非常广泛，对企业的管理基础有较高的要求。BLM 涵盖外部环境洞察、内部能力分析、业务组合设计、企业架构设计、企业文化重塑、人才梯队建设以及领导力与价值观，企业管理的方方面面几乎都包含在内，对管理团队的能力以及企业管理基础要求非常高，这本身就是很大的挑战。

基于这样的特点，我们会发现 BLM 并不容易掌握，一旦某个模块理解不到位，很容易走入误区，从而偏离正确的方向，应用价值就会大打折扣，无法达到效果。

不足 2：线头太多，不好牵引。

正是由于 BLM 涉及的范围比较广泛，模块内容没有明显的优先级排序，容易使我们无法抓住重点，就像散落了很多线头，要找出那根主线却很难。

如果不能抓住主线，就无法实现“纲举目张”的效果，战略的牵引作用就不明显，战略价值无疑会大大降低，这是 BLM 应用面临的第二个挑战。

不足 3：流于练习，不能实战。

BLM 要和业务结合，否则，各模块内容相对比较抽象和枯燥，不太好理解，而一旦和业务结合，每个模块如何结合？产出是什么？解决这些问题需要有足够的经验和驾驭能力。

如果不能和业务结合，BLM 就变成了“做练习”，不能当真，不能指导实践，学得再好，练得再好，也是纸上谈兵，无法从实战角度为企业提供帮助。

如何正确地理解并应用 BLM 才能实现价值最大化？搞清楚以下三个要点，对 BLM 的掌握就不会再困难。

要点一：通盘思考，但要聚焦重点。

由于战略涉及企业经营环境的内部和外部等多个环节，战略思考的内容及维度要丰富和全面，小心求证，大胆假设，是战略思考的基本原则。因此，对战略进行通盘思考是必要的。

同时，又要避免“雨露均沾”的“摊大饼”式思考模式，各个环节和维度均投入相同的时间精力显然是不可取的，既要通盘思考，又要聚焦重点，才是正确的 BLM 应用技巧。

BLM 中的战略部分尤其重要，而且 BLM 的精华也体现在战略制定方面。战略制定、战略解码以及战略执行是战略管理的三大内容，这个逻辑关系是很清晰的，所以，集中精力把 BLM 中的战略制定部分搞清楚是关键。

要点二：市场洞察，是战略的入口。

BLM 中战略制定最重要的环节是市场洞察，找寻企业发展的机会点，是战略的入口。企业发展的机会在外部，内部只有问题，关注外部并不是简单的环境分析，而是“洞察”，也就是要确定外部市场中有哪些战略机会可以为企业所用。

市场洞察通常会采用“五看”——看环境、看行业、看客户、看竞争、看自己的方法来进行，企业所处行业不同，侧重点也不同。受国家政策影响比较大的行业，比如房地产、新能源、农牧业等，宏观环境的洞察就很重要；客户导向比较明显的行业，比如消费品、移动互联网等，对市场、客户需求以及技术水平发展等要素的洞察则是关键。

要点三：创新焦点，是执行的起点。

找到企业发展的战略机会之后，战略要回答的第二个关键问题就是如何抓住机会，实现战略目标？这就要考验企业战略路径的规划水平了，机会虽好，但往往转瞬即逝，需要找到达成战略目标的路径与打法。

战略路径要围绕业务而展开，企业要确定采取什么样的业务组合，采用什么样的创新模式，相对应的资源与能力如何建设，这部分内容颇考验管理者，也是 BLM 最吸引人的环节。“拿着旧地图，找不到新大陆”，此刻要抛开原有的业务模式，围绕业务组合进行创新性的路径设计，再考虑资源与能力的匹配及建设。

BLM 是非常实用的战略管理工具模型，逻辑性与框架感很强，环环相扣，将企业业务代入进行训练和实战，会更好地提升中高层管理者的战略格局和视野，是企业中高层管理者学习战略管理的选择之一。

第二章

战略制定：从机会导向到持续增长

第一节　知远：我知道，我的未来不是梦

企业经营首先要回答为什么？这就是企业使命（Mission），然后再回答要成为什么？也就是企业愿景（Vision），搞不清楚为什么和成为什么，遇到困难就会退缩，容易放弃。做企业不是过家家，需要有使命与愿景的引领和感召，这样才能持续和长久。

企业作为持续发展的有机体，像人类一样是要有梦想的，要对企业未来的发展走向进行清晰定义，用以感召企业成员奋勇向前。所以，“知远”首先要回答企业的愿景是什么，然后再将愿景细化为战略目标。

一、愿景：10 年后的目标

管理学对愿景的定义是“企业未来会成为什么样子的持久性回答与承诺”，这个定义不够通俗化，不好理解。由于愿景是基于未来确定的，给人的印象比较抽象，感觉永远不可能达成，这样就失去了愿景对目标的牵引作用，不能将愿景定义得过于遥远和抽象。如何让愿景真正起到牵引大家的作用，那就要把愿景具体化和落地化。将愿景落地为一个具体的时间周期比如 10 年后的目标，对团队的激发性和牵引感就会更加明显。

如何制定企业愿景？

愿景需要大胆设想，愿景要宏大、鼓舞人心，体现梦想该有的样子。那如何制定愿景呢？愿景不是空想，想成为什么就成为什么，还是要遵循一定

的逻辑架构进行构思与设计的。可以采用“3W1H”方法进行愿景的制定。Why，为什么做？目的与意义何在？What，抓住哪些机会？为客户提供什么产品或服务？How，我们应该怎么做才能满足客户需求，给客户提供价值？Who，为客户提供价值之后，未来我们会成为什么样的企业？这个逻辑结构非常重要，愿景要围绕客户制定，而不是只考虑自己。体现的是“成人达己”的利他思维，只有满足了客户价值后，客户才能成全我们成为什么企业，优先级顺序是不可以颠倒的。

比如华为的愿景：随着ICT的加速融合，以云计算、大数据为特征的技术正在成为引领和促进ICT行业创新和发展的核心技术。新的技术创新，不仅在全方位地重构CT产业，而且通过IT和CT产业融合带来巨大的商业发展机遇（Why）。

为适应这一革命性变化，华为围绕客户需求和技术领先持续创新，与业界伙伴开放合作，聚焦构筑面向未来的信息管道，致力于共建更美好的全联结世界，持续为客户和全社会创造价值（What/How）。我们力争成为运营商客户面向未来转型的战略合作伙伴，成为领先的企业ICT基础设施提供商，成为消费者喜爱和信赖的、全球领先的智能终端品牌（Who）。

二、战略目标的管理

在愿景指导下，要制定企业的战略目标。战略目标的制定是一门学问，目标制定要遵循哪些基本原则？战略目标包含哪些内容？目标如何做战略分解？这些问题都需要一一做出回答。

（一）战略目标制定的原则

一般来说，战略目标指企业未来1—3年的目标，战略目标的制定要遵循三个基本原则，如图2-1所示。

原则1：向外看

企业发展的机会均来源于外部，内部只有问题，制定目标要看客户的需求、看行业的发展趋势以及看竞争对手的动向，目标不是闭门造车，不是墨守成规，不是自己有多大能力就打多少粮食。如果行业高速发展，如果竞争对手能实现 100% 以上的增长，那么只根据自身情况定目标显然是不合适的。

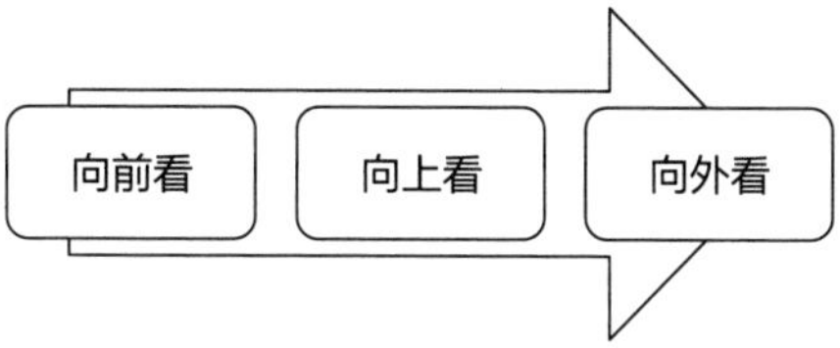

图 2–1　战略目标制定三原则

原则 2：向上看

公司的目标是什么？上一级企业单元的目标是怎样的？本部门的目标要承接上一级企业的目标，最终要实现总目标，目标制定最忌讳只站在自身角度，对上级目标及公司总目标置之不理，这是典型的"各人自扫门前雪，莫管他人瓦上霜"现象，如果有了这种思维，在跨部门协同配合上就会有极大的问题。

原则 3：向前看

通常企业定目标的方式是对前几年的目标完成情况做分析总结，然后在今年的基础上有一个增量变化就是明年的目标，这是向前看吗？答案是否定的。所谓"向前看"，首先要明确未来 3—5 年公司的目标是什么，然后倒推回来，明年的目标应该是多少，所以，向前看本质上是"倒逼机制"。向前看诠释的是"站在未来看现在，而不是在现在看未来"，两者有根本性的差异。

（二）战略目标包含的内容

战略目标是不是只有财务数字？显然不是，财务数字属于目标之一，不是全部。这一点尤其需要强调，很多企业往往只把财务数字作为战略目标，比如营业收入多少、利润多少、回款多少等，这显然不够。战略目标是系统的集合，包含多维度目标，也应该涵盖多个领域。常见的，可以按照平衡计分卡的财务、客户、内部运营、学习成长四个层面制定目标，也可以根据所处行业特点制定多维度目标。战略目标可以包含整体状态、财务表现与指标描述三个方面的内容。财务表现就是财务目标；指标描述指除财务之外，企业需要在多个职能领域实现的目标，比如技术研发、生产质量、企业文化、人力资源等领域的目标，也就是我们常说的管理目标；整体状态往往容易被企业忽略，指对企业未来 3 年要达成什么状态的一个总体描述，最好有画面感，想起来令人感觉兴奋。比如“跃居行业前三名”“成为国内某某领域的技术领先者之一”等。

（三）战略目标制定的方法

明确了战略目标制定的原则，了解了战略目标包含的内容，接下来的问题就是如何制定战略目标，换句话说，如何知道公司在未来 1—3 年内必须达成哪些目标，可以采用“四步法”制定公司的战略目标。

首先，明确公司要实现的财务目标，通常要达成怎样的财务目标是比较清晰明确的；其次，讨论要实现财务目标可能遇到的障碍；再次，将得出的障碍进行删减、合并以及归类，然后找到关键的障碍；最后，说明要将这些关键障碍解决到什么程度，就得出了战略目标。

例如，某公司 2023 年营业收入目标为 1 亿元，关键障碍包括销售能力不足、产能不够、供应链体系效率不高、人员能力不足，那么其 2023 年战略目标就可以确定为“销售能力大幅提高到行业前三”，“产能规模完全匹配销售”，“从订单到发货时间比上年大幅缩减 60%”，“劳动生产率达到 50 万元 / 人”。这样的目标就是支撑财务目标实现的关键管理目标。

（四）战略目标赋值的方法

战略目标确定之后，还需要设定目标值。比如，营业收入是目标，实现 1 亿元就是目标值，只有目标，没有赋值，就没有衡量标准，做成什么样就无法衡量和评估。

战略目标赋值是颇令人头疼的问题，由于最终结果要与目标值进行对比评估，数字多少就非常敏感，低了上级不同意，无法支撑总目标，高了下级不愿意，完不成影响收入。企业在战略目标赋值过程中，经常存在以下三个典型现象。

现象 1：哑然。每个责任单元的目标值都是上一级单位“强制摊派”而来，接也得接，不接也得接，由不得你不接，根本不给你说话的机会，这是目标赋值的主流手段。

现象 2：自然。上级故意把目标值提高，即使下属砍掉一部分也能接受，下属的想法是上级下达的目标值肯定有水分，我先挤一挤，次数多了，就成了一场“猫鼠游戏”，彼此都在试探对方的底线，玩起了心理博弈，战略目标赋值便失去了严肃性。

现象 3：茫然。目标值多少不管，员工只关心自己的目标，企业的目标在天上飞，员工的行为在地下爬，两者根本没关联，各责任单元的目标完成了，企业目标却完不成，员工自然充满疑惑：我的目标与企业目标到底是什么关系？企业目标不能牵引员工的行为，仅仅是个数字。

战略目标赋值最常见的问题是“讨价还价”，如何解决？可以考虑从以下三个方法入手。

方法 1：找寻赋值依据——明晰目标赋值来源，增加共识。

目标赋值之所以讨价还价，本质还是在于上下级对目标值设定依据或理由的理解差异过大，或者根本不知道依据从何而来。所以，建立比较明晰的赋值依据自然会减少上下级博弈的程度。常见的目标赋值依据有历史数据、行业平均、竞对扫描以及标杆学习四个。

企业自身的历史数据可作为目标赋值的重要依据之一。根据企业发展的历史数据进行分析总结，然后设定相应的目标值，因为有了前期数据支撑，所以依据会比较充分；目标赋值不能低于行业平均值，这是最普遍的共识，共识性的数据一般不会引起太大的争议，大家会比较容易接受；竞争对手设定的目标值也可以作为参考依据，尤其是重要的竞争对手，其数据更有参考意义，当然，前提是能得到竞争对手的目标值数据，而且要保证其真实性；如果行业内有明确的标杆企业，则标杆企业的目标值也是本企业可以参考的关键依据之一，对标优秀企业是企业发展的重要手段。

方法 2：建立赋值区间——设立多层次目标值，减少博弈。

讨价还价的前提是，对方认为没有退路，只能硬刚到底，破釜沉舟，鱼死网破，显然这不是目标赋值的初衷。如果只有一个数字，绩效不达标会影响收入，对方一定会铆足了劲把目标值向下调，以保证自己的安全系数。反过来，为什么目标值只能有一个呢？可以多设几个吗？答案是肯定的。可以将目标值设定为基本目标、挑战目标与卓越目标三个区间，然后进行不同的定义。

基本目标是必须完成的底线，相对比较容易达成，满足安全感；挑战目标是鼓励员工勇于打破自我局限，向高目标发起冲击，可以高一些；卓越目标是优秀同行的最佳实践，代表了行业最高标准，是标杆和榜样，卓越目标一般只作为参照，不用于考核。三个目标之间是什么关系呢？华为的做法是，先定义挑战目标值，挑战目标值的 80% 作为基本目标，120% 作为卓越目标，导向非常清晰。

方法 3：重构绩效文化——共创企业绩效精神，激发进取。

上述两种方法还属于技术层面，只能解决目标赋值的部分问题，不解决根本，讨价还价的顽疾最终要靠企业建立绩效文化解决。正如华为的企业文化“外部以客户为中心，内部以奋斗者为本，长期艰苦奋斗”，在奋斗者的文化氛围里，大家都在挑战高目标值，没有人好意思设定低目标值。绩效文化就是企业里人人奋进，个个争先的文化，以挑战高目标为己任，以突破局限性为骄傲，并以这样的精神感染身边每个同事。优秀的企业一定具备鲜明的高绩效文化，不是通过一对一沟通设定高目标值，而是用奋斗者的激情与使命感染每个人。

（五）战略目标分解的方法

如果战略目标只停留在企业层面，各业务单元、事业部、部门及个人都不知道企业目标，也不清楚自己的目标，那么再伟大的目标也无法实现，因此，企业战略目标确定之后，必须层层分解，形成“千斤重担众人挑，人人头上有目标”的局面，最终保障企业战略目标的达成。

战略目标的制定与分解是不可分割的部分，两者相辅相成，彼此成就，没有总目标，就谈不上目标分解；没有子目标的承接，总目标就落不下去，终归是镜花水月。目标分解涉及以下两个关键问题。

问题1：哪些目标需要分解？

诸多企业的目标分解是财务数字的拆解，做加减乘除的算术题，开始是“数豆子”，年底是“收租子”，简单粗暴，循环反复。如果只是这样，目标分解就太简单了，而且这样分解下去之后，没有任何的过程管理，听之任之，随波逐流，财务数字最终也就是个数字而已，是否能实现不知道。

到底哪些目标需要分解呢？回到战略目标的三个部分，即整体状态、财务表现和指标描述，后两者就是我们常说的财务目标与管理目标。显然，财务目标当然需要分解，但这只是目标分解的一部分，而非全部。一般而言，整体状态目标无须分解，而财务目标和管理目标都需要进行分解。

问题2：战略目标如何分解？

1. 财务目标分解。

财务目标分解大家都很熟悉，也比较简单，数字做拆分就可以，但很多企业只是把数字分完了，然后就等秋后算账。财务目标分解要注意两个要点：第一，分解后的财务目标之和大于总目标，至少要大于总目标的120%，这样才能保证总目标的实现；第二，虽然分的是财务数字，但要搞清楚每个数字背后的逻辑，也就是怎么做才能保证财务数字的实现，总之要回归达成目标的路径与方法。

2. 管理目标分解。

管理目标如何分解？比如“推进并完成数字化转型”之类的管理目标，怎么分解呢？是不是有种“老虎吃天，无从下嘴”的感觉？所以，要记住，管理目标分解的不是目标本身，而是策略，也就是支撑管理目标实现的关键路径。基于此，管理目标分解有两个步骤——策略制定与策略分解。

第一步：策略制定。在方法论上，策略制定可以按照明差距、列原因、找真因、定策略、画地图五个阶段展开并完成。

（1）明差距。识别现阶段要达成管理目标所面临的关键差距有哪些，比如“完成数字化转型”有哪些差距与不足？思维僵化、不愿行动、基础不具备可能都是典型的阻碍。

（2）列原因。明确差距产生的原因有哪些，比如“思维僵化”的原因可能是没有压力、不愿离开舒适区、缺乏改变的动力、看不到改变带来的好处，等等。

（3）找真因。根据 20/80 法则，并不是每个原因对差距的形成都具有同等作用的，要找到 20% 的关键原因，比如“缺乏改变的动力”就是“思维僵化”的关键原因。

（4）定策略。将关键原因解决就形成了策略，比如针对“缺乏改变的动力”这个关键原因，“施加变革动力与压力”就是策略，要注意，策略不是具体的行动计划，而是框架性的方法，不必具体，关键是找到这样的策略点。

（5）画地图。为了验证策略对目标的支撑作用，需要将各项策略用逻辑关系连接起来，看看是否能保证目标的实现。如果答案是肯定的，那就是关键策略，如果不能，说明策略制定有偏差，需要重新进行策略的选择。

第二步：策略分解。策略确定之后，要确定各项策略的落地责任人，一般用“战略目标分解策略相关性识别表”来实现，如表 2–1 所示，将策略与责任单元 / 部门进行关联性的匹配，两者是强关联，而非只是关联。匹配完成之后，会发现有的责任单元 / 部门承担的策略数量多，有的承担少，这个多少是有意义的，承担多意味着责任大，相应的激励机制与资源就要给予倾斜，体现的是战略导向性。

表 2-1　战略目标分解策略相关性识别表

策略	部门 1	部门 2	部门 3	部门 4	部门 5
策略 1					
策略 2					
策略 3					
策略 4					
策略 5					
策略数量					

从愿景到战略目标是个完整的目标结构体系，只有战略目标，更多是走一步看一步。只有愿景和战略目标相结合，才能体现企业发展的信心和决心。

三、只有目标管理，就够了吗

战略目标的管理，涵盖从目标制定到目标分解的全过程，但是，只有目标管理，就够了吗？

由于企业内部的专业分工以及组织结构的模块化设计，往往造成管理者更多地关注本专业或本部门工作，而忽略企业战略目标的达成，通过企业目标的分解及牵引，将处于不同立场、不同位置管理者的行为引导到企业目标上，这是目标管理的重要作用。

通常的理解，目标管理是由上到下的分解，每个层级必须承接上一级的目标，只有这样，才能保障企业总目标的达成，逻辑虽没错，但问题在于，当目标只是生硬的“强压”而不是管理者内心真正想去完成的时候，目标管理容易变成“讨价还价”的数字游戏，而现实正是这种游戏几乎每天都在轮番上演。

目标管理的真正含义，就是要将由上级或上级企业统治的管理，变成管理者自我控制式的管理，也就是“Self Control”！

视角的转变，带来的是管理理念的彻底变化！目标管理和自我控制，要求的是自我约束，它要求管理者对自己提出更高的要求，承担更大的责任，杜绝安于平庸的现状。更难的话题在于，如何让管理者有意愿主动进行自我控制，而不是被动地等待与讨价还价？

我们必须承认，如果自我控制只是个体行为，不能成为企业上下的思想共识，结果只能是“枪打出头鸟”，谁越冒尖，谁越没有好结果，最终走进“鞭打快牛”的管理困境。

若要实现目标管理与自我控制，企业必须具备“绩效精神”，也就是共同遵守的行动准则：

第一，企业重点在于绩效，对企业成员要有高绩效标准的统一要求。

第二，企业重点聚焦机会，而不是内部问题的解决，机会才能保证企业增长。

第三，企业的晋升机制是基于绩效，而非其他。

第四，企业对管理者的唯一要求在于正直的品质。

需要强调的是，管理者“正直的品质”绝非道德意义上的说教，而是基于绩效标准提出的要求。也就是说，如果管理者不愿意挑战高目标，不能用下属所长，无法为企业目标做出贡献，那就是“不正直”；反之，就是“正直”。

目标管理与自我控制是一种管理哲学，它将我们习以为常的外部控制代之以要求更高、效果更好的内部控制。它激励管理者更主动地采取实现目标的行动，而这些行动不是上级领导告诉他应该采取的，是他自己决定的必须采取的，具备了这样的思想，管理者就成了真正意义上的“自由人”。

总之，不要把战略目标的管理仅当成一项技术性工作，而忽略了管理者的主观能动性。

第二节　知外：让我们红尘做伴，活得潇潇洒洒

当明确了未来的愿景，也明晰了未来 1—3 年的战略目标，有了方向，接下来企业需要回答：如何才能实现战略目标？要捕捉哪些战略机会点？在业务层面要做怎样的安排？

德鲁克说，企业发展的机会来源于外部，内部都是问题，问题解决得再好，无非和原来保持一致，并没有取得增长。只有机会，才是企业发展的根本动力。所以，“知外”，就是了解外部环境，找寻并捕捉促进企业增长的战略机会。

如何了解外部环境？如何对外部机会进行甄别与判定？这就需要做一项重要的战略准备工作——市场洞察。

一、市场洞察：战略机会的识别

“洞察”，是指看穿、看透，看得很清楚，远比观察和分析更深刻。如何做市场洞察，一般采取“五看”方法，即看环境、看行业、看客户、看竞争和看自己，如图 2–2 所示。

（一）看环境

环境一般分为宏观、中观和微观三个层次，看环境是对宏观环境的洞察。宏观环境的要素很多，面面俱到成本很高，也会失去重点，是得不偿失的做法。宏观环境洞察的关键在于控制边界，适可而止，颗粒度不宜过细。

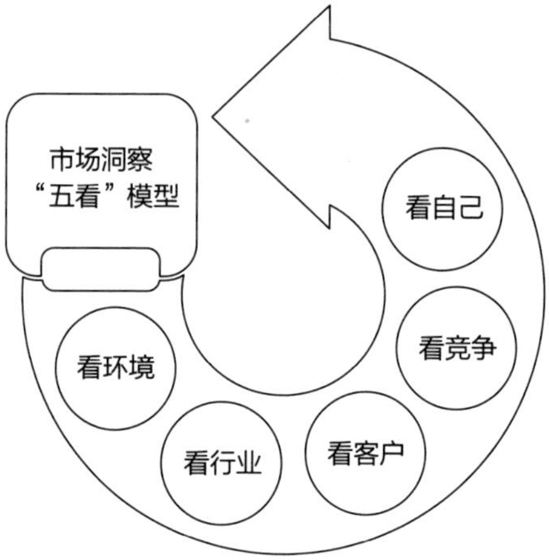

图 2-2　市场洞察“五看”模型

宏观环境洞察通常采用 PEST 法，也就是从政治（Politics）、经济（Economy）、社会（Society）和技术（Technology）四个方面展开对宏观环境的观察和分析。其中，每个方面涉及的范围都很广，如果全部展开则工作量是不可想象的，容易令人产生绝望感。所以，要根据所处行业的特点做侧重点的选择，这是看环境的关键所在。

对农牧业、房地产、新能源等行业来说，国家政策及经济形势的分析与解读非常重要，因为这些行业受政策及经济的影响很大，宏观政策的走向往往能带来更多更大的业务机会。

比如国家提出的“新质生产力”，是以科技创新发挥主导作用的生产力，其中包括技术革命性突破这一重要因素，其核心是深入推进数字化经济的创新发展。具体措施包括积极推进数字产业化、产业数字化，促进数字技术和实体经济的深度融合，深化大数据、人工智能等研发应用，开展“人工智能”行动，推动制造业以及服务业数字化转型以及应用，这些内容充分说明技术对产业强大的改造能力，企业要充分认识到技术的重要性，通过科技创新提升效率及效能。

党的二十大揭示了未来我国的主要经济增长点，包括“坚持把发展经济的着力点放到实体经济上”，党的二十大报告提出“加快建设制造强国、质量强国、航天强国、交通强国、网络强国、数字中国”等，这为制造业、交通业、航天业、互联网、数字化等行业带来更多的发展机遇。此外，乡村振兴战略的提出及不断强调，对农牧行业同样是重大的发展利好；对房地产行业的定调“房子是用来住的，不是用来炒的”，意味着房地产企业要关注房子的产品属性，在内部管理上下功夫，摆脱长期粗放的发展模式。所以，政策导向性的行业，要重点关注政治和经济因素。

反之，与消费者日常生活密切相关的行业，比如快速消费品、互联网等，要更多关注社会和技术因素，如区域人口数量、GDP 发展情况、消费水平、人员流动以及数智化技术应用等要素对这些行业发展以及效率提升有重大的影响作用。

需要着重说明的是，技术发展会对传统业务模式产生影响从而诞生新的业务机会。企业需要关注两类技术：一类是本行业的专业技术，比如专业技术革新、专业技术改造、专业技术成果转化等，这会显著提升本企业的技术水平，从而提升企业竞争力；另一类技术是通用的前沿技术，需关注其发展趋势和变革，比如工业互联网、大数据、AI 等数智化技术，必将对各行业产生巨大的影响，抓住这样的技术变迁，同样能够为企业带来巨大的业务增长点。

（二）看行业

首先要搞清楚什么是行业。行业指提供同一类别或相互关联产品或服务的公司集合，又可以称为产业。比如汽车行业，包含上游的零部件，中游的整车制造厂，下游的经销商 4S 店，构成了汽车产业链。

俗话说“男怕入错行，女怕嫁错郎”，企业同样如此，选择进入哪些行业发展，关系到企业的命运，不同行业的进入门槛以及竞争情况差异很大，不了解行业，发挥优势无从谈起。

2022 年 7 月底，生鲜电商领军品牌每日优鲜突然停止运营，虽然对外宣称是融资问题导致公司经营困难，但从行业特点及每日优鲜的运营模式来看，如今的结果并不意外。

生鲜电商行业历来被诸多资本巨头看好，一是前景广阔，消费者的需求强劲；二是行业内未形成寡头竞争，机会很多。但反过来想，为什么生鲜电商行业多年来没有大品牌诞生呢？

生鲜电商对冷链物流供应链要求很高，因为要“保鲜”，还要防止商品的损耗，这些导致进入生鲜电商行业的成本会非常高。而每日优鲜的运营是“前置仓”模式，也就是为了提高配送的及时性，需要提前向销售网点配置商品，由此会引起商品储存、库存、管理等成本的高企，一旦资金链断裂，整个商业模式就会崩塌，每日优鲜四年亏损百亿元，融资不力成为压垮公司的最后一根稻草，融资问题是表象，冷链供应链一体化程度低以及运营模式导致的高成本才是核心。

由此看来，生鲜电商平台的成功有赖于整个行业成熟度的提升，如果冷链物流、供应链等行业基础设施建设不到位，企业将很难获得成功，即使短时间内能建立一定的竞争优势，但从长期来看，一旦资金链无法支撑，势必为整个行业的高成本“买单”。

行业洞察要回归以下五个基本问题。

1. 行业规模。

行业规模，也就是行业的容量，俗称“赛道”。显然，行业规模越大，发展空间就越广阔，诞生大规模企业的概率就越大。所以，企业要优先选择“宽赛道”的行业，那么，哪些行业的规模足够大呢？

首先是与生活场景相关的行业。所谓生活场景，就是“衣食住行”，任何一个都是规模极大的行业，“衣”代表服装行业，容量很大，但属于传统行业，服装产业的高库存及资金占用是两大痛点，传统的批零销售渠道也正在被电商平台所颠覆，服装产业要与智能制造相结合，才能有新的未来；“食”，毫无疑问规模非常大，其中包含餐饮、休闲零食、生鲜、外卖等产业，显然，休闲零食、外卖的发展前景更为广阔，也诞生了规模较大的企业；“住”，是以房地产为基础，与其相关的家电、家居、装修等行业，房地产是政策导向非常强的行业，受国家政策的影响极大；“行”，公共交通、航空、高铁、汽车等行业，和“新基建”沾边的多少都与“行”相关。企业若想进入 C 端市场，从“衣食住行”四个方面入手绝不会错，因为行业容量足够大。

其次是应用广泛的工业品行业。所谓工业品，是指生产的产品是终端消费品的重要原料或核心部件，比如石油化工、化学、半导体等行业，其供给的终端消费品应用极其广泛。

2. 行业成长。

除了行业规模，还要看行业的成长性，也就是发展速度，赛道除了宽，还要足够长，这样才能发力跑起来。否则，行业即使足够大，但发展速度有限，行业“天花板”已经浮现，即使进入，也很难有大的作为，比如服装、家电、餐饮、制造等传统行业，发展速度大都已趋于平缓。当然，这里说的行业只是泛指，若谈具体行业则另当别论。

这里不排除某些传统行业，通过新的技术手段赋能，催生出新的机会点，比如服装行业与智能制造相结合，家电与生活场景结合形成智能家居，传统燃油车制造升级为新能源汽车等，经过转型升级，行业绽放新机会，迎来第二波行业成长浪潮。

3. 行业结构。

行业结构是指供需结构，行业是由需求方和供应方两者共同构成的，搞清楚需求，才能有针对性地提供产品或服务。

比如我们把行业分类简化为 B 端和 C 端，B 端就是“企业行业”，也就是客户是企业；C 端是“消费者行业”，也就是个人。那么，B 端和 C 端的结构是怎样的呢？

B 端行业的客户是企业方，通常具有供应商多、进入门槛高以及决策链长三个特点。

供应商多。企业客户绝不是独家采购，往往要选择多家供应商采用招标模式进行采购，所以，企业客户通常都有供应商库，里面有多家供应商待选择，如果不能进入供应商库，就无法合作。

进入门槛高。既然有比较多的供应商，那么企业客户必然要进行供应商管理，也就是对供应商是否能入库要设置条件与门槛，比如各种资质的要求、招投标模式等，通过复杂的考核评估筛选合作供应商。

决策链长。企业客户的购买决策链通常比较长，体现在两个方面：一是供应商从入库、发标、投标到决策的企业采购流程比较长，二是涉及多个部门的协同以及多个领导的审批。这就决定了企业客户的采购周期一般都比较长。

基于企业客户上述三个特点，如果要开发 B 端行业，需要在资质管理、招投标管理、大客户营销等方面培育自身核心能力，以适应企业客户的要求，同时在拓展策略方面，不能四处出击、遍地撒网，否则就会浪费资源，开发效率也会很低，相反，应当集中资源，瞄准行业中的标杆客户，想方设法进入其供应商库，并建立战略合作伙伴关系，形成“滚雪球”效应，利用头部客户的影响力进行“降维打击”，华为就是采用这样的策略拓展 B 端行业的。

C 端行业的客户是消费者个人，通常具有从众性、冲动性、敏感性三个特点。

从众性。C 端行业无须研究个人的需求，更多是某一类人群的消费需求与特点，从心理学角度来讲，个体是具有“从众”心理的，也就是通过与别人保持一致寻求在团体中的安全感与认同感，所以，C 端行业往往有跟风的特点。

冲动性。相比 B 端行业复杂的流程以及漫长的采购周期，C 端行业的购买周期很短，往往在一念之间，具有冲动消费的特点，是否能激发个体的购买欲望是 C 端行业竞争获胜的关键环节。

敏感性。C 端客户需要找寻依据辅助其做出购买决策，企业品牌是极其重要的参考依据，品牌往往能对个体产生非常强大的影响力，此外，C 端客户通常对价格也具有很强的敏感性，对产品 / 服务供应商来说，定价策略是关键。

基于消费者个人的三个特点，如果要开发 C 端行业，就必须在流量获取、客户体验以及爆品打造等方面培育核心能力。随着移动互联网的普及以及消费者的年轻化，进入 C 端行业一开始就要布局 O2O（线上线下融合），而不再像以前那样只专注于线上或者线下。在各种巨头占据流量的今天，想在 C 端行业快速崛起，考验的是客户群体精准定位以及爆品打造的能力，在一款产品成功之后，要进行“是否融入巨头生态”的战略思考。

如何在 C 端行业打造爆款产品呢？爆款产品的底层逻辑包含三个方面，即刚需、痛点以及高频。比如微信、外卖、共享单车、短视频等互联网产品都符合这三个方面的逻辑。

4. 行业发展。

行业发展一般分为启动期、发展期、成熟期与衰退期四个阶段，判断行业所处的发展阶段也是行业分析的重要环节。通常来说，启动期的变化较多，风险较大，俗话说“领先一步是勇士，领先两步成烈士”，步子迈得太大，过于激进，最后大多只是在做市场教育和预热，对自身发展反而不利。如果在行业衰退期进入，就意味着机会不多。在行业成熟期，行业结构已经趋于稳定，对精细化运营管理能力要求较高。所以，一般来说，行业发展期是进入的良好机会。

5. 行业竞争。

行业竞争从另一个角度来说就是市场集中度，相对比较容易理解。如果一个行业内竞争格局已经形成，行业排名前 3、前 5 或前 10 的企业已经占据了绝大多数市场份额，那么这个行业的发展空间已经不大。

多数新兴市场都会呈现碎片化、市场份额分散的状态，意味着格局未定，市场参与者都有迅速成长为领导者的机会。显然，行业集中度也是行业选择的重要参考之一。

对行业的洞察可以借助“价值链”的工具辅助进行。价值链由战略大师迈克尔·波特于 1985 年提出，原意是将企业内部的经营管理活动划分为两类——基本活动和辅助活动。基本活动包括供应链、生产、市场、销售及售后服务等；辅助活动包括采购、人力资源、研发技术、职能管理等。简言之，与经营直接相关的环节是基本活动；反之，就是辅助活动。

波特认为，在企业经营中，并不是所有活动环节都能创造价值，只有某些特定的环节才能真正创造价值，这些真正创造价值的环节，就是价值链上的“战略环节”，企业要具有竞争优势，就要持续关注价值链上的战略环节，并形成优势和门槛。企业要辨别价值链上的战略环节，并在此基础上努力构建自身的竞争优势。

价值链分析为企业识别内部优势与劣势提供了依据，对了解经营管理各环节的关系以及相对重要性给出了良好的方法，提高了企业“知己”的能力，从这个角度来看，价值链是有一定作用的。但价值链分析存在以下两个典型问题。

问题 1：环节划分具有局限性。

基本活动与支持性活动的划分不能绝对，企业发展阶段不同，所处行业不同，关键要素的认定显然是不同的。比如，对于高科技企业，保持技术领先是重要的竞争优势，研发技术能力显然应该是基本活动，包括人力资源，但人才队伍的建设已经成为企业能力的重要组成部分，不应该归为基本活动。所以，简单的基本活动与支持性活动划分是具有局限性的。

问题 2：没有考虑环境的变化。

价值链分析只是个静态工具，并没有充分考虑外部环境的变化对企业内部的影响。如果不充分洞察行业发展趋势以及竞争对手的动向，只根据内部价值链做核心竞争力的分析与建设，显然是“自说自话”。核心竞争力要与行业的关键成功因素匹配，然后才能确定是否为企业的核心竞争力，不能闭门造车，自娱自乐。

如果把视角从企业内部转移到外部行业，那么价值链就变成了产业链。产业链本质是上下游关联企业之间的关系，更能引发我们的战略思考。

产业链分析的价值体现在以下三个方面。

第一，了解产业价值转移趋势。产业链一般可以划分为上游、中游以及下游三个阶段，不同产业链的不同阶段，价值高低是不同的，即利润的高低差异很大。

比如芯片产业，上游的原材料供应及设备制造；中游的芯片设计、制造及封装测试；下游的场景应用，构成了完整的产业链。产业链中各个环节的重要性与价值点各不相同，上游的芯片设备生产（比如光刻机）以及中游的芯片设计是价值更高的环节，谁掌握了这两个环节，谁就具备了行业话语权。

又如医疗器械产业，上游的原材料及零部件供应；中游的设备制造与生产；下游的设备应用，构成了完整的产业链。下游的医院资源是关键环节，谁掌控了最多的医院资源，尤其是知名度更高的三甲医院，谁就能占据行业竞争优势。所以，了解产业链的价值分布，明确企业定位至关重要。

第二，洞悉产业链的不同特点。产业链可以分为两种：一种是相对开放的产业链，另一种是封闭的产业链，两种产业链有不同的特点，把握好特性是企业发展的基本前提。

开放的产业链的典型代表是手机产业链，没有哪个行业像手机行业一样有那么多的山寨机。这类产业链的特点是很少或几乎没有关键控制点，也就是产业链上没有什么是有壁垒的。比如，对一家生产山寨机的企业来说，拿不到高通的芯片，可以用其他芯片；拿不到三星的屏幕，可以用其他的屏幕，总之，不管怎样最终都能攒出一部手机，只是性能上有差异而已。这是因为产业链各个环节都有很多企业提供彼此可替代的零部件，而计算机零售行业同样如此。

封闭的产业链往往会存在一个关键控制点，而且这个关键控制点是绕不过去的，具有不可替代性，也就是关键控制点决定了这条产业链的命脉。医药行业就是典型的封闭产业链，新药研发以及高端医院客户资源都牢牢掌握在某几个医药巨头手中，新药研发的资金投入极大，小企业根本没有强大的资金实力，也没有那么强的营销能力去获取高端医院客户资源，所以产业链高端被少数医药巨头占据。

了解了产业链的不同特点，就可以采取相应的发展策略，开放产业链的核心不在于产业链某个环节或对稀缺资源的争夺，而在于谁具有整合现有产业链的能力，在产品性能上优化，在用户体验上创新；封闭产业链的核心在于关键控制点，如果能获取关键控制点，企业发展就会一帆风顺。洞悉产业链特点，才能最大限度地提升自身在产业链中的竞争力。

第三，决定企业在行业中的定位。了解了产业链的价值转移趋势以及不同产业链的特点，企业要决定在行业中的定位。基于产业链的定位有两个：要么向产业上游延伸，谋求技术扎根；要么向产业下游延伸，谋求市场扎根。在竞争更加激烈的不确定未来，可能需要企业向产业链上下游同时延伸，谋求技术和市场的同时扎根。

产业上下游延伸是进取型企业的定位，企业要发展、壮大，必须做这样的选择，如果既不想向上游发展，也不想向下游发展，只想维持现状，那就努力把现状做好，立足产业链的某个环节，把这个环节做到成本最低或口碑最好。但前提是这个环节不会被替代。

在新质生产力发展过程中，产业深度转型升级是重要的因素之一，包括新兴产业的培育以及产业链优化升级两个方面，前者涵盖智能网联新能源汽车、氢能、新材料、创新药等产业发展，还有生物制造、商业航天、低空经济等新产业，以及量子技术、生命科学等新赛道；后者主要指传统产业的高端化、智能化、绿色化转型，制造企业服务化转型等。发掘新产业，聚焦产业链转移，利用数字化技术进行现有产业链的改造与升级，是行业洞察的三个关键点。

行业的选择，从一开始就决定了企业的发展空间及利润高低，除了理性的行业规模、成长、发展以及竞争等要素分析，行业的选择离不开企业家的“灵光一现”或敏锐直觉，甚至从某种程度上来说，企业家精神是最重要的决定性因素。毕竟，在战略层面，选择显然大于努力。

（三）看客户

通过客户细分和客户画像了解客户的需求，判断客户需求的变化趋势，总结对公司业务有重大影响的机会和威胁，是看客户的重点内容。

看客户并非分析全部客户，而是重点客户，包括现有的占据公司营业收入 TOP20 的大客户以及潜在的大客户，看客户关键是要分析出重点客户需求的变化趋势。

（四）看竞争

竞争对手的洞察要素可多可少，竞争对手一般可以选择行业内 TOP3 的企业，信息尽可能全面，要能根据这些信息对竞争对手的动作做出预判。

对竞争对手的洞察不必过于深入，每个企业的战略定位不同，并不是要模仿竞争对手，而是从对手的动作中得出对本企业有利的判断。

（五）看自己

如果说前面“四看”都是对外部的洞察，结论是判断出对公司有重大影响的机会与威胁，那么，看自己就是内部洞察，分析本企业的优势和劣势。

看自己要有依据和大概的标准，否则没有对比，很容易变成“自嗨”，优劣势无从判断，一般是从客户或主要竞争对手方面来做自身优劣势的分析和判断的。分析要素可以涵盖企业内部的主要环节，比如生产、技术、研发、销售、供应链、人力资源和财务等。

市场洞察经过“五看”以后，结果是什么？换句话说，市场洞察要达成怎样的目标？如果没有明确的目标，市场洞察很容易变成“市场分析”，涉猎了很多内容，但仅仅是分析而已，没有任何结论，如果这样，市场洞察的意义和价值就不大。

市场洞察的目标有两个：一是得出有价值的判断，二是找到战略性业务机会。

很多专家都认为市场洞察最重要的是找到战略机会点，市场洞察的“五看”并不是都能找到业务机会的，比如看环境和看行业无法直接得出战略机会点，严格说起来，看对手可以并入看行业中，因为行业离不开竞争格局的洞察。看环境的目标是对宏观环境进行基本判断，判断其对企业发展是有利还是不利。宏观环境洞察的一个关键要素是“产业政策”，包括国家产业政策或区域产业政策，通过对产业政策的分析，对经营环境也会有所判断。比如“双碳”战略，对新能源发展非常利好，但新能源的哪些业务是机会点，其实并不能识别出来；又如“乡村振兴”的国家战略，显然对农牧企业利好，但具体利好是什么，哪些业务可以借势发展，在看环境中并不能得到清晰的回答。

此外，看行业是市场洞察的基本功，毕竟每个企业不是独立存在，都是行业中的一环，并且要努力谋求在产业链中的优势位置，所以，看行业的目标是洞察行业的发展趋势。比如我们熟悉的一体化战略，包括前向一体化和后向一体化，企业要么向产业链上游延伸，从而谋求技术扎根；要么向产业链下游延伸，从而谋求市场扎根，这就是基于行业洞察后的战略选择。

比如农牧行业的发展趋势是什么。首先，农牧行业的竞争策略是“规模化产业链”，也就是不能聚焦于产业链的某一环节，如饲料或养殖，而是产业链的各主要环节都要涉足，并且每个环节都要具备一定的规模，这样才能具备竞争优势；其次，农牧行业的价值由终端消费者决定，消费者对健康食品的追求是农牧行业的客户价值所在，所以，农牧产业链的每个环节都要为这个最终目标服务；最后，既然农牧行业的规模化是竞争“护城河”，那么农牧企业的成本控制能力就是核心竞争力，构建强大的成本控制力是农牧企业的运营重点。对行业发展趋势进行研判，可以对后续的战略路径规划起到良好的牵引作用。

看客户的目标是找寻战略业务机会点。从目标客户群的需求出发，对市场进行细分，然后对细分市场进行评估，最终确定战略性业务机会。通常采取 SPAN 矩阵对细分市场进行评估，然后采取针对性的行动策略，如图 2–3 所示。

图 2–3　市场细分 SPAN 矩阵

通常来说，在市场洞察“五看”模型中，看环境、看行业、看客户及看竞争是输出外部发展机会和威胁，看自己则是输出企业优势和劣势，但在实践中会发现机会和威胁很难区分清楚。任何事物都具有两面性，有机会必然有威胁，反之亦然。比如原材料涨价，是机会还是威胁？威胁论认为会导致企业成本升高，利润减少，赚钱更难了；机会论认为原材料涨价会让一批竞争力低的企业倒闭，行业迎来重新洗牌的机会，有利于管理好、竞争力强的企业做大。

所以，是机会还是威胁，本就没有标准答案，与其纠结两者之间的辨析，不如挖掘机会，淡化威胁。同理，企业的优劣势区分意义也不大，做强优势，用己所长才是王道。

明晰了市场洞察的目标，那么如何保证市场洞察的质量呢？

首先，千万不要把市场洞察当成面面俱到的市场分析，各种要素力求绝无死角，尽善尽美，这样做不仅成本极高，而且没有必要。刚开始启动市场洞察，对这项工作的目的意义、工具方法以及经验习惯等都准备不够充分，所以，基本原则是“宜粗不宜细”，将这项工作启动起来最重要。

其次，千万不要把市场洞察当成一次性任务的“快餐”，完成差事，应付了事，以后再也不涉足。市场洞察的关键是培养团队的一种思考习惯，要有持续性，而不仅仅是“做练习”和“交作业”。

最后，要根据企业所处的行业或者转型方向做聚焦和选择，比如与政策导向密切相关的行业，需要重点对国家政策、经济发展等外部环境进行洞察；如果是与日常生活密切相关的行业，那就要对人口流动、消费水平以及数智化等社会和技术因素，还有客户需求、竞争对手等进行重点洞察。

二、战略机会与内部能力的匹配

通过市场洞察识别了外部的业务机会，明确了企业自身的优劣势，企业应该选择哪些机会做重点投入？选择的依据和标准是什么？机会价值有大小，企业能力有强弱，如果企业的资源能力优势恰好与价值大的业务机会匹配，显然是最理想的状态，也是企业应该重点投入的部分。所以，业务机会的选择必须考虑和企业内部能力的匹配程度。

回归到行业，对行业成功的关键因素进行分析与识别，如果企业的资源能力和行业关键成功因素一致，那就可以说明企业能力是有效的；反之，就是不匹配的。

可以采用行业关键成功因素判别矩阵进行识别，如表 2–2 所示。具体操作方法是，将行业的各类要素分别列举出来，然后采用两两比较的方法进行评分，也就是纵向的每个要素与横向的每个要素分别进行一一对比，如果纵向要素重要就打 2 分，同样重要打 1 分，不重要打 1 分，最后横向加总，得

表 2-2　行业关键成功因素判别矩阵

项目	技术	销售	市场推广	品牌	物流	售后服务	采购	成本控制	质量	资金	政府关系	生产	人力资源	总分
技术														
销售														
市场推广														
品牌														
物流														
售后服务														
采购														
成本控制														
质量														
资金														
政府关系														
生产														
人力资源														

出每个要素的总分，总分排在前列的要素就是行业的关键成功因素。

行业关键成功因素的数量如何确定？没有绝对正确的答案，更多需要经验的判断，每个行业的关键成功因素有 5—8 个。

识别了行业的关键成功因素，企业的资源能力要与行业关键成功因素作对比，如果在行业关键成功因素方面企业做得好，那无疑会具有较大的优势，也就是具备核心能力；反之，如果企业的优势没有在行业关键成功因素方面得到体现，则只能是锦上添花，点缀而已。

企业的核心能力与外部业务机会进行匹配，就可以对外部机会进行分析和判别，机会价值有大小，比如发展空间、盈利水平、竞争程度等都可以作为衡量机会价值大小的条件。同样，对机会的把握程度有难易，比如外部机会与企业核心能力的匹配度高，说明把握的难度低；反之，则说明把握的难度高。

根据机会价值大小和把握难易程度，可以制定战略机会地图，如图 2-4 所示，对外部机会进行区别对待。

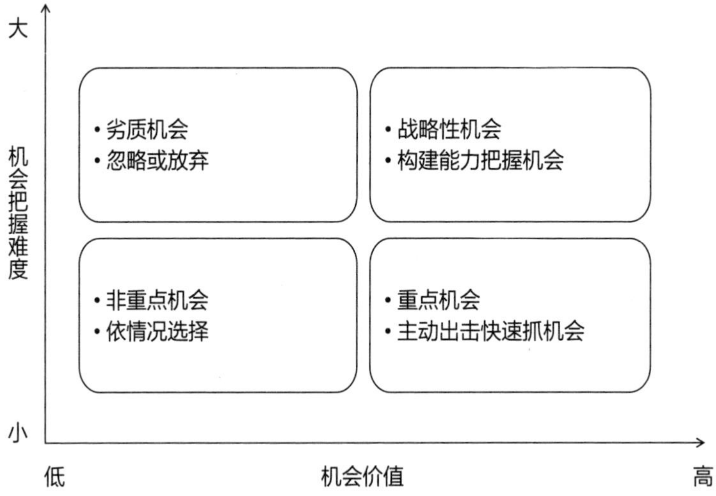

图 2-4　战略机会地图

第一象限：战略性机会。机会产生的价值高，机会把握难度大，这就要求企业争取各种有利资源，想方设法把握机会。

第二象限：劣质机会。机会产生的价值低，机会把握难度大。在策略上，这类机会显然不是企业的“菜”，不必花费精力，主动忽略或放弃，避免资源的浪费。

第三象限：非重点机会。机会产生的价值不高，机会把握难度也不大。要不要把握这些机会？需要企业做出评估，根据实际情况进行取舍。

第四象限：重点机会。机会带来的价值高，机会把握难度小。这对企业而言是极好的发展机会，必须迅速出击，紧紧抓住机会，以取得快速发展，一旦速度慢了，重点机会就会被其他竞争对手夺取。

外部战略机会与企业内部能力的匹配既是市场洞察的关键步骤之一，也是战略制定的一项重点内容，对接下来的业务组合构建有直接的影响。

三、构建三层次业务组合

企业制定了战略机会地图，可以对外部机会进行分类管理，进一步来说，需要把机会对应的业务明确下来，否则，机会过于宽泛，对企业而言不容易理解和界定。比如新能源对各行业来讲是个很好的战略机会点，但新能源不是业务，新能源汽车及配套充电桩、新能源电池、新能源建筑等才是业务。

企业需要界定具体的业务，并且，不是单一类型的业务，而是业务组合，要运用发展的眼光进行业务组合设计。未雨绸缪，提前做设计和安排，才是战略。企业的业务组合通常采用“三层业务链”的模式进行规划，如图 2–5 所示。

一般来说，业务分为三个层次：第一层称为核心业务，是现阶段从事的主营业务，也就是成熟业务；第二层称为新兴业务，也就是接下来准备近期从事的业务；第三层称为种子业务，是企业下一阶段即未来要重点培育的业务。“三层业务链”，是对企业业务的系统性安排和筹划。

如何做业务组合的设计？从方法论来讲，可以采用业务组合策略矩阵帮助我们进行思考和梳理，如图 2–6 所示。

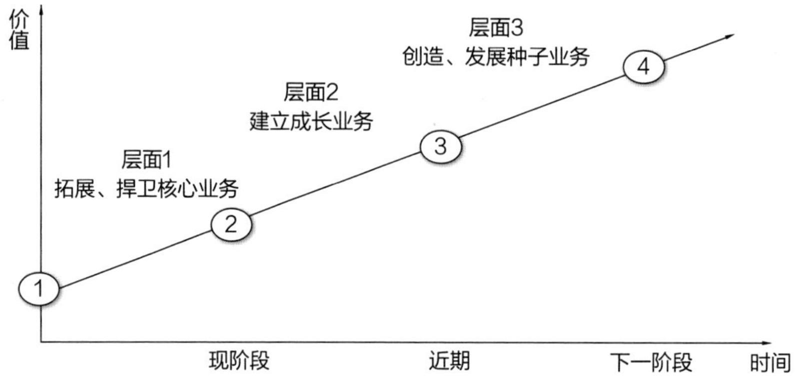

图 2–5 “三层业务链”

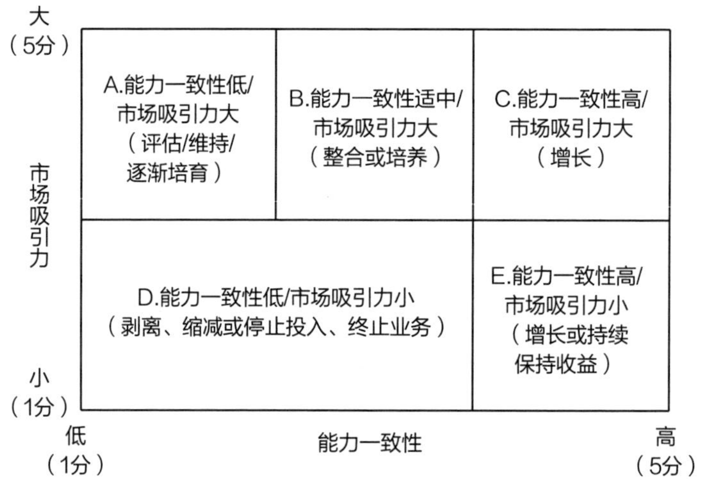

图 2–6 业务组合策略矩阵

可以从“能力一致性”和“市场吸引力”两个维度对每个业务进行评估，并置于相应的矩阵位置。“能力一致性”指业务发展所需要的关键要素与公司能力资源相匹配的程度，匹配度越高，代表能力一致性越高，反之则越低；“市场吸引力”指各个业务所处市场的吸引力大小，需要综合考虑市场规模、增长速度、利润水平、竞争强度等要素，综合得分高说明市场吸引力大，反之则小。

综合分析每个业务的两个维度情况，可以将所有业务安放到矩阵图的不同位置，不同位置表示不同的业务，一般来说，矩阵图分为 A、B、C、D、E 五个区域，也就是五类业务，按照图中所示，C 类属于核心业务，要重点发展；B 类属于新兴业务，要加大投入；A 类属于种子业务，要逐渐培育。通过业务组合策略矩阵，企业就可以针对业务进行系统的谋划与安排了。

四、规划业务增长路径

业务组合确定之后，要规划业务的增长方式和路径，也就是市场吸引力大的 A、B、C 三类业务采用什么样的发展路径才能达成目标。

业务增长的路径有很多，总结下来，典型的业务增长方式有业务扩张、产业链创新、能力拓展以及多元化布局四种。

（一）业务增长路径之一：业务扩张

业务增长的逻辑，首先要澄清增长空间有多大，如果市场的增长空间很大，企业本身的市场占有率不高，则增长路径很明确：通过业务扩张努力提高市场占有率。

业务扩张通常有三种方式，分别是产品扩张、渠道扩张和市场扩张。这里的市场是客户、地域的统称。

如果客户的需求是类似的，可以采取产品多元化扩张的方式满足客户需求，比如生产打印机的企业，同样可以生产复印机、扫描仪、传真机等；家电企业的产品线往往非常丰富，白色家电、黑色家电、其他颜色小家电等；又如英语培训市场，可以有四六级英语、少儿英语、出国英语、高考英语、英语口语等多元化英语产品，总之，如果面对的是无差别或差异化很小的大规模市场，往往可以采用产品扩张的方式实现业务增长。它遵循的是“一只羊也是赶，一群羊也是放”的商业逻辑。

通过增加不同的销售渠道从而扩大业务规模就是渠道扩张。比如在工业时代，有“渠道为王”的说法，谁掌握了渠道，谁就具备了话语权与定价权，这也是大中、国美、苏宁等传统渠道商的成功逻辑，当年格力与国美之争，董明珠自建格力销售渠道，这正是渠道话语权背后的利益博弈。当然，渠道分为终端渠道与经销商（代理商）不同的种类，前者往往面对 C 端，多是消费品；后者直面 B 端，一般是工业品。目前，主流的渠道模式是 O2O（线上线下结合），除了传统的零售商、代理商与经销商，还需要京东、淘宝等电商加持。总之，如果是无差别产品，需要通过大规模与客户产生接触从而提高销量，可以采用渠道扩张的方式实现业务增长。它遵循的是“不管买不买，先混个脸熟”的商业逻辑。

市场扩张的含义是企业要开拓多个市场实现业务增长。比如素质教育市场，针对儿童的素质教育、针对成年人的职业教育，就是针对不同年龄段的客户群推出的不同业务；又如某企业现阶段重点聚焦华东市场，逐渐进入华北、华中、西北、东北等区域，都属于开拓不同的市场。市场扩张只是单维度，往往需要与产品结合进行双维度思考，“产品—市场”矩阵可供借鉴，如图 2-7 所示。

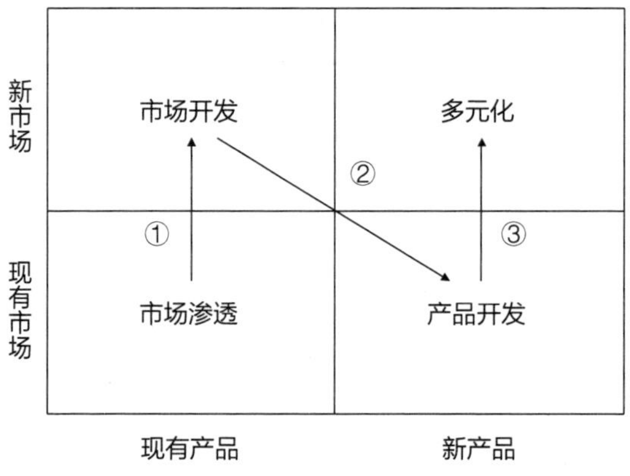

图 2-7 “产品—市场”矩阵

“产品—市场”矩阵，也叫安索夫矩阵，是战略管理大师安索夫提出的市场策略管理工具，从产品和市场两个维度分为四种“产品—市场”组合和相对应的市场策略，是应用最广泛的营销管理工具之一。

企业首先要将现有产品在现有市场中进行充分的覆盖与渗透，占据绝对的市场份额，此时的产品在现有市场具备了相当高的品牌知名度。之后，企业要顺势将现有产品推广到新市场，要么进入新的区域，要么开发新的客户群，用现有产品开发新市场是相对便捷且成本低的方法。待到现有产品趋于成熟，已经进入衰退期，市场已经有替代品出现，此时企业要及时开发新产品，以巩固现有市场的需要，继续保持本地市场的领先状态，最后在新市场开发新产品，实现业务的多元化发展。

举例来说，某企业以水产饲料起家，依靠丰富的水产品资源，获得了快速发展，成为省内饲料行业龙头企业，之后陆续拓展了猪、禽、反刍、预混料等产品线，逐渐巩固了其在省内市场的领导地位，这是“市场渗透”；在市场占据绝对份额之后，该企业决定依靠多年积累的产品和销售经验向其他区域拓展，试图从地方企业向全国企业转型，这是“市场开发”；随着环境的变化，该企业发现只做饲料不能满足发展需要，养殖产业链是未来饲料企业的发展主流，所以，该企业决定沿着产业链进行上下游布局，业务范围逐渐拓展到种苗、动保、疫苗、饲料、养殖等产业，这叫“产品开发”；随着企业的规模越来越大，竞争力逐渐加强，该企业将市场范围拓展至全国，又陆续沿产业链下游布局了养殖机械、屠宰、食品加工、零售等全产业链业务，这叫“多元化”。

再举一例咨询培训市场，培训公司首先要聚焦一两款咨询培训产品，不断打磨，在北上广等一线城市站稳脚跟，通过与某几个行业的头部企业建立战略合作，打响品牌知名度，如果想扩大规模，就必须考虑市场扩张，在其他城市设立分公司，开拓新市场，慢慢拓展直播课、沙龙、公开课、微咨询等产品，丰富产品线内容，逐渐扩大规模，实现业务增长。总之，如果产品/服务针对特定的客户群，标准化特征不是特别明显，则可以采用市场扩张的方式实现业务增长。它遵循的是“先做强，后做大”的商业逻辑。

安索夫矩阵是很多企业业务增长的首选管理工具，得到了很好的验证。当然，安索夫矩阵仅仅是一种思考工具，企业经营实际要复杂得多，一定不会按照图 2-7 的顺序机械地进行业务扩张，一旦某个机会点产生，企业必须立即抓住，这时候，就无所谓现有产品或现有市场了。

（二）业务增长路径之二：产业链创新

每个企业都处于某个特定的行业中，占据行业中的某个位置。简单来说，任何一个行业都离不开“产供销”三类角色，也就是供应商、生产商和销售商，每个企业都要在行业中谋求自己的位置，也就是选择三类角色中的某一个，要么是供应商，要么是生产商，要么是零售商，各自配合，完成产品从原料供应、生产制造到终端销售的全过程，各自取得一部分利润，这是产业链的基本运作模式。

计划经济时代，环境稳定，变化不大，产业链中各企业各司其职，为各自的角色负责，行使各自职能，获取相应的利润。但在市场经济时代，赢者通吃，追逐利润是本能，产业链中各企业的角色自然会发生变化。VUCA 时代，企业经营是生死大事，稍有不慎，满盘皆输，竞争更为残酷，各企业在产业链中的位置竞争更加激烈。

每个企业在产业链中都有定位，“屁股决定脑袋”，角色决定玩法，企业发展不能离开产业链，而企业的业务增长，除去业务扩张，还要聚焦产业链，分析产业链，从而通过谋取在产业链中的有利位置获得业务增长。

基于产业链创新的业务增长路径，通常可分为产业链延伸、产业链优化、产业链强化以及产业链重构四种模式。

模式 1：产业链延伸。

产业链延伸指企业需要分析产业链中价值的转移趋势与难度大小，然后通过向产业链价值高的领域转移实现业务增长。

产业链延伸重点需要考虑几个问题：产业链各环节之间的竞争关系如

何？产业链的主导者是谁？产业链的商业模式是怎样的？影响产业链的关键成功因素有哪些？行业链的转移趋势是什么？未来产业链哪些环节的利润会比较高？

以手机行业为例，产业链可以包括芯片供应、操作系统提供、零部件生产、品牌设计、整机制造、软件服务、分销渠道、终端消费等环节。每个环节都有很多企业参与，所以，手机产业链（见图 2–8）是个非常开放的产业链。

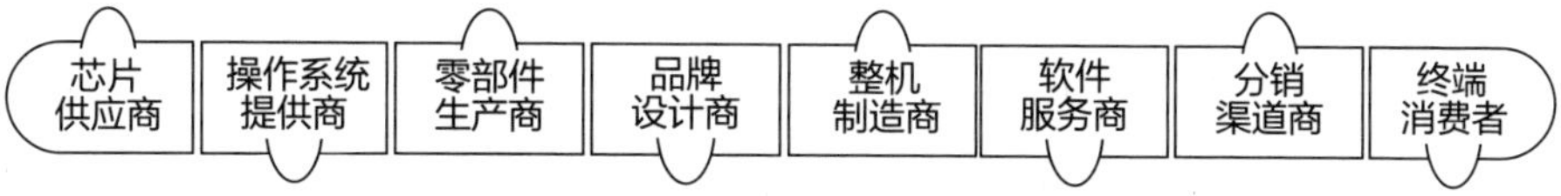

图 2–8　手机产业链

问题 1：产业链各环节之间的竞争关系是怎样的？

手机产业链的各个环节都属于充分竞争的市场，从上游的芯片供应、硬件生产、软件服务到下游的整机组装、分销渠道都有大量的企业参与竞争，竞争已经达到白热化程度，现在进入手机行业显然已经不是好的时机。充分竞争一方面使产业利润率透明且微薄，另一方面也会使产业链结构性能增强，这一点从山寨机的出现就能得到证明。

问题 2：产业链的主导者是谁？

华为 2021 年的营业收入为 6340 亿元，相比 2020 年的 8914 亿元下滑了接近 30%，导致下降的主要原因在于手机业务受芯片的影响，业务量缩水严重。手机产业的主导者是上游的芯片供应商，手机操作系统 Android 是开源的，制造能力很重要但可以代工，如果没有芯片那就没办法生产出一部手机，所以手机产业链的绝大多数利润被高通赚走了，因为高通在高端智能手机芯片市场的占有率很高，这也是华为投入重金研发海思芯片的原因。

问题 3：产业链的商业模式是怎样的？

手机零部件生产、整机制造组装赚取的是一次性的生产加工费用，走的是“薄利多销”的路子，而知名手机品牌，比如苹果，通过设计、软件服务等手段在高端智能手机市场占据了领先地位，苹果除了通过不同系列的iPhone手机获取高额利润，还通过App Store（手机应用商店）的下载服务赚取了可观的利润，而手机销售是一次性的，软件服务却是不断循环的，所以，多层次的收费模式是商业模式中需要重点考虑的内容。

问题4：影响产业链的关键成功因素是什么？

产业链分析必须洞察到产业链的本质，这需要经过长时间的思考与训练才能逐渐掌握。对于手机这种开放的产业链，没有哪个环节具有绝对的垄断性，即使高通的芯片也可以通过其他芯片替代，所以，产业链的整合能力就显得异常重要，也就是说，通过扎根渠道与市场，获得流量，反过来整合产业链，就是行业赢家，苹果、华为、小米、OPPO、vivo都是典型的例子。所以，手机产业链的关键还是扎根市场，做强品牌，具备强大的品牌号召力，占据较高的市场份额就有了话语权，也就具备了整合产业链的能力。

问题5：产业链的利润转移趋势是什么？

手机企业要想谋求产业链中的高利润位置，要么向上游延伸，通过技术研发成为芯片供应商，要么向下游转移，通过市场与渠道扎根终端，占有流量，而单纯的制造与加工不可能成为高利润领域。

通过上述分析，我们了解到，当企业处于产业链的不同环节，且各环节的利润获取不对等的时候，企业自然要向产业链高利润环节转移，这就是产业链延伸，也叫一体化，最常见的有两种延伸方式：向产业链前端延伸（前向一体化）和向产业链后端延伸（后向一体化）。

前向一体化，是向销售端靠近，最大限度地接触并了解消费者需求，便于更好地为消费者提供价值，从而谋求市场扎根；后向一体化，是向供应端靠近，便于更好地控制资源和供应效率，从而谋求技术扎根。

比如建筑工程产业链，涉及上游的勘察设计、房地产开发，中游的建筑施工，以及下游的工业制造、投资运营等多个环节，可以看出，建筑施工往往处于产业链的价值底端，规模大，但利润率很低，所以，很多建筑施工企业往往会采用一体化策略，要么向上游延伸，进入房地产开发领域，要么向下游延伸，进入投资运营领域，目的都是谋求高利润。所以，你会发现，大多数建筑施工企业有房地产业务板块，而且都在积极尝试 BOT（Build-Operate-Transfer，建设—经营—转证）特许经营权业务，从单纯的建筑施工向投资运营转型，这是产业链延伸的典型应用。

而某些资源型行业，当上游的资源供给端成为产业链最高价值的环节时，企业更偏向于后向一体化战略，比如钢铁，决定钢铁企业竞争力的并非生产制造能力，而是铁矿石的稀缺程度，谁掌握了铁矿石，谁就拥有话语权，所以，钢铁企业要尽可能控制铁矿资源，向产业链上端转移就是大势所趋。

又如上市公司赣锋锂业与天齐锂业，主营业务均为锂资源的开发、锂电池的制造应用，上游的锂矿资源是决定业务规模的关键，所以，两家上市公司都在全球范围内寻求优质的锂矿资源进行并购开发或战略联盟，便于在发展中占得先机，这也是产业链延伸的典型应用。

这里需要重点说明，后向一体化不仅是为了控制资源供给，其实质是提高行业技术壁垒，构筑技术优势，所以，后向一体化的本质是提高研发技术的含金量，比如，华为以每年不低于销售收入 10% 的比例投入研发环节，就是为谋求技术领先。此外，我们熟悉的家电制造商美的集团在研发方面的投入持续加大，也是为持续强化科技创新构建竞争优势。

而对于诸多消费品行业，无论是快速消费品还是耐用消费品，消费者的认知至关重要，最大限度地吸引流量以获得消费者信赖，就是消费品行业成败的关键，所以，要扎根市场，持续做市场投入和品牌建设就成为消费品企业的首要选择。比如宝洁，推出洗护多产品品牌，各品牌分别对应不同的细分市场或人群，品牌定位清晰，再通过大规模的宣传推广在消费者心中建立品牌认知，获得了巨大成功。

在外部环境变幻莫测的 VUCA 时代，“前向 + 后向”产业链延伸成为更合适的业务增长路径选择。比如制造企业的业务增长，制造业作为传统行业，原先只是提供单一的产品生产与制造，与客户的接触只有产品交付，利润并不高，随着竞争加剧，制造企业要从产品端向“产品 + 服务”转型，一方面，向客户端延伸，针对客户的需求提供服务业务，通过服务增加与客户的接触，提高客户黏性；另一方面，向供给端延伸，提高技术研发能力，设计更多符合客户需求、技术含金量更高的产品，为客户提供一揽子解决方案，全方面构建竞争优势。

运用产业链分析，洞悉产业链的优势环节，从而进行产业链延伸，是产业链创新的基本增长路径。

模式 2：产业链优化。

在某些成熟行业，产业链格局已经构建完成，各环节地位稳固，价值分配也已经固化。比如传统的家电行业，各家电生产商只是制造家电产品，然后通过超市、卖场等渠道进行销售，后来，大中、苏宁、国美等家电渠道商崛起，借助大规模的连锁卖场掌握了话语权，对家电厂商收取名目繁多的“进场费”等，导致生产商与渠道商的关系紧张，格力一怒之下与国美决裂，自建销售渠道，成为当时轰动一时的热点新闻。

随着京东、淘宝等电商平台的兴起，国美、苏宁等高成本的线下渠道受到严重冲击，日渐式微，终成明日黄花，从高成本的线下渠道到大势所趋的电商平台，家电行业完成了产业链优化的革命性变革。

产业链优化有两层含义：一是降低产业链中各环节的交易成本，如电商平台取代线下渠道；二是对产业链各环节进行优化，想办法压缩交易环节，降低成本，即拒绝中间商赚差价。

产业链优化的典型代表是小米手机，其开了手机产业链优化的先河。传统的手机产业链由“研发—采购—制造—营销—渠道—服务”等环节构成，环节很多，产业链很长，每个环节都会被夺取部分利润，导致手机行业的利润率微薄，同时，研发设计、采购生产与消费者的距离很远，只承担产业链某一环节的功能性职能，在渐成红海的手机市场，小米手机如果采用同样的模式无疑是死路一条，那么，小米是如何做的呢？

在研发环节，小米采用开放态度，积极与资深“米粉”互动，让“米粉”参与手机的研发设计，听取“米粉”的建议；在营销环节，小米摒弃了成本高昂的大规模广告宣发，转而利用小米社区、微信、微博、论坛等新媒体进行病毒式全地域传播；在渠道环节，引入电商平台替代传统渠道商，这三个环节的创新节省了大量的费用，使小米获得了巨大的成本优势，在同等配置的情况下，价格是同类型手机的一半，彻底颠覆了行业竞争格局。随后，荣耀等手机品牌借鉴小米模式，同样获得了成功。

小米手机成功地将产业链进行压缩，并非按部就班地按照传统产业链模式进行运营，而是从一开始就让客户介入，参与从手机开发到销售的全过程，极大地缩短了手机研发生产与消费者之间的距离，让客户的体验价值得到了最大限度的释放，成为产业链优化的经典案例。

模式 3：产业链强化。

产业链的发展离不开各环节的彼此配合，如果交易成本过高，或者强弱过于分明，都对产业链的发展不利，最终会影响各企业的发展。所以，产业链中的强势环节，有责任帮助薄弱环节进行改进提高，从而提升整个产业链的水平，“大家好才是真的好”，这就是产业链强化模式。

汽车产业链，包含上游的零部件供应、中游的整车生产、下游的销售服务，显然，整车厂是产业链的强势环节，上游的零部件配套厂商为其服务，下游的 4S 店负责汽车销售与售后维修服务。一般来说，新车出厂意味着整车厂的销售完成，即可计算销售收入，但真正意义上的销售并未完成，汽车出厂只是第一步，之后成为 4S 店的库存，如果 4S 店不能将汽车销售给终端客户，意味着经销商将背负巨大的成本压力，所以，整车厂有责任帮助经销商完成从库存到销售的转化，否则，一味要求经销商提车，而不考虑其销售能力，最终无疑会“双输”。

所以，我们可以看到，整车厂会为改善经销商的能力提供各种帮助，比如各种产品相关知识的培训、4S 店各岗位的能力提升培训、进店辅导等，目的是补强经销商这一产业链环节的短板，让产业链整体能够发展顺利。不然，经销商赚不到钱，产业链最终也会崩溃，无法形成健康的产业。

所有不直接针对消费终端的生产制造商都可以选择产业链强化路径，换句话说，需要通过中间商（经销商 / 代理商）进行销售的产品，生产商都需要对中间商进行赋能。比如卡特彼勒、三一重工等工程机械制造商，还有保险、化妆品、保健品等需要专业代理人进行销售的业态，莫不如此，否则，增长路径根本无从谈起。

模式 4：产业链重构。

打破传统产业链的原有结构，进行重新拆分与重组，从而创造性地对原产业链进行重构，称为产业链重构，这是基于产业链创新的高级模式。

产业链重构需要某些条件支持，否则比较难以实现。在经济环境相对稳定的情况下，产业链各环节成熟，很难发生大的变动，但在快速变化的环境下，对原有的稳定结构形成了巨大的冲击，这时候，产业链重构就有了可能，其背后是大数据、物联网、人工智能等新技术的有力加持。

产业链重构的典型代表是酷特智能和尚品宅配。

酷特智能，前身是 1995 年成立的服装品牌——红领集团。从 2003 年开始尝试个性化服装的定制，经过 8 年的摸索与实践，于 2011 年初步走通了 C2M 个性化定制的路子，并将 C2M 上升为公司战略。

制造业一般分为工业制造业与消费制造业两大类型，随着数字化与智能化时代大潮的到来，对消费制造企业的冲击非常大，过去大规模生产的单一模式显然已经不能满足消费者的多元化需求，尤其对服装、家居等耐用消费品企业而言，必须完成从传统制造业到新模式的转型。

多年来，服装生产企业面临的最头疼问题是高库存，不但占用资金，一旦踏不准时尚的步点，批量生产的服装转眼就成废品，为回笼资金，必然要打折销售，所以，服装企业的价格战一点不比家电企业“温柔”，同样刀刀割肉，招招见血。消费者对服装的个性化需求越来越强烈，千篇一律的服装款式显然已经过时，但“个性化”与“工业化”有着天然的矛盾，如何解决？

服装企业为了降低库存，必须做大销售端，而传统服装行业基本都是渠道模式，“零售 + 批发”的渠道资源是服装行业重要的竞争优势，在这种模式下，渠道决定服装企业的盈利与库存，终端消费者的需求不可能被重视。

移动互联时代，客户的个性化需求越来越广泛，尤其在服装领域，所以，酷特智能创始人张代理很早就认定：打通消费端与制造端，实现低成本、低库存运营必定是服装企业的未来。

若想实现个性化定制，要改造的环节有很多，其中最重要的环节有两个——量体和制版。

服装行业都认为量体环节是不能标准化的，更多靠量体师傅的时间与经验积累，如何将人为的量体技术转变为固定的参数？张代理带领团队几经摸索，形成了“三点一线坐标量体法”，只需要 5 分钟，就能采集人体 19 个部位的 22 个尺寸，从而掌握合格的人体数据，而这套方法能让没有经验的人经过三天培训就具备精准测量人体数据的能力，大大提高了效率。

在制版环节，酷特智能根据人体特点，裂变出远超人体总数的亿万个板型，然后不断进行修正，做了很多年，酷特智能目前建立的第四代板型库完全可以摆脱对服装版式的依赖。收到客户的个性化订单后，系统会拆解量体数据，从板型库中找到与其体型特征相匹配的板型，最终组合成符合客户整体身材的板型。原先老裁缝用一天时间才能做出的板型，酷特智能的数据库只需要 30 秒。这就是大数据给传统制造带来的价值，也成为酷特智能个性化定制的核心竞争力。

与传统定制相比，酷特智能“1 件起订，7 天交货”的个性化定制模式，一人一款，一人一版，客户群范围遍及普通大众，而非有限的高消费人群，真正实现了低成本、可复制的定制化，消灭了库存，盘活了资金。用工业化的手段、效率与成本实现个性化的产品。

酷特智能摒弃了服装企业“研发、设计、生产、销售、品牌”的传统价值链模式，以客户需求为源头，反向重构价值链，走上了一条“大规模定制化生产”的道路，并顺利跑通了商业模式。

尚品宅配的商业模式本质上与酷特智能相同，后者是大规模服装定制，前者是家居行业的“全屋定制”，都是通过大数据工业化手段满足客户的个性化需求，对传统的产业链进行重构，从而走上持续增长之路。

（三）业务增长路径之三：能力拓展

每个企业都有自己的优劣势，不断积累和总结自身的优势，将它转化为核心能力，基于核心能力做拓展是业务增长的第三条路径。

企业的核心能力一旦培育成功，就可以基于核心能力，进行关联业务的拓展，这种拓展，不是随意产生的，而是以核心能力为原点，向核心能力能支撑的业务进行辐射，类似“同心圆”式的业务增长模式。给大家举两个案例，一个是小米，另一个是温氏股份，前者是互联网企业，后者是传统农牧企业。

小米以互联网手机品牌开启发展之路，通过优化手机产业链，针对“手机发烧友”，创造性开辟了与客户共同研发手机系统的模式，然后通过互联网销售，这套打法大获成功。小米也逐渐积累并形成了自身的核心能力：深刻洞悉客户需求并快速满足。基于核心能力，小米形成了面向客户的“铁人三项”商业模式。

小米手机的互联网打法成功后，立刻被竞争对手效仿，比如华为的荣耀，几乎全盘复制了小米手机的做法。只靠单一的手机无法支撑小米的发展，小米根据自己对客户需求的深入了解迅速扩张了业务版图，通过生态圈企业生产制造了大量的产品，比如电风扇、电吹风、插线板、行李箱、净水器等，覆盖客户更多的生活场景需求，除了一直擅长的互联网线上玩法，小米还开设了“小米之家”的线下实体店，进军新零售领域，线上线下将客户体验无缝衔接，“自己做产品，用自己的渠道卖给自己的客户”，“产品—渠道—客户”形成完美闭环。

小米生态链的产品种类非常丰富，产品的多样性提高了消费者的复购率，而华为、OPPO、vivo 等竞争对手的旗舰店产品种类比较单一，难以将流量完全转化为交易。基于自身的核心能力，小米成为一家“制造型零售商”，小米新零售是制造 + 零售的完美结合，是 C2B 的完美落地，是传统零售价值创造逻辑的升华。

温氏股份被称为“农业界的华为”，涉足的是传统的农牧行业，很多人对农牧行业不感冒，认为是很“土”的行业，尤其是与互联网行业相比，更是“土得掉渣”，在“乡村振兴”国家政策加持下，农牧业已经成为一个容量极其巨大的产业，必将出现万亿级别的企业。

温氏以肉鸡养殖起家，产业逐渐扩展至肉猪肉鸭养殖、兽药、乳制品、农牧设备制造等，形成了以肉鸡、肉猪的养殖与销售为主，奶牛、肉鸭养殖等其他养殖业务为辅，食品加工、农牧装备、兽药生产、金融投资等为配套业务的产业结构，从第一产业（农业）向第二产业（工业）、第三产业（服务业）延伸。温氏股份的这种业务拓展，背后遵循的逻辑是什么呢？

表面看温氏股份是在做产业链的延伸，但再深入一步，温氏如何能做全产业链的覆盖？背后还是有核心能力的支撑，经过多年在养殖领域的打拼，温氏建立起了自己的核心能力——养殖能力。尽管本身并不从事养殖这一具体环节，但是温氏股份掌控育种、饲料、兽药、养殖技术等高技术环节，农户完全遵循温氏股份的操作规范，以及接受它的技术指导，养殖环节实际上是通过“公司 + 农户”的方式外包给农户，正是基于核心能力，养殖处于中心原点，慢慢向周围产业辐射，温氏股份不断进行业务拓展，不断进入新的、相近相邻的业务领域，从而扩大了企业的规模，完成了竞争优势的构建。

（四）业务增长路径之四：多元化布局

企业迟早会面对“第二曲线”的问题，也就是要回答，当核心业务面临天花板，新业务从哪里来，所以，新业务布局是业务增长的重要路径之一。

增长机会在哪里？这是企业普遍关心的问题。首先，不是随便一个机会就要去抓，如果机会稍纵即逝，风险无疑太大；其次，对机会的判断评估时间过长，会丧失先机，只能看竞争对手享受红利，这之间的分寸与技巧非常考验人。此外，机会往往伴随着风险，一旦判断有误，会对企业产生极大的负面影响。

A 股上市公司威创股份的发展历程清晰说明了机会与风险相伴相生的道理。威创股份是一家大屏幕数字显示系统及解决方案供应商，主营业务是高清晰度大屏幕拼接显示系统的生产、销售与安装工程，作为国内拼接显示行业的首家上市公司，一直处于行业领先地位，随着行业发展空间越来越小，增长“天花板”逐渐显现，2015 年威创股份跨界进军幼教产业，布局“第二曲线”，对幼教领域进行了连续投资并购，先后收购红缨教育、金色摇篮、鼎奇教育以及可儿教育的全部或部分股权，两年多时间，威创股份旗下的幼教品牌共拥有加盟幼儿园超过 4500 家，成为规模最大的线下幼儿园园所企业，彼时威创股份股价大涨 200%。

可惜好景不长，接下来行业负面事件频出，2018 年国家出台学前教育新政策，严格规范行业发展，这让步子迈得太大的威创股份开始凸显经营风险，旗下幼教品牌经营逐渐陷入困境，导致威创股份遭遇巨额亏损，从此不可避免地走向衰落。

威创股份在本行业增长空间有限的情况下，主动进行多元化布局，跨界进入不相关的幼教行业，布局力度很大，如果不出现行业变局，未来发展可能是另一番景象，所以，多元化业务的布局是一把“双刃剑”，极大地考验企业家的战略意志与战略勇气，不可否认带有一定程度的运气与试错成分。

在业务增长路径中，最具风险性的是寻找现有产业之外的“第二曲线”。

工业化时代，一般不赞成企业做不相关的多元化，失败案例比比皆是，但数智化时代，由于互联网技术的发展，以及消费者需求的广泛产生，让跨界业务的扩张与融合成为可能，这既考验企业家的眼光和经验，更考验勇气与决心，因为，对外部环境的深刻洞察，能预判到战略机会点，有时真的源于“灵光一现”以及破釜沉舟的“赌博”式胆识，而这恰恰就是宝贵的企业家精神。

基于战略目标和三层次业务组合，企业需要规划业务增长路径。业务扩张、产业链创新、能力拓展三条路径背后有其清晰的逻辑，业务扩张是基于产品和市场；产业链创新是基于产业链分析做选择；能力拓展是基于核心能力做业务增长。多元化布局，既需要科学严谨的市场洞察，更需要发挥企业家精神，既是逻辑，又是艺术。

第三节　知彼：长大后我就成了你，竞争才是真理

在这个“内卷”的时代，企业与企业之间都要面对极其激烈的竞争，如何在竞争中获得优势，是企业的必修课，无论你是否赞成，我们都不得不承认：了解对手并建立竞争优势，是需要学习的。“知彼”的目标，就是让我们了解竞争对手，学习如何赢得竞争，没有竞争，就不可能有强大的自己。

一、三个基本竞争战略模型

“物竞天择，适者生存”是不变的法则，生物进化需要，企业发展也适用，除非是垄断行业，否则都要参与行业竞争，争夺话语权，获取在产业链中的位置。如何参与市场竞争获得竞争优势，是个重要的战略问题。

战略大师迈克尔·波特在其名著《竞争战略》中，提出了企业参与市场竞争的三个基本竞争战略模型，这就是著名的总成本领先、差异化以及集中化战略。这三个竞争战略模型流传很广，对企业的影响非常大。

在三个基本竞争战略模型中，总成本领先和差异化对应的是无差别的大众市场，集中化对应的是细分市场。

模型 1：总成本领先——通过规模化产品获取竞争优势。

如果某企业可以生产多样化的产品，能将生产成本控制在行业平均水平，是否具有竞争优势呢？

答案是否定的，因为，其他企业也都具备这样的条件，大家的玩法都一

样，怎么可能某一家有优势？若要获得竞争优势，必须在行业平均成本的基础上再降低一定的比例，这样总成本降低了，就可以向消费者提供低于行业平均价格的产品，从而也就获得了竞争优势，这就是总成本领先。

总成本领先是指企业成本低于行业平均成本，从而可以产生价格优势。比如某产品平均价格是 5 元，但我可以报价 4 元，甚至 3 元，比竞争对手的价格更低，那我就可以赢得更多消费者的青睐。这里需要说明的是，低价不是恶意竞争。为了打击对手，故意降低报价，其实自己并不赚钱，这叫“损人不利己”，总成本领先的实质是能力。也就是说，我有能力把成本降低到行业达不到的水平，然后通过为客户提供高性价比的产品，从而获得利润。富士康、戴尔、小米等企业采取的就是总成本领先战略。

总成本领先战略的适用条件，首先是标准化的产品，无须定制，因为只要考虑个性化，就不可能实现标准化；其次，该产品的客户群必须庞大，不能太小。以标准化的产品供应市场，只要规模足够大，就可以把总成本降低。因此，总成本领先的核心，是依靠规模化获取竞争优势。

模型 2：差异化——通过产业链位置谋求竞争优势。

如果无法做到总成本领先，那就采取不同的模式，这就是差异化战略。同样都是卖咖啡，星巴克不仅卖咖啡，更强调氛围和环境，营造不同于家庭和办公场所的“第三空间”，但瑞幸主打“快捷和优惠”，不强求环境，空间不大，重在即买即走；同样都是火锅，海底捞以服务取胜，巴奴以产品为先。因此，所谓“差异化”，就是“人无我有，人有我优，人优我廉，人廉我特”，总之，就是和别人不一样。

企业不是单独存在，各自在产业链中占据某个位置，然后提供相应的价值，获取相应的利润。比如汽车产业链，涉及零配件、研发设计、生产制造、市场推广、整车销售、售后服务等多个环节，不同的企业聚焦于不同的环节，有的供应零配件，整车厂进行汽车的研发和生产，4S 店提供汽车销售和售后服务，不同的企业构成了汽车产业链，在产业链中的位置不同，竞争优势也会不一样。

企业需要在产业链中谋求有利的位置，从而赢得更大的利益。也就是说，企业要从产业链的某个环节出发，向上下游延伸，也叫一体化战略，分前向一体化和后向一体化两种。企业要发展，就必须谋求在产业链中的位置，要么向产业链上游延伸，谋求技术扎根；要么向产业链下游延伸，谋求市场扎根；要么向上游和下游同时延伸，谋求技术与市场的双重优势。

恒力集团是典型的产业链延伸代表，从纺织业的织造环节切入，然后逐渐向产业链上游延伸，最终打造“原油—芳烃—乙烯—精对苯二甲酸（PTA）—乙二醇—聚酯（PET）—民用丝及工业丝、工程塑料、薄膜—织造”的完整产业链，构建了独特的产业链竞争优势。

从做贸易开始，然后进入织造，再进入化纤原料，最后进军石化产业，恒力集团扎根产业链，不断向产业链上游延伸，构建了全产业链的发展模式。同时，为了强化全产业链的竞争优势，恒力集团新的战略重点聚焦两个方面：一是做大以炼化 + 乙烯 + 煤化为产业载体的大化工板块，二是做深、做精以聚酯为龙头的下游化工新材料业务板块。

一旦打通全产业链，机会点会很多，发展空间极大，而基于产业链构建竞争优势，“护城河”的宽度与深度无疑都更强，竞争壁垒会更高，竞争优势更明显，这也是恒力集团多年来知难而上，构建全产业链发展模式的根本价值所在。

所以，差异化就是企业采用一体化战略谋求在产业链中的位置，只有这样，才能构建差异化的竞争优势。

模型 3：集中化——通过扎根细分市场赢得竞争优势。

无论在总成本领先还是差异化，都是针对无差别的大众市场，如果不想在大众市场展开竞争，那就聚焦某一个或某几个细分市场，然后争取在细分领域做到最好，这就是集中化战略。

五菱汽车，针对农村市场广大的用车需求，开发出针对性很强的“五菱宏光”等畅销车型，获得极大成功；格力电器，从做空调起家，多年来一直坚守空调领域，“好空调，格力造”，牢牢占据消费者心智；在快速消费品领域，可口可乐和百事可乐是多年领先的优势品牌，其他品牌从碳酸饮料切入很难有胜算。这几个案例都是集中化战略的典型体现，所谓集中化，可以聚焦某类客户，也可以聚焦某个产品，甚至聚焦某个区域。

我们熟知的“隐形冠军”，往往都是集中化的典型代表。“隐形冠军”一般指中小企业，且以制造业居多，占据某个细分市场，精耕细作，多年积累，形成绝对领先优势，又时刻保持低调，做不了大而强，做小而美也很好。比如，专做纽扣的企业、专做拉锁的企业，等等。

假如集中化代表“小而美”，那么，小而美真的好吗？能一直美下去吗？美了之后要不要做转型呢？

集中化战略一大突出特点是在某个细分市场聚焦，然后做到领先。这里有个前提需要说明：细分市场普遍比较狭窄，容量有限，增速也不高，不可能成为爆发市场。在这个前提下，企业有可能成为“隐形冠军”，小日子也可以过得比较滋润。

但从另一个角度来看，集中化战略所聚焦的细分市场，行业巨头一般是看不上的，否则早就“跨界打劫”了，一旦到这个时刻，采取集中化战略的企业面临的竞争与挑战更大，细分市场很有可能变成“红海市场”，想集中也很难。此外，市场规模一旦见顶，没有增长空间，企业该何去何从？要不要开拓“第二曲线”？如何开拓？这都是集中化战略取得阶段成功后需要重点考虑的。

集中化战略只是某个企业在某个阶段的选择而已，在细分市场占据绝对领先地位之后，必然要考虑未来发展的问题，故而，集中化战略只是企业阶段性的战略选择，而非一劳永逸的战略决策。

三个基本的竞争战略模型，能帮助企业更好地理解行业与企业竞争，从而使企业在不同的发展阶段采取不同的竞争战略。

二、竞争的核心是客户价值

德鲁克说，企业存在的唯一目的，是创造顾客。只有顾客满意，企业才能生存，否则就是公益机构，而不是企业。顾客满意的唯一理由，是得到了客户价值。客户价值，才是商业的本质。

那么，如何理解客户价值？

哈佛商学院教授卡普兰和诺顿写过一本流传广泛的书籍《平衡计分卡》，其内容是从财务、客户、内部运营以及学习与成长四个维度衡量企业是否成功，也就是平衡计分卡。

卡普兰和诺顿认为，企业为客户提供的价值可以总结为三个方面，即产品、服务和品牌。也就是说，客户感受到的价值从根本上说就是这三个方面，无论是行业还是企业。

产品价值指的是价格、质量、功能、可用性、可选择性、解决方案完整性等产品内容；服务价值说的是对客户的响应速度、交付周期、客户体验、增值服务等服务方面的内容；品牌价值就是企业形象，代表着客户对企业是否信赖和依赖，品牌更多的是产品和服务的结果。

从客户价值的三个方面来看战略，理解会更加清晰和深刻。企业采取总成本领先战略，其实质是给客户提供高性价比的产品，提供的是产品价值；差异化战略，给客户提供的可能是不一样的产品价值，也可能是不一样的服务价值；集中化战略，是聚焦细分市场，提供特定的产品价值和服务价值。

战略是地图，也是逻辑，企业首先需要搞清楚为客户提供什么价值？是产品？还是服务？抑或是产品 + 服务？围绕客户价值，企业才能回答采取哪种战略模式，总成本领先，差异化，还是集中化。先有客户价值，才能定义竞争战略，而不能反过来。

从客户价值角度看企业之间的竞争，就会豁然开朗，竞争并非企业之间的竞争，而是客户价值的竞争，谁能为客户提供更大的价值，谁就具有竞争优势，否则，就会在竞争中失败。所以，竞争的核心，并不是看对手，而是客户价值。

三、竞争优势是建立业务“护城河”

企业竞争优势的建立要回归业务本身进行思考，而不能是隔靴搔痒，并且是要根据一个逻辑框架进行深度思考，这就是业务设计。

业务设计的根本是要回答“客户凭什么选择我，而不是你”。要回答这个问题，可以从六个因素展开，分别是客户选择、价值主张、活动范围、盈利模式、战略控制点和风险应对。这六个因素比较抽象，不太容易理解，换个角度可能会更好——客户选择就是“我选择哪类客户？”价值主张是“客户凭什么选择我？”活动范围指“我在产业链的哪些环节为客户提供服务？”盈利模式指“我给客户提供服务，客户如何给我提供收入和利润？”战略控制点要回答“如何构建业务‘护城河’？”风险应对指“如何管理整个价值传递过程中的风险？”六个因素逻辑严密，环环相扣，可以让我们对公司业务进行系统思考与设计。

有人认为业务设计实际就是商业模式设计，可以采用商业模式画布进行分析，如图 2-9 所示。两者有相似之处，但本质并不相同。商业模式设计更多是从自身出发进行客户、资源、成本、收入的分析，聚焦于如何赚钱；业务设计重点强调与竞争对手的差异化，着重于竞争优势（护城河）的构建。

业务设计的关键步骤有三个，分别是客户选择、价值主张和战略控制点。

（一）客户选择——“我选择哪类客户？”

业务设计的起点是客户，我们要对客户需求进行充分了解，不仅要了解客户的现有需求，还要对未被满足的需求以及典型痛点有深刻洞察，总之，客户选择是要搞清楚到底谁才是我们的客户。有必要说明，客户选择无须面面俱到，不必对所有的客户都进行深入剖析，而是遵循“2/8 原则”，对贡献

80% 业务量的 20% 重点客户进行挖掘，对客户越了解，提供价值的针对性也就会更强。常用的工具是客户需求分析表（表 2–3），通过对客户需求进行重要程度的排序从而挖掘客户痛点。

图 2–9　商业模式画布

表 2–3　客户需求分析表

产品 / 服务	客户画像（简单描述特征）	客户需求（按重要程度排序）	客户痛点（不超过 3 个）

（二）价值主张——“客户凭什么选择我？”

客户价值主张是个专业名词，其含义是指与竞争对手相比，本企业为客户提供具有独特共鸣感与价值感的策略与做法。价值主张是业务设计中最重要的环节，因为它要回答“到底为客户提供什么价值才能让客户选择我，而不是选择其他对手”，如果你提供的价值和竞争对手一样，客户凭什么选择你？如果你提供的价值不如竞争对手，客户凭什么选择你？只有你提供的价值比竞争对手更高，或者客户体验更好，客户才有可能选择你。

实践中，可以通过“客户价值曲线”工具制定价值主张。把客户看重的产品 / 服务要素按照重要性排列，然后对本企业及竞争对手在各个要素上的竞争力按照“强—弱”进行定性评估，进而把各个要素的得分点连起来成为一条曲线，这就是本企业与竞争对手现在的客户价值曲线，未来为了获取竞争优势，企业需要思考：在客户关注的要素上，哪些要保持？哪些要减少？哪些要强化？哪些要创新？把重新思考后的要素得分再次连线，成为新的客户价值曲线，并用一句清晰化的语言进行描述，就是本企业的客户价值主张。

图 2–10 是某高端餐饮企业的客户价值曲线，其价值主张可以描述为“通过持续提供新鲜健康的食材，美味的菜品以及个性化定制服务，让客户享受美好生活”，其中，食材、口味以及服务是该餐饮企业选择的比对手更有优势的竞争要素。

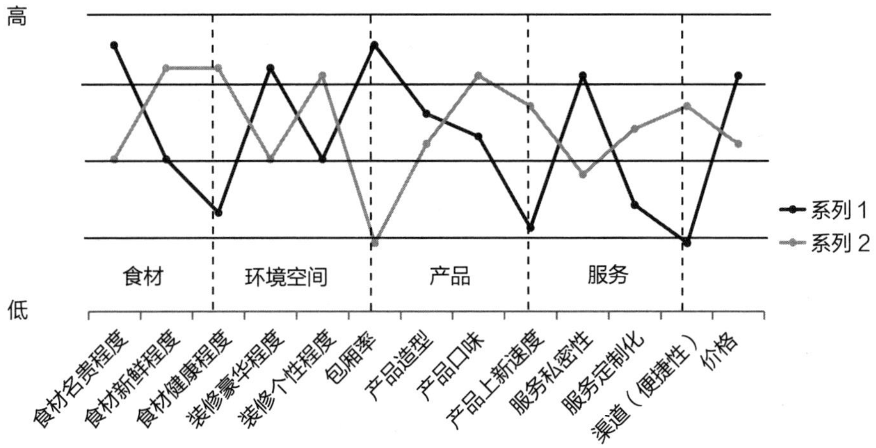

图 2–10　某高端餐饮企业的客户价值曲线

（三）战略控制点——“如何构建业务‘护城河’？”

做企业不希望在某个时期赚钱，某个时期亏损，理想状态是能持续赚钱，所以要想办法努力建立竞争优势，优势越大，对手越难模仿，竞争壁垒越高，这就是“战略控制点”。

表 2-4 是 10 级战略控制点以及典型企业对照表，战略控制系数越高，保护利润的能力越强，“护城河”越坚固，优势也就越大。从表中可以看出，具备 1—2 级控制系数远远谈不上优势，只是参与行业竞争的基本条件，只有从 3 级开始才算有一定的壁垒，企业需要不断提高战略控制系数，拥有的系数越高，控制点越多，竞争优势才能越大。国内企业能达到 9 级系数的极少，华为的战略控制点是什么呢？华为的竞争壁垒在于“强大的客户关系 + 一部分专利组合”，华为在 5G 上是拥有核心专利与技术的，再加上其强大的客户服务与客户关系，构成了华为强大的业务“护城河”。

表 2-4　战略控制点与典型企业对照表

保护利润能力	战略控制系数	战略控制点	典型企业
高	10	拥有专利标准组合	高通 /ARM
	9	价值链控制	苹果 / 谷歌
	8	绝对的市场份额	腾讯 / 亚马逊
	7	客户关系	华为
中	6	品牌溢价	宝洁 /Canon
	5	技术始终领先一年	村田 /Intel
低	4	功能、品质、服务领先	大金 / 格力
	3	10%—20% 的成本优势	富士康 / 戴尔 / 小米
无	2	具有行业平均成本	无数企业
	1	商品种类繁多	无数企业

“知彼”是为了构建竞争优势，从而建立竞争门槛，可以采用三个基本竞争战略模型构建企业的竞争战略。竞争战略的本质并非竞争本身，而是客户价值，只有围绕客户价值进行业务的思考和设计，才能有效构建业务“护城河”，从而在市场竞争中占据优势地位。

第四节　知己：我要找到你，不管南北东西

“知彼”是了解竞争对手，然后努力比对手做得更好，这叫比较竞争优势。如果企业把自己的独特优势发挥到极致，那就根本不必在意对手是谁，对手干什么，做自己就好，这叫核心竞争优势，也叫“核心竞争力”。“知己”，就是了解自己的优势，构建企业的核心竞争力。

一、什么是核心竞争力

在林林总总的战略学派中，比较熟悉的有两种战略观点：资源定位说与核心能力说。资源定位说的核心观点是外部环境有很多机会，企业发展取决于能否快速抓住这些机会，并在客户心中建立独特的认知，也就是定位，人们常说的“站在风口，猪也能飞起来”，本质就是抢抓机遇；核心能力说主要指企业要构建独特的能力体系，便于在众多对手中脱颖而出从而获得竞争胜利。

实践中，两种观点彼此弥补，相互融合，一方面企业需要关注、抓取对发展有重大影响的外部机会；另一方面也需要不断提升自身的竞争能力，并将竞争优势发挥到最大，而且，能力的发展最终要能支撑外部机会的获取。所以，从某种意义上说，企业的发展其实就是自身竞争能力的发展。

核心竞争力是历时多年、流传甚广的热词之一，也是让大家比较困惑的一个概念。

1990 年，普拉哈拉德与哈默尔在《哈佛商业评论》中首先提出了“核

心竞争力”一词，指出“核心竞争力是企业内的集体学习能力，尤其是如何协调各种生产技能并且把多种技术整合在一起的能力”，这个定义比较抽象，不容易理解。

之后又有专家提出了核心竞争力的四个判断标准：有价值的、独特的、难以模仿复制的、不可替代的。按照四个标准进行对照，发现资金、技术、品牌、人才等单一要素都不是核心竞争力，依然很抽象。

在普拉哈拉德与哈默尔的原文中，对核心竞争力提出了以下三种检验方法。

第一，能够为企业进入多个市场提供方便；（可复制）

第二，对最终产品为客户带来的可感知价值有重大贡献；（大价值）

第三，让竞争对手难以模仿。（高门槛）

基于以上三种检验方法，核心竞争力的特征有如下四个。

（一）客户价值

核心竞争力一定能产生独特的客户价值，而且让客户能够感受到，也就是核心竞争力不是打败对手，也不是“自嗨”，而是为客户提供价值。

（二）非单一性

单独的资源与能力要素不构成核心竞争力，即使现在没有，用钱也可以买到，核心竞争力具有综合性，而且比较稀少，应该没有人会说我的企业有十几项核心竞争力。

（三）根植于团队

核心竞争力绝非体现在企业内一个人或某几个人身上，不要说管理者核心竞争力，也不要说研发团队是核心竞争力，核心竞争力应该是“企业内的集体学习能力”，扎根于企业，根植于团队，即使人员流失，也带不走。

（四）持久性强

核心竞争力的建设周期长且艰难，需要慢慢学习，不断打磨，一旦建立，大有裨益，拥有巨大威力，就如“武林至尊，倚天屠龙；号令天下，莫敢不从”。

根据核心竞争力的定义，一起来看几个著名企业的核心竞争力：“海底捞：为顾客提供从进门到离店持续愉悦的服务能力”“小米：通过提供丰富的高性价比产品，让客户感受便利美好生活的能力”“苹果：通过极致产品让客户产生极致体验的能力”。

类似的概念还有核心能力和企业能力，两者的含义是什么？与核心竞争力的区别与联系在哪里？

图 2–11 表明了核心竞争力、核心能力和企业能力的区别。从根本上讲，核心竞争力和核心能力是一回事。核心能力是企业多年发展积累的关键业务能力；核心竞争力是核心能力的外化，体现在其独特的竞争性上；企业能力是形成核心能力的重要构件，比如人才队伍、企业体系、管理机制以及企业文化等，更侧重企业内部。简言之，核心能力特指业务能力，企业能力更多与管理或领导力密切相关。

核心竞争力	核心能力	企业能力
• 组织集体学习能力，是核心能力的外在表现	• 多年积累的关键业务能力	• 形成核心能力的重要构件

图 2–11　核心竞争力、核心能力和企业能力的区别

二、核心竞争力的识别与培育

构建核心竞争力，从而支撑企业的发展，这是大多数企业选择和坚持的路径。毕竟，单纯抓机会、找风口，而不顾自身能力是否匹配，只是做生意赚钱，而不是做企业。

企业发展并非一帆风顺，要经历很多磨难与挫折，还要抵御各种赚钱的诱惑，耐得住寂寞，“咬定青山不放松”，按照王阳明的说法，“心上学，事上练”，锻炼找寻正确事的功力，练习做成事的能力，专注重复，才有可能成就优秀企业。

如何识别核心竞争力？资源有限，企业不可能，也没有必要发展所有的能力，木桶理论说：能盛多少取决于最短的木板，企业如果重点关注补短板，那会有太多的问题要解决，反过来，企业发展更适合“斜木桶”理论——能盛多少水取决于最长的木板，发挥优势，规避劣势，是企业思维而非学术思维。

企业如何识别“最长的木板”？前提是企业优势要与行业关键成功因素匹配，也就是说围绕行业竞争所需的关键要素发展自身能力才是正解。所以，企业核心竞争力识别的前提是判断行业的关键成功因素。任何行业都有一定的特点及壁垒，只有把握及理解行业特点，才能对行业壁垒有所参悟与洞察。有什么方法能帮助我们做行业关键成功因素的判别呢？可以采用行业关键成功因素判别矩阵（表 2–2）进行分析。

确定行业关键成功因素之后，企业要对与行业关键要素相匹配的能力进行评估，重点是核心竞争力的状况，为下一步核心竞争力的培育奠定基础。平衡轮（图 2–12）是非常实用的评估工具，假如获得行业龙头地位所需的关键要素理想得分为 10 分，对企业现在的能力状况做客观评分，则中间的差距就是需要提升的部分。

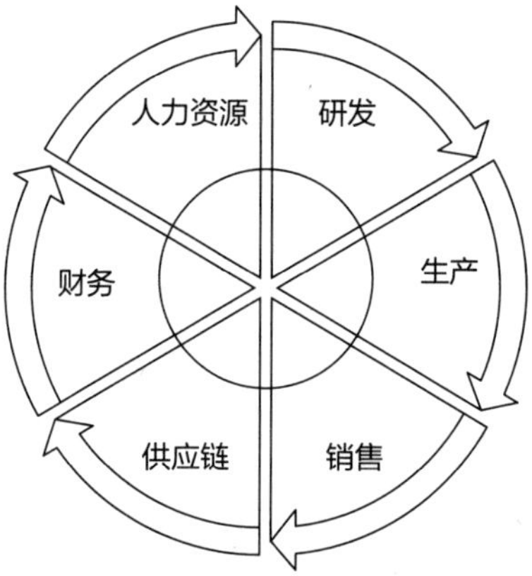

图 2–12　平衡轮

针对与理想状态的差距，接下来要对核心竞争力进行针对性培育与建设，可以按照核心能力的急迫性与对企业发展的影响程度，设计核心能力培育矩阵（图 2-13），进行能力的系统思考与统筹安排。对“急迫且影响力大”的核心能力要有提前培育的计划，如果不能满足需要可以采用外部收购的方式，成本可能会比较高；对“不急迫但影响力大”的能力要未雨绸缪，可以采取合作开发的方式进行培育，同样，针对其他能力也可以采取针对性的建议措施。

图 2-13　核心能力培育矩阵

企业核心竞争力的识别与培育是系统工程，需要管理团队达成思想共识，摒弃“赚快钱”思想，以质朴的“农民”心态认真对待核心竞争力的识别、培育与构建，因为只有基于核心竞争力的增长才是有价值的成长，毕竟，海市蜃楼再美丽，终有破灭的时刻。

三、核心竞争力培育案例

（一）从同质化到精细化——工程建筑企业核心竞争力打造新路径

工程建筑企业正面临从粗放型增长到高质量发展的转型期，在行业大变局背景下，建筑企业的战略选择有两个：一是抓住城镇化、城市群、乡村振兴、新基建等战略机会点，继续以速度驱动规模；二是沿着产业链做转移，要么向产业链上游延伸，谋求技术扎根，做设计开发；要么向产业链下游延伸，谋求服务扎根，做运营维护。两个战略选择的核心是，建筑企业必须摆脱工程施工单一化业务所带来的影响，以变革创新顺应行业大环境的变化。

战略实现需要能力的支撑，战略明确之后，建筑企业要专注核心竞争力的培育与打造，以稳步推进战略目标的达成。建筑企业的核心竞争力包括业务能力和企业能力两部分。前者主要指工程总承包的能力，后者包含企业体系、人才队伍和管理体系三个方面。

1. 建筑企业核心竞争力打造路径之一：强化总承包能力。

无论是从交易成本还是盈利程度来说，工程总承包无疑是建筑企业优秀的商业模式之一。总承包模式简化了业主及工程参建方之间繁杂的沟通及交易过程，将原来分属不同承包主体的设计、施工、采购及其他工程服务工作一并交由总承包企业负责，从而使总承包企业能够对工程建设全生命周期各个阶段的质量、安全、进度和成本等进行整体把控，一方面提高了工程策划和设计方案的可行性，另一方面也赋予了总承包企业完整的采购议价权和决定权，为企业赢得了更高的效率和更大的利润空间。

虽然工程总承包的好处多多，但有数据显示，2020 年工程总承包业务占整个工程行业营业收入的比例仅为 10%，其中最关键的原因是总承包对企业能力的要求很高，不是简单就能具备的。建筑企业工程总承包发展过程中面临的典型问题包括：管理体系不够健全，体现在项目企业结构、管理制度流程、考核激励机制等还未能形成可复制、可推广的办法，在内部分工、运行沟通、利益分配等方面还不能做到有章可循；产业联动的集成作用、设计施工的协同效应还不明显，优秀的总承包管理团队和领军人物仍然缺乏等。

总承包能力，特别是整合规划、咨询、设计、施工、运营等建筑产业链的一体化服务能力，是建筑企业未来高质量发展背景下经营发展的关键所在。对建筑企业而言，有必要在这一领域进行资源配置和企业架构的总体优化整合，强化向产业链上下游延伸的意识和能力，打破目前设计、施工、运营等相对独立和分散的格局，着力补强建设咨询和建设管理等短板，构建企业内部统一的资源、能力和业务的共享共建平台，真正提升以一体化服务为核心的总承包能力。

2. 建筑企业核心竞争力打造路径之二：创新企业体系。

创新企业体系是建筑企业核心能力打造的关键环节。只有构建适应市场竞争和客户需要、支撑企业战略落地的柔性企业，才能在激烈的外部环境中快速响应，维持企业的竞争优势。“一体化 + 专业化 + 平台化”是构建创新型企业体系的指导原则，即以专业化、平台化为支撑，解决发展体系、运营体系和管理体系一体化的问题。

由于建筑业追求规模和速度，建筑企业的规模往往非常庞大，如果不能形成有效的协同一体化，运营成本与管理成本无疑会极高。所以，建筑企业非常有必要进行业务组合的设计，以发挥一体化的优势。同时要坚持区域化、专业化的发展方向，注重企业内部差异化发展，避免同质竞争。

在企业架构上，建筑企业需要构建包括公司总部、事业部、专业中心、区域经营公司、分子公司、项目部在内的多维度企业体系，厘清管控界面，在明确职责的基础上合理进行授权。

3. 建筑企业核心竞争力打造路径之三：优化人才队伍。

建筑业是劳动密集型行业，用工量很大，一线农民工的比例很高，由于长期追求发展速度，建筑业对人才队伍的重视程度不够，即使具备人才队伍培养的意识，也缺乏时间与系统的培养方法。

行业转型背景下，建筑企业急需构建招募、培养及优化系统的人才队伍发展机制。建筑企业尤其需要关注国际化人才、信息化人才、技术人才、管理干部四支人才队伍。在“一带一路”倡议的加持下，走向海外的建筑企业需要大量懂技术、通商务、精外语的国际化人才，复合型的国际商务人才和国际化项目管理人才是拓展海外业务的重要保障；随着信息化的发展，大量的 BIM 等信息化人才成为助推企业战略达成的重要力量，其中具备计算机编程和项目管理双重技术能力的人才更受建筑企业青睐；未来装配式建筑成为建造方法的主流，构件化的装配式设计流程和施工过程给设计和施工提出新挑战的同时，也给行业的技术和管理人员带来了挑战，建筑企业更需要拥有设计、生产、施工和管理等多样化能力的装配式建筑技术人才。

“路线方针确定之后，干部就是决定性因素”，无论何时，干部队伍始终是企业需要重点关注的一批人。建筑企业的干部队伍包括项目经理、中基层管理者以及高级管理者，干部的管理及领导力水平决定整个队伍的工作作风和素质能力，建筑企业需要投入相当的精力和成本致力干部队伍的建设和打造。

4. 建筑企业核心竞争力打造路径之四：完善管理体系。

长期以来，建筑企业的管理模式相对比较简单，管理体系也比较粗放。在变革创新大环境下，建筑企业要充分利用管理各因素间的协同作用，在市场经营方式、运营管理方式、生产方式和资源配置方式等多方面持续改进，形成与行业发展相匹配的企业管理模式。

此外，建筑企业需要加大市场化机制的创新力度，重点对评价激励机制进行大胆探索及试点，比如国央企激励机制的基本原则为“坚持国有企业属性不变，无限接近市场化”。在这一原则指导下，国有建筑企业要适度引入内部市场化机制，研究内部合同、联合股权等项目管理模式，探索内部招标、项目模拟股权经营等市场化机制，借助市场化机制实现资源的合理化配置。

在管理体系的建设上，建筑企业要充分发挥绩效考核的指挥棒作用，在 KPI 设定上注重效益类指标，突出高质量发展这一核心目标。同时，要完善市场化薪酬分配机制，使业绩考核与薪酬激励挂钩，建立更加市场化的岗位绩效激励体系，与股权激励等中长期激励方式相配合，充分激发企业内部的经营活力。

经过多年的高速发展，建筑企业以速度驱动规模的发展模式根深蒂固，为快速占领市场，获取市场机会，建筑企业的战略选择基本都是同质化的，趋同的战略必然引发经营管理的同质化，而高质量发展的行业大变局，对建筑企业的能力提出了更高的要求，无论是业务能力还是管理能力，都要做精做细。从同质化到精细化，是建筑企业战略新选择下核心竞争力打造的新路径。

（二）左手智造，右手创造——生产制造企业核心竞争力构建双引擎

在高质量发展大背景下，各行业各企业都迎来创新升级的战略转折期，制造业作为国民经济的支柱型产业，无疑肩负重任。制造企业要摆脱单一的生产制造环节，向“产品 + 服务”的产业链高价值领域迈进，谋求产业链一体化优势，重塑竞争能力。

企业转型升级，不是从某个企业出发进行思考，而是站在产业链角度思考，所以，企业转型一定要基于行业，否则就不是转型，而是转行。那么，为什么“制造业”转型是热点话题呢？中国台湾宏碁电脑创始人施振荣先生曾提出“微笑曲线”理论：产业链各环节中，研发与品牌的价值最高，而生产制造的价值最低，呈现“两头高，中间低”的状态，形似“笑脸”。“微笑曲线”非常直观地道出了传统制造业的尴尬困境，只局限于中间环节，会受到产业链上下游的挤压，只能赚取微薄的加工制造利润，因为缺乏技术含量，很容易被替代，犹如“风箱中的老鼠”，两头受气。

这是传统制造业转型升级的必然理由。基于产业链做延伸，要么向产业链上游延伸，谋求技术扎根；要么向产业链下游延伸，谋求市场扎根；或者两者兼而有之。那么，制造企业转型，战略清楚了，如何实现？

随着 5G、数字化、大数据时代的到来，技术变革浪潮席卷各行业，这就促使制造企业逆转传统“微笑曲线”的概率大大增加。在数字化技术的加持下，生产制造环节不再处于产业链低端，制造企业向产业链上游延伸，占领高端研发技术领域的梦想不再遥不可及。

借助数字化技术提高生产制造环节的价值，从“制造”走向“智造”；

与大客户深度合作，参与客户的研发设计，从“制造”走向“创造”，是我国制造企业在高质量发展大背景下，构建核心竞争力的双引擎。

1. 从“制造”到“智造”——借助数字化提升制造含金量。

是不是生产制造环节都是低价值的？答案是否定的。产业链的高价值部分未必都在研发设计和品牌营销环节，有些产业的高附加值主要体现在制造环节，当然，这里谈到的制造环节不是没有技术含量的简单的组装加工，而是一种集成了高度自动化和精益化的制造技术，比如日本的丰田汽车，精益的生产方式是它的核心竞争力，体现的是高价值。

日本学者中村末广曾于 2004 年提出了“武藏曲线”①，也称为“倒微笑曲线”（图 2-14），恰恰解释了上述现象。尽管研发和品牌对企业价值的创造至关重要，但由于在制造环节拥有突出优势，使得生产制造环节对企业的价值贡献更为突出，更为显著。

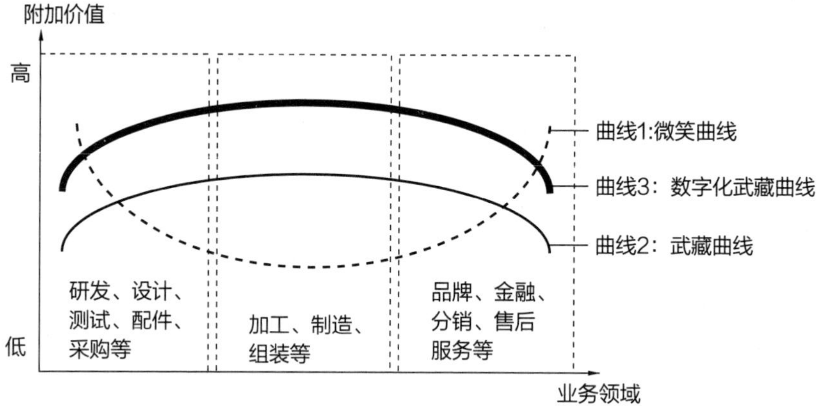

图 2-14　倒微笑曲线

这些企业通过研发形成技术专利，凭借专利保护或技术领先优势，形成了对制造环节的垄断，然后通过规模化生产就可以实现价值最大化。比如英

① 苟建华，孙卓．新发展格局下我国制造业“微笑曲线”向数字化“武藏曲线”转型路径［J］．现代商业，2022（7）：39-42.

特尔公司，作为行业领先者，充分利用自身资金和技术优势，建立了规模领先的制造厂，通过大规模制造获取了高额利润；又如三星半导体，同样利用技术优势，通过建立先进的制造基地，将芯片制造、封装、测试环节规模化，实现高价值的转化。

随着5G、工业互联网等先进数字技术的推广应用，数字技术与制造业的深度融合成为促进制造产业升级的重要途径，致使生产制造智能化程度越来越高。在从“制造大国”向“制造强国”转型的战略引领下，我国完全可以实现制造产业链的更新换代。借助于5G、工业互联网、AI、大数据、云服务等新一代数字技术，赋能制造业产业链向“倒微笑曲线”转移，大幅提高生产制造环节的利润率，制造企业从而实现从“制造”到“智造”的升级。

“智造”是有前提的，也就是企业要具备技术优势，通过技术优势才能拉动生产制造的价值，否则依然是“制造”，而不是“智造”。

2. 从“制造”到“创造”——绑定大客户补齐技术硬短板。

除了从“制造”走向“智造”，生产制造企业构建核心竞争力的第二个引擎是从“制造”走向“创造”，也就是通过技术创新走向产业链顶端，从而完成高价值领域的占领。

有三种方法可以实现从“制造”到“创造”的转移，我们用三个企业案例逐一说明。

（1）华为——通过自主研发掌握高端技术。华为是做电信设备代理起家的，后来发现搞贸易只能是中间商赚点差价，受上游设备制造商的钳制太多，所以下决心投入重金搞自主研发，早期赚取的利润大部分转为研发基金，华为一直对研发保持高投入，正因如此，其在竞争激烈的电信设备乃至5G领域保持了全球领先的技术水平，成为令人尊敬的著名企业。

（2）富士康——从OEM（原始设备制造商）到ODM（原始设计制造商），再到自有品牌的升级。富士康通过为苹果、三星等国际知名手机品牌代工而积累了强大的生产制造能力，是世界知名的 OEM 巨头，但研发设计及品牌都掌握在苹果、三星等公司手中，富士康只能赚取微薄的加工费，这也是所有生产商的宿命。当然，做 OEM 并非一无是处，首先是有大量的订单；其次，可以通过上游品牌商严苛的要求倒逼自己能力升级。

为了摆脱 OEM 的单一模式，富士康开始尝试向产业链上下游做延伸，一方面与苹果、三星等大客户合作，参与一部分设计研发工作，逐渐培养自己的研发设计能力和相应的人才，慢慢从 OEM 成长为 ODM。

即使具备了研发技术优势和能力，但不具备自主品牌，依然是“幕后英雄”，缺乏认知度。为摆脱这一局面，富士康分别于 2016 年和 2018 年收购了夏普和 Belkin（贝尔金）两大知名品牌。直接并购全球产业链中技术密集型的高端企业，帮助富士康快速进入高端制造领域，获取高端技术资源，从而加速自有品牌的建设，构建企业核心竞争力。

（3）歌尔——与大客户共成长的 JDM 模式。歌尔股份，2001 年创立，历经 20 年，成为市值千亿元的全球头部电声元器件生产商。从最初的微型麦克风起家，一路斯杀进入光学和声学领域，至今已发展成为声光电综合解决方案供应商。

歌尔很早就确定了“有所为，有所不为”的大客户战略，要做就做大客户。通过与国际大客户的合作，歌尔完成了原始资本的积累，沉淀了技术储备和客户资源，很快成为国内声学行业领跑者，逐渐形成了稳定的高端客户群，包括三星、惠普、思科、松下、富士康、西门子、京瓷、罗技等，产品得到了客户的高度认同。

进入苹果产业链，是歌尔业绩爆发的重要节点。2010 年，拥有良好口碑且技术基础过硬的歌尔进入苹果产业链，为苹果供应扬声器模组、麦克风，以及有线耳机等产品。随后几年，歌尔与苹果深入合作，成为苹果的主要供应商之一，搭上苹果的快车后，歌尔实现业绩暴增，市值连续翻倍，从 2010 年的总营收 26.45 亿元到 2021 年的总营收 782.21 亿元，10 余年间，歌尔营业收入暴增约 30 倍。

在“抱大腿”获得高速发展的同时，歌尔面临战略选择：是继续做 OEM 还是走自主品牌的道路？制造企业做 OEM 虽然不缺乏订单，但始终处于产业链低端，利润率无法保证，除非发展自主品牌。歌尔通过研究发现做 OEM 的企业不一定做自主品牌，也不一定做原创性的自主创新，可以从 OEM 到 ODM，最终走向 JDM，也就是参与大客户的研发制造过程，不仅为大客户提供制造服务，还参与设计与研发。根据这种创新思路，歌尔放弃了做自主品牌，绑定苹果、三星等大客户，走同步研发加精密制造的路线，即全方位为客户提供系统的一体化解决方案。由此，歌尔将制造业“微笑曲线”逆转为 W 曲线（图 2–15），同时从客户的角度倒逼自己提升多种能力，从而构建自身核心竞争力。

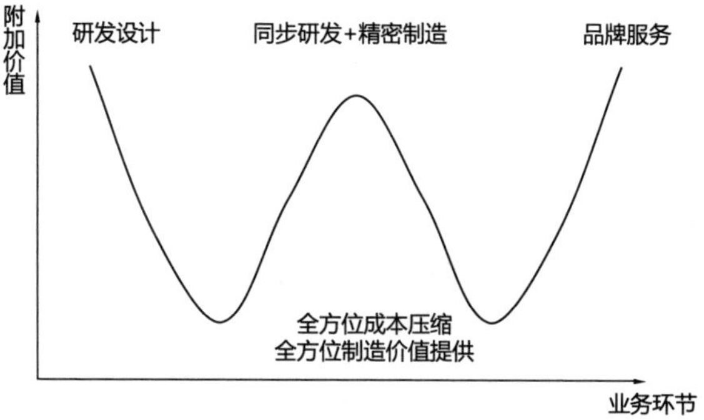

图 2–15　歌尔核心竞争力建设的 W 曲线

“技术 + 市场”是制造企业战略选择的两个出口，其中技术占据主导因素，有技术加持，才能实现从“制造”到“智造”，同样需要技术的介入，“制造”才能走向“创造”。左手智造，右手创造，是我国生产制造企业核心竞争力构建的双引擎。

第五节　战略这点事儿，难在哪里

企业出现的很多问题，多多少少都和战略有关，要么方向不明，团队意见不一致，稀里糊涂；要么行动不准，资源配置无重点，资源浪费，各自为战，打到哪儿算哪儿。个中问题，此起彼伏，不一而足。

都知道战略重要，为什么大多数企业的战略思维与战略管理水平并不高？显然，战略是件有难度的事儿，不是那么容易搞明白的，与其纠结于复杂的战略问题，不如解决具体的业务问题，毕竟后者我们熟悉而且擅长，所以，在这种思想引导下，导致企业中高层管理者都热衷于具体业务的解决，而普遍欠缺具有高度与视野的战略思考。那么，说一千道一万，战略这点事儿，到底难在哪里？

战略思考与实践经常会面临一些矛盾，而这些矛盾很难有明确的答案，最后形成对战略的理解“一谈都重要，一做都是错”的局面。战略矛盾难点主要集中在以下三个方面。

难点 1：做大重要，还是做强重要？

企业发展，先做大，还是先做强？这是战略带来的第一个困惑。这个困惑无疑使很多企业产生了困扰，于是，最终大家都做到了思想高度统一：做大做强。不区分先后，同时进行，矛盾就解决了，但矛盾真的解决了吗？

做大的逻辑是抓风口，抢占市场，重点是一个“快”字，因为机不可失，时不再来，市场份额是考核的重要指标；做强的逻辑是苦练“内功”，通过时间的累加与经验的积累获得竞争优势，更多应用于存量市场。所以，两者背后的发展逻辑是完全不同的。

比如共享单车刚出现时，一夜之间，各种品牌、各种颜色的单车遍布大街小巷，此时各品牌单车企业比拼的不是单车质量如何，好不好骑，而是谁先占领市场。谁先占领市场，谁就能快速成为行业老大，谁就拥有话语权，谁就相应地能获得更多资本的青睐，迅速做大，占据绝对市场份额之后，反过来再整合市场。同理，滴滴的发展历程也遵循类似的规律。

再看智能手机市场，得出的答案就截然不同，智能手机市场已成“红海”，要想进入该领域并占得一席之地，必须在设计研发、供应链、销售、营销等产业链各个环节具备相当的能力才可以，否则就是死路一条，显然，存量市场竞争更强调“强者为王”。

综上，做大还是做强，取决于外部环境与行业状态，两者并不矛盾。从实践角度来说，企业首先还是要有一定的规模，能够覆盖和消化基本的经营成本，然后再强化能力，毕竟做强不是一蹴而就的事，属于“慢工出细活”。

难点 2：机会重要，还是能力重要？

战略的起点，一定是重大的市场机会，也就是说，企业碰到了一个好机会，才有进入和发展的想法，没有机会，也就不可能有发展。“站在风口，猪也能飞起来”，这句话显然说明了机会的重要性。创业初期，大多数企业的能力并不突出，但如果机会识别做好了，企业也会取得快速发展。

企业一旦进入某个市场，获得了一定的发展，这时候就需要对市场与机会进行深度思考与评估，综合考量外部环境、竞争对手以及行业发展趋势等多个因素后，制定发展战略。然后在战略执行过程中注意能力的培养与构建。

战略确定之后，企业能力的建设需要很长的周期。企业需要明确行业发展所必需的关键成功因素是什么，然后围绕行业关键成功因素布局企业能力的建设，首先与主要竞争对手进行对比，对自身的比较优势与能力进行识别和培养，随着业务经验的积累，逐渐构建核心竞争力。企业需要在比较长的时间周期内确保战略的连续一致性。企业每年的关键任务都要对齐企业瞄准的核心竞争优势，并使企业内部不同系统之间的目标与行动协调一致。

现实中，有的企业轰轰烈烈搞战略，每一年都定义不同的所谓主题，比如“管理年”“执行年”“运营年”，年年都是新花样，但每年的战略主题与关键任务之间根本没有任何关联，战略与执行之间是典型的“两张皮”，导致各部门各自为战，部门壁垒严重，无法形成协同，企业就不能形成合力，企业能力建设也就无从谈起。

难点 3：工具重要，还是思维重要？

战略思考也好，战略研讨也罢，都需要战略工具与框架模型做辅助，没有方法论的指引，战略工作就不知道从哪里切入，边界在哪里，成果是什么，但如果缺乏战略思维，掌握一大堆工具，分析来分析去，就工具谈工具，无法甄别与判断，那也没有价值。所以，战略工具与战略思维同样重要。

除少数伟大的企业家，比如乔布斯、任正非等，天生具备极强的战略思维外，大多数人的战略思维是后天训练的，训练就需要系统的工具与框架模型。有的管理者说，用一大堆工具分析半天，看着都是对的，但结果是什么？一方面，不经过长时间的战略思维训练，也就是战略工具的使用训练，就想迅速洞察战略本质，比如一句话说清楚企业的战略，是不可能的，战略工具的使用训练本身也是战略思考非常重要的过程；另一方面，不了解某个战略工具的使用范围与条件，沉迷于工具本身，就会陷入细节中，对战略思考毫无帮助。

因此，战略工具的使用前提是要有战略思维，战略思维靠系统的框架、模型及工具去落地，两者相辅相成，缺一不可。舍弃一方面，放大另一方面显然是不理性的，也是不可取的。

总之，战略这点事儿，不容易，很复杂。但通过正确的工具方法训练以及不断地思考反思，战略是可以学会的，也是可以掌握规律的。从这个角度来讲，企业管理者都需要学习战略。

第六节　企业战略转型典型案例

一、从产品到服务——三一重工服务化战略升级

制造业是支撑我国经济发展的核心产业，为国家经济的高速发展做出了巨大贡献。在我国经济向高质量发展转型的大背景下，制造业同样面临战略升级的历史重任。长期以来，我国制造业面临“大而不强”的现状，加工制造门类齐全，产业链配套优势明显，制造业基础完善，但更多依靠人口红利的低成本模式驱动行业发展，缺乏高端核心技术的积累和支撑，随着人口红利的消失，出现了“高端制造业看欧美，低端制造业看东南亚”的尴尬局面，处于不上不下位置的中国制造业，应该如何破局？

如果说工业时代产业链已经形成稳定结构，各环节稳步发展，不太容易打破竞争格局，但随着外部环境的变化，VUCA时代、工业4.0时代的到来，数字化技术日新月异，客户需求从单一变为广泛，为产业链转移提供了极大的可能，产业链延伸正在成为制造企业战略转型与升级的重要方向。

只满足于提供大规模标准化的产品，看似简单，但很容易被替代，因为竞争力几乎为零，具备一定能力的生产企业都可以提供无差别化的产品，所以制造企业要想办法了解客户的需求，并提供定制化的个性产品，这就必然要求企业向技术和市场环节延伸，从而提高产业链竞争力，从提供产品向“产品+服务”转型，进而完成制造企业服务化战略的升级。

与传统单一产品相比，“产品 + 服务”的融合使产品生命周期延长，客户满足感得到提升。同时，与一次性的产品交付相比，“产品 + 服务”的显著特点是交易周期延长，生产商与客户的接触点和接触面显著增多，洞悉客户显性和隐性需求的可能性大幅增加，交易机会同样会增多，客户黏性以及利润增长会获得极大的提升。

在国内制造企业从产品到服务的战略升级过程中，涌现出了很多优秀案例和样本，其中三一重工是突出的代表之一。

三一重工创建于 1989 年，总部位于湖南长沙，主要从事工程机械的研发、制造与销售。作为全球工程机械 50 强企业和全球最大的混凝土机械制造商，三一重工一直将服务作为核心竞争力之一，陆续推行了“24 小时完工制”等八大服务机制。但是，这些举措依然是对客户需求的被动响应，属于普通服务范畴，我能做，其他企业也能做。随着 5G、数字化时代的来临，工程机械行业的服务化向更高级阶段迈进。

在数字化浪潮下，三一重工对服务体系进行了数字化改造，加速全流程线上化、智能化与生态化，开创了业内领先的顾客交易交流平台、工业互联网平台等，三一重工在数字化时代下进行的服务化升级，使 98% 的服务业务可以在线上完成，极大地提高了服务效率。

在客户需求驱动方面，个性化、多样化消费成为主流，制造企业不再满足于单纯的设计、生产与交付，而是需要满足客户更加复杂与多元的需求。从这个角度出发，涵盖产品、服务和系统三大要素的综合解决方案正在取代售后、安装、维护等基础服务内容，融合了数字技术和全产业链的场景式服务是制造企业发展的新方向。以三一重工为例，在提供常规服务之外，三一重工也创建了具有场景化的“生态智慧风电”“矿山开采”“智慧码头”以及“应急救援”等整体解决方案，以满足客户所处行业的环境变化及深度需求。经过数字化的改造，三一重工完成了从传统制造企业到全产业链场景化整体解决方案服务商的转型。

从三一重工的服务化升级案例可以看出，制造企业需要借助数字化技术提高效率以及了解客户需求的变化，完成从产品到服务的战略转型。从方法论的角度看，制造企业服务化升级战略可分为三个阶段，如图 2–16 所示。

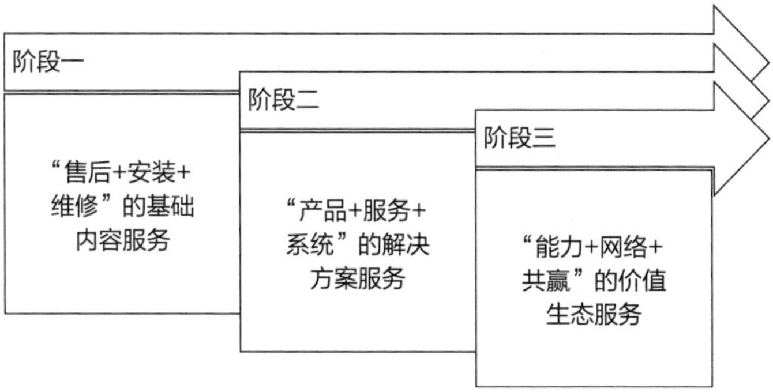

图 2–16　制造企业服务化升级战略三个阶段

阶段一："售后 + 安装 + 维修"的基础内容服务。

制造企业起初是以生产销售高质量产品为主，但随着产品销售完成，企业需要为产品提供基本的售后服务，这是制造企业服务化的起点。随着竞争的加剧以及客户需求的变化，对服务专业性的要求越来越高，服务的重要性逐渐增加，产品成为服务的载体。基于产品，企业需要为客户提供售后、安装、调试、维修、保养等一系列服务内容，沿着产业链进行服务化延伸。有的企业向产业链上游延伸，通过研发设计的投入实现服务化；有的企业向产业链下游延伸，通过营销能力和品牌知名度的提升实现服务化；有的企业同时向产业链上下游延伸，同时实现技术服务化和市场服务化。

阶段二："产品 + 服务 + 系统"的解决方案服务。

伴随着消费与产业升级，服务随之也需要升级。制造企业需要在基础服务之上，提供集成化的专业服务，对于大型装备制造企业而言，需要为客户提供规划选址、厂房设计、工程建设等多种增值服务，以解决客户设备使用的各种顾虑，一揽子解决方案式服务成为制造企业服务化升级的战略选择。有了数字化技术的加持，线上线下结合的 O2O 全产业链服务模式成为现实，比如三一重工的数字化服务转型。制造企业对客户的需求反应更迅捷，效率更高，从而价值也更高。

阶段三："能力 + 网络 + 共赢"的价值生态服务。

经过前两个阶段的发展，制造企业的服务化能力日渐显现，服务能力成为企业核心竞争力的重要组成部分，此时的服务化表现为制造企业专注于自己的核心业务，将非核心业务以模块化外包的方式交由其他专业化服务商，然后将核心业务与非核心业务整合起来，为客户提供个性化服务，制造企业转变为制造服务集成商。这是由产业链向价值网络转移的关键步骤，制造企业不再是单独的环节，而是整合供应商、供应商的供应商、客户等多个利益相关方为一个价值网络，共同为客户提供价值，比如陕鼓集团的成套设备协作网络。在为客户提供价值的同时实现价值网络各方的利益共赢，这就是基于制造企业服务能力的价值生态服务，是服务化的最高境界。

工业 4.0 时代，数字化技术以及客户需求成为制造企业服务化转型升级的自然催化剂，以客户需求引领服务方向，以数字技术驱动服务效率，从基础服务到解决方案服务，再到价值生态服务，是制造企业服务化升级战略的必由之路。

二、存量裂变 + 增量红利——美的集团从 C 端到 B 端的战略转型

美的集团成立于 1968 年，迄今已经发展超过 55 年，作为传统家电三大巨头美的、海尔和格力中的"领头羊"（营业收入层面），美的在治理结构、企业架构、管理体系等方面做得很扎实，如果说华为的很多东西没办法学，美的的发展模式及管理体系非常值得企业学习和借鉴。

借助人口红利以及大规模广告促销的威力，国内家电行业经历了高速发展的高光时刻，人工成本低廉，国美、苏宁等线下渠道大规模铺货，央视主流媒体的高关注度，这些都让家电企业风光无限，历数历年央视广告标王，始终不缺乏家电企业的身影，这个时期，各个家电企业快速跑马圈地，野蛮

生长。

然而，负面效应很快显现，由于产品同质化现象严重，既然在产品层面无法做区分，那就只能打“价格战”。“价格战”的好处是可以对中小企业进行整合，提高行业集中度，不好之处就是厮杀惨烈，大家都没钱赚，最后整个行业垮掉。

正是看到了家电行业面临的问题，美的自 2012 年开始启动战略变革。当时的现实情况是，美的 2012 年营业收入已经过千亿元，但和营业收入 100 亿元的企业没有任何区别，做的东西没啥变化，而且人员复杂、运营低效、内部交易成本很高，这让美的掌门人方洪波感到困惑，更重要的是要把握家电行业未来的发展趋势，经过 30 年的发展，家电行业过去赖以生存的粗放模式已经失灵，人工成本越来越高，国内市场的增速逐渐趋缓，严重挤压了企业的利润率。由此，家电制造业急需转型，技术进步、技术积累和技术创新才是未来的发展之路。

2012 年，美的提出“产品领先、效率驱动、全球经营”三大战略主题，从研发技术创新提高产品溢价，工业标准化提升运营效率，走向全球市场三个方面开启战略转型。首先，聚焦产品品类，业务线收缩，各种非家电业务关停并转。之前美的产品品类繁多，有电吹风、剃须刀、按摩椅等 60 多种，产品聚焦之后只剩下 30 余种。其次，加大技术创新的力度。提高研发投入，聚焦高端产品，通过技术投入提高产品的含金量。以竞争最为激烈的微波炉为例，微波炉自从诞生之日起，就打上了“低价”的烙印，这要拜号称“价格屠夫”的格兰仕所赐。美的反其道而行之，通过赋予产品高科技含量从而提高产品力，然后拉高售价，比如美的研发的高端微波炉——蒸立方，售价高达万元，大大颠覆了消费者对微波炉产品的认知。

最后，在存量的家电市场，美的通过加大研发投入与技术创新，提高产品力，从而完成存量市场的裂变，如果只有存量市场，企业显然没有未来，根据自身特点与竞争优势，美的找准了未来发展的增量市场——B 端市场。

家电行业是高度市场化的完全竞争市场，能在这个行业中胜出的一定是优秀企业，经过多年打拼，美的在制造业工业化基础层面已经具备了相当强的竞争实力，除了产品高端化以及走向海外市场，拓展其他业务领域就成为自然而然的发展思路。

2020 年末，美的集团将企业战略升级为五大事业群：智能家居事业群、工业技术事业群、楼宇科技事业群、机器人与自动化事业群、数字化创新事业群。将 B 端业务的拓展纳入 2021—2025 年的工作重心。显然，B 端的增量市场是美的集团战略转型的关键。

智能家居事业群是在美的传统家电业务基础上，前端结合物联网技术，为消费者提供全屋更智能、更舒适的综合应用场景，实际是家电业务的升级版，不是单个的家电产品，而是上升到“智慧生活”层面，本质依然是 C 端业务，仍旧难以摆脱国内家电市场存量竞争的压力，2021 年，智能家居事业群营业收入 2349 亿元，占美的总营收的近 70%，依然是大头，随着竞争的加剧，该业务比重会逐渐降低。

工业技术事业群是从空调压缩机起家，是家电产品的上游，产品主要涉及压缩机、电机、芯片、变频器等高精密核心部件。除了应用于家电，在 3C 产品、新能源汽车、工业自动化等领域也有广泛应用。其中，最具有想象空间的是对新能源汽车的布局。美的工业技术事业群近几年陆续整合了东芝等多个品牌，竞争力非常强。2021 年，工业技术事业群营业收入超过 200 亿元，同比增长 44%，约为行业增速的 2.6 倍，处于高速增长阶段。

楼宇科技事业群是基于美的中央空调业务发展起来的，核心产品是中央空调、电梯和楼控，通过楼控打通楼宇交通流、信息流、体验流和能源流，让整栋楼宇保持高效低碳运行。在国家“双碳”、电价改革以及“限电”等战略举措推动下，楼宇的节能改造显然是行业利好。楼宇科技事业群 2021 年营业收入同比增长 55%，在五大事业群中增长最快。

机器人与自动化事业群最受关注，同时争议也最大，其中的焦点是库卡子公司。作为全球四大机器人公司之一，自 2017 年被美的全资收购以来，库卡的收入与利润持续下滑，再叠加摊销费用，导致美的机器人业务一直亏损，直到 2021 年才扭亏为盈。美的收购库卡的考虑是，人工成本越来越高，制造业的工业基础越发成熟，智能化工厂是未来的主流模式，用工业机器人代替人工显然是趋势。所以，库卡对于美的的价值体现在两个方面：一是对内与美的现有业务形成协同，帮助美的进入 B 端市场；二是机器人业务会是未来新的业绩增长点。

数字化创新事业群主要在美的转型过程中孵化、并购各类新型业务，包括美云智数、智能物流公司安得智联、影像类医疗器械上市公司万东医疗等，目前的主要业务是安得智联和万东医疗。

目前，美的集团已经构筑起了以 C 端智能家居为核心业务，B 端工业技术、楼宇科技、机器人与自动化混合的发展业务，数字化创新的种子业务，三类业务组合涵盖 B 端和 C 端，周期跨越现在、近期与未来，既有成长性，又有想象空间，是颇为理想的业务链组合模式，如图 2–17 所示。

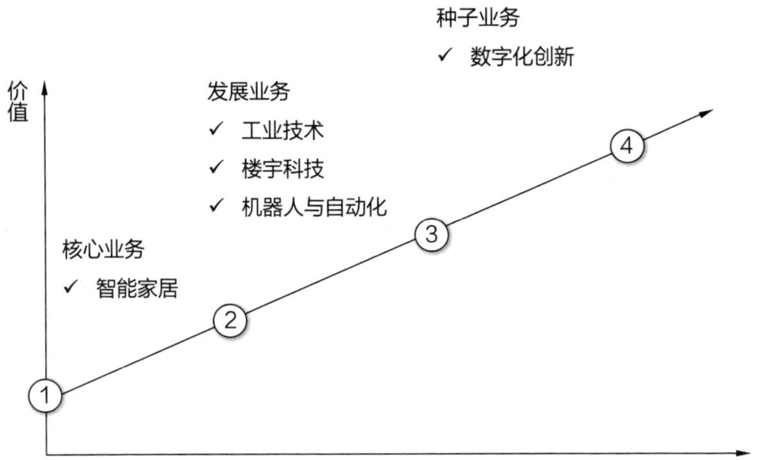

图 2–17　美的集团三层业务链

纵观美的集团的发展史，在家电领域深耕多年，构筑了成熟的工业基础与制造竞争优势，同时借助自身核心能力，从 C 端市场进入 B 端市场，以“存量裂变 + 增量红利”模式完成了战略转型之路。

三、海大集团——“稳”战略，局部做强，徐图产业链延伸

农业的发展前景非常好。一方面，我国是农业大国，“无农不稳”，农业是基础；另一方面，从“新农村建设”到“乡村振兴”，国家在农业方面出台了一系列密集而利好的政策，农业真正上升为“国家战略”，发展空间极为广阔。

“赛道”如此宽阔，农业市场规模不亚于房地产，必将诞生世界级企业。一般来说，农业是“农林牧渔”业的简称，更准确地说是农牧业，产业链主要包括上游的种苗、动保，中游的饲料、养殖，下游的屠宰、流通、食品加工以及零售等环节。农牧产业链条比较长，每个环节的市场规模都不算小。

农牧企业的发展战略不应该基于企业自身，而应基于产业链，站在产业链的角度进行洞察，把视角打开，能帮助企业寻觅到更多更好的战略机会，毕竟，战略不是“站在现在看未来”，而是“站在未来看现在”。从产业链的角度看，有家农牧企业的发展战略能够给予我们很好的启示，那就是海大。

海大集团地处广东番禺，从水产饲料起家，2022 年，饲料销量 2165 万吨，稳居全球第二位，实现营业收入 1047 亿元，同比增长 21.63%。

海大集团定位于全产业链经营，这已经成为农牧企业的基本共识。与大多数农牧企业不同的是，海大饲料业务占总营收的比例非常高，2021 年接近 90%。研究海大的发展历史可以发现，海大的成功离不开“专业化”“服务化”以及“重点化”三点。

（一）专业化

海大于 2004 年成立，成立之初，饲料行业普遍不重视技术，产品同质化严重，“价格战”很流行，主要以控制成本、扩大规模为目的，海大凭借领先的技术快速完成了起步和初步发展，面对降价、赊销等竞争手段，海大

制定了全面专业化战略，通过建立技术、采购、生产、管理、服务等全面的专业优势获得了快速发展。对占饲料成本大头的原料采购，海大很早就实行了专业化运作与管理，比如：建立专门的信息采集与研究部门，实时跟踪、研究、判断国内外大宗原材料的市场行情；采用集中采购，建立规模化采购优势；利用期货工具进行套期保值；在采购队伍中专门配备配方技术人员，使原材料利用与配方相结合，实现技术和采购的高效协作。

（二）服务化

2006 年，海大开始从饲料专业化公司向服务型企业转型，从提供单一的饲料产品到为养殖户提供全面解决方案，通过养殖户的盈利拉动公司的发展。海大服务型定位的核心有两个：一是建立从种苗、养殖方案、病害防治、养殖技术到饲料各个环节的技术优势和管理优势，二是建立服务体系。应该说，海大服务型的战略定位符合行业的发展趋势，在传统的营销观念中，企业认为养殖户需要的是优良的饲料产品，但并非如此，养殖户要能赚钱，需要的是利润。因此饲料企业的定位，应该是优良的产品与售后服务两个层面，以帮助养殖户赚更多的钱，因为只有养殖户有钱赚，企业才能持续发展。

（三）重点化

海大的发展非常稳健，体现在立足主业不冒进。比较多的农牧企业往往在主业还未做强的时候就进入全产业链经营，比如进入生猪养殖环节，因为这个环节的机会很大。在这种情况下，海大并未盲目跟进，只是在风险可控的范围内进行尝试。事实上，农业的变化相对并不大，采取相对稳健保守的战略是可行的。即便有很多新技术被引入农业，也只是在某些方面提升了效率，本质上并没有改变行业规律。

从上述三个案例中可以看出，企业战略转型的本质是规划新的业务增长路径，通常有业务扩张、产业链创新、能力拓展以及多元化布局四种业务增长路径。其中，美的集团采取的是业务扩张路径，一方面是客户扩张，从 C

端到B端；另一方面是业务扩张，从智能家居事业群到其他四大业务事业群，客户的改变必然意味着业务的改变，两者相辅相成，互相依托。

三一重工、海大两家企业，采取的是产业链创新的业务增长路径，首先谋求在产业链中某一环节的优势位置，三一重工是挖掘机产品，海大是饲料产品，然后沿产业链做延伸；三一重工是从产品到服务，在客户端深入扎根，增加与客户的接触点，通过精准洞察客户需求，以服务带动业务增长；海大在农牧产业链的饲料环节做大规模之后，再沿产业链做延伸，差异在于产业链延伸的速度不同而已。

▸ 第三章 ‖

战略解码：从战略共识到行动共识

第一节　战略解码，“解码”的是什么

一、为什么做战略解码

企业战略确定之后，执行就是关键。

企业往往在制定战略时动静很大，从上到下，从下到上反复进行信息传递、目标确认以及策略研讨，最终成稿后还要召开战略宣贯会议，发布精心准备的战略规划文件，群情激昂，人心振奋，仿佛宣贯完成，战略就能达成，之后的执行过程却如泥牛入海，杳无音信，待到年底，再重复上一年的喧哗与热闹，感觉就是“年年岁岁花相似，岁岁年年人不同”。甚至更多的情况是“三拍”现象：定战略目标时“拍脑袋”放卫星，目标分解时“拍胸脯”保证，年底绩效评价时“拍屁股”推卸责任。

战略执行不力的关键原因在于战略与执行之间的连接出了问题，执行无法承接战略或者不知道如何承接战略，所以战略管理方法论除了战略制定、战略执行，还有非常重要的一个环节——战略解码。解码，英文叫“Decoding”，其含义是“转换”。战略解码是保证企业全体成员达成战略共识，对公司战略理解一致，并进一步形成行动一致的关键环节，是一个化战略为行动的工作过程。战略解码的核心是解决“共识”问题。

为什么要做战略解码？

这个问题也可以从另一个角度来理解——如果不做战略解码，会产生哪些问题?

（一）战略不能共识

战略如果不经过“翻译”或“转换”，企业成员对战略的理解就会产生不一致，最终结果就是“公说公有理，婆说婆有理”，无法形成战略共识，那么，战略执行就是四处出击，无法形成真正的合力。

（二）战略缺少路径

战略通常会浓缩为精炼的方向和目标，如果不做战略解码，实现战略目标的方法和路径就会缺失，没有路径，战略目标再远大、再宏伟、再具有感召力，最终都无法落地执行。

（三）战略欠缺导向

战略若要落地执行，必须和绩效激励制度挂钩，按照对战略执行的贡献大小“论功行赏”，如果不做战略解码，无法输出战略执行关键 KPI 和重点任务，绩效激励缺乏战略导向，沦落为日常管理工具，价值和意义会大为逊色。

（四）战略无法协同

战略执行是系统工程，遵循“剑锋所指，所向披靡”的基本原则，并不是某个部门自己的事情，需要企业中各业务和职能领域倾力合作，共达目标。如果不做战略解码，各领域对企业目标及部门目标的理解不到位，无法统一在同一个目标下，就很容易陷入各自为战、效率低下、不能协同的混乱局面。

（五）战略没有倾向

企业资源是有限的，有限资源自然要发挥最大的效用，战略在哪里，资源的匹配就会在哪里，这样的投入产出才能做到利益最大化。如果不做战略解码，不能导出企业的关键任务，资源就不知道向何处倾斜。资源配置最忌讳“撒胡椒面”，平均用力是最不战略的行为。

二、战略解码的三大成果

哈佛商学院教授卡普兰与其合作者诺顿在他们的研究成果《平衡计分卡》中有一句著名的论断：战略如果不能描述，那么就不能衡量；如果不能衡量，那么就不能管理。这句话道出了战略解码的精髓。

举例来说，想去某地是目标，如果对计划怎么去没有具体的描述，那就不知道途中的关键里程碑是什么，最终无法评价是否到达目的地；不了解关键里程碑，也就不能管理到达里程碑的行动。

所以，战略解码有三大产出成果：第一，战略地图，针对战略的形象化描述；第二，战略 KPI，针对战略达成的关键衡量指标；第三，重点任务，针对战略达成的重点行动计划。

战略解码要解决企业的共识问题，这个共识分为三个层面：第一，战略共识，也就是企业成员要对战略的理解达成一致，否则一执行就是错，其载体就是战略地图，地图是最具战略感的工具，在哪里，去哪里，一目了然；第二，责任共识，在战略执行过程中，每个业务或职能领域，乃至每个企业成员要承担什么执行责任，其载体就是战略 KPI，通过战略 KPI 的导出与分解，营造“千斤重担众人挑，人人头上有指标”的战斗氛围；第三，行动共识，达成战略目标的关键支撑有哪些，这些支撑如何落实为行动计划，其载体就是重点任务，重点任务完成，战略目标大概率可以实现，否则就是靠天吃饭，战略执行依然凭运气。

三、战略解码方法论

战略解码的方法论主要有两个：一个是基于平衡计分卡（Balanced Score Card，BSC）的解码方法，另一个是基于业务执行力模型（Business Execution Model，BEM）的解码方法（图 3-1）。BEM 是华为开发的一套战略解码工具，BEM 与 BLM 在结构上非常相似，都是从八个维度展开的。从

图 3–1 中可以看出，BEM 承接公司战略目标与方向，最终输出管理者 PBC（个人绩效承诺）进行监督及考核。

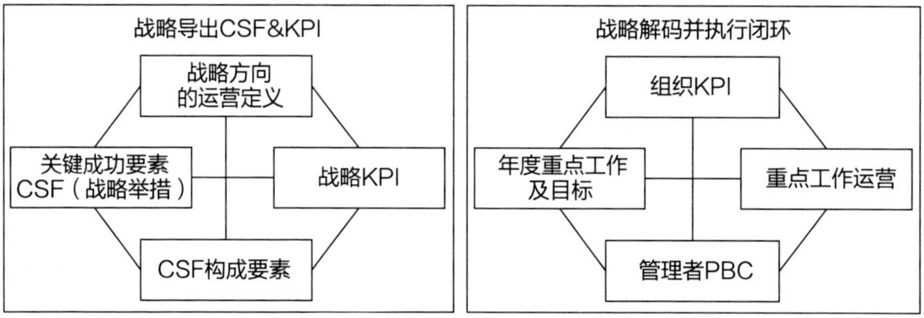

图 3–1　战略解码 BEM

无论是 BSC 还是 BEM，其根本都是找寻实现战略目标的关键路径与做法，并对路径进行规划，变成可以理解、执行、监控及考核的目标、计划、举措和指标。从这个角度来说，二者的底层逻辑是一样的，并无太大的差异。本书以平衡计分卡进行战略解码的阐述。

第二节　战略地图：没有路径，就没有共识

战略地图是描述战略的工具，地图有三个显著的特点：首先，整体感。地图给人的感觉是整体感很强，环境的呈现和分布非常清晰，能使我们对整体布局有很直观的感受。其次，轮廓线。地图在起点和终点之间可以进行路径规划，然后选择最佳路线。如果不知道去哪里，有地图是没用的；如果不知道在哪里，有地图也没用。最后，逻辑性。地图上所规划的路径，在各节点之间具有逻辑关系，先到哪里，再到哪里，最终到哪里，完全可以推导出来，而且在逻辑上成立，按照地图规划的路径去走完全可以到达目的地。

战略地图同样具备上述三个特点，实现战略目标的路径和做法能被清晰地呈现，使企业成员达成战略共识，而且可以通过因果逻辑关系得到验证。所以，战略地图的意义在于，逻辑上成立，实战中未必能打出来；逻辑上不成立，实战中肯定打不出来。

如何绘制战略地图？需要运用平衡计分卡完成。

一、平衡计分卡？想说爱你不容易

平衡计分卡是美国的卡普兰与诺顿在 20 世纪 90 年代联合开发的一套战略执行体系，一经发布便赢得了广泛好评，它打破了企业只依靠传统财务指标进行评价的单一模式，拓展到财务、客户、内部运营以及学习与成长四个维度对企业战略进行衡量与评估，平衡计分卡被《哈佛商业评论》评为 75

年来最具影响力的管理工具之一，陆续被多家世界 500 强企业所采用，风靡一时。

图 3–2 是平衡计分卡的基本结构，从财务、客户、内部运营以及学习与成长四个维度来规划战略实施路径。那么，平衡计分卡平衡什么？

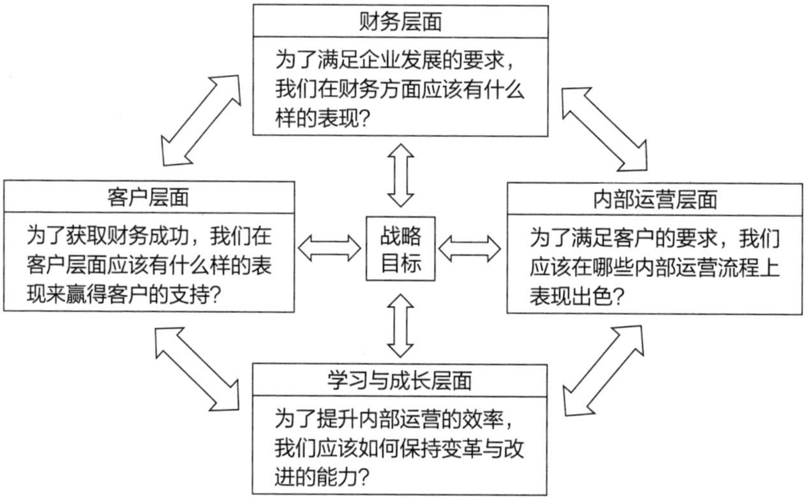

图 3–2　平衡计分卡基本结构

平衡计分卡注重三个方面的平衡：第一，内部和外部的平衡。财务、内部运营、学习与成长都是企业内部要素，客户是外部要素，内外兼顾，不可荒废。第二，结果和过程的平衡。财务是结果，客户、内部运营、学习与成长是过程，没有好过程，不可能有好结果，过程是结果的保障。第三，长期和短期的平衡。财务是短期数字，其他三个要素是长期积累，如果只看重短期的财务结果，那就容易透支客户信任，忽视员工成长，疏于内部运营的建设，最后做出寅吃卯粮、杀鸡取卵的愚蠢行为。四个维度相对平衡，企业才有健康的发展。

平衡计分卡看似简单，但在实践过程中，存在三个常见的典型误区。

（一）平衡计分卡是战略落地指引，而非绩效管理工具

很多企业将平衡计分卡视为绩效管理工具，从财务、客户、内部运营以

及学习与成长四个方面设计 KPI，而且这样的指标系统能实现长期与短期、内部与外部以及结果与过程的平衡，感觉很完美，但是 KPI 具有滞后性，待到最终评估的时候，结果已经无法改变，根本不能体现平衡计分卡的战略落地功能。

显然，从绩效指标系统角度理解平衡计分卡没有抓住重点，还是要从战略执行与管控层面重新审视平衡计分卡的价值，通过客户、内部运营、学习与成长三个方面关键驱动因素的找寻与设计，找到实现财务目标的路径，才是平衡计分卡的核心功能。而针对四个维度设计绩效考核指标是应用之一，但绝不是最重要的应用。

（二）平衡计分卡是有逻辑的因果关系，而非 KPI 分解

战略执行固然要关注结果，但过程管理必不可少，所以，实现结果的路径与做法与对过程的管控同样重要。我们经常说战略就是地图，因为地图的整体方向感很强，我在哪里？要去哪里？怎么去？在地图上可以非常清晰地找到三个问题的答案，而且怎么去的多种路径可以追溯与对比，按照选择好的路径是一定可以到达的，如果堵车，可能晚到，但不可能有错误。同理，战略是因果逻辑关系，可以用“如果……，那么……”进行验证。所以，平衡计分卡从上到下的四个维度是有逻辑关系的驱动要素之间的连接，而不是从财务目标开始，单纯将 KPI 分解到另外三个维度。

（三）平衡计分卡是关键驱动因素的锁定，而非战略举措堆积

平衡计分卡的起点是财务目标，财务目标的方向有增长与效率两个，首先要明确企业面临的核心问题是什么，是营收增长还是效率提升。

假如是营业收入增长，在客户层面的战略目标是什么？显然客户满意度、客户保有率以及客户增长率是重点，如何实现这三个目标呢？产品解决方案优化、为客户提供更优质的服务以及深化客户关系是关键驱动因素，接下来企业内部需要做什么呢？高效的客户导向的市场、研发、生产流程需要进一步强化，要实现内部运营的优化，员工能力的提升、客户导向的企业文化是学习与成长层面必须重视的要素。

通过这样的层层递进，企业就建立了从财务目标开始、由上到下关键驱动要素的探寻与连接，支撑财务目标实现的战略路径与做法就有了。最忌讳的是搞不清楚财务目标的实现方式，只是把诸多的战略举措生硬地堆积到平衡计分卡的四个方面，这样做显然毫无意义。

只有正确理解平衡计分卡的意义和价值，战略地图的设计才会有基础和保障。

二、战略地图？这样画就对了

平衡计分卡最重要的应用是战略地图，而非绩效指标体系，不是后者不重要，而是企业对战略的共识是执行的起点，战略地图就是让企业上下对战略的理解趋于一致。

平衡计分卡的核心思想是“战略如果不能描述，那么就不能衡量；如果不能衡量，那么就不能管理”，描述战略的载体就是战略地图。其作用是找寻实现财务目标在客户、内部运营、学习与成长三个维度中的关键驱动因素，且这些因素之间有严谨的逻辑因果关系。目的是通过可视化很强的“地图”，让大家理解企业的战略目标是什么？达成的路径是什么？最终实现企业上下在思想层面的战略共识。

在战略地图的应用中，企业往往容易犯三个错误：第一，将战略地图作为目标的分类，将企业目标分为财务、客户、内部运营以及学习与成长四类，根本不考虑支撑与因果关系；第二，战略地图不能反映战略，为了地图而地图，最终变成了做作业；第三，忽略了战略地图的根本作用是战略执行，而不是导出绩效考核指标。

如何设计企业的战略地图，首先要搞清楚三个基本问题。

（一）战略地图反映的是短期战略还是长期战略？

从战略执行的角度来说，战略地图反映的周期越短越好，周期越长，战略地图的指导性与参考价值越小，企业最好绘制年度战略地图，可以用3—5年的战略规划检验年度战略地图的支撑质量。

此外，很多专家将战略地图分为公司、业务单元以及部门三个层次，其实在这之前一定要集中力量将公司的战略地图搞明白，并形成大部分人的共识，在公司战略不能取得一致理解之前，谈事业部、SBU（业务单元）乃至部门战略没有任何意义。

（二）战略地图的起点是什么？

大多数人认为企业一定要实现财务目标，所以战略地图的起点是财务目标。错！财务目标是短期的，只考虑财务目标很容易变成数学意义上的“加减乘除”。

战略地图的起点是“战略主题”，也就是企业的年度战略重点是什么，最好某一年只有一个最重要的主题，比如“开源”还是“节流”？“拓展”还是“稳定”？“收入增长”还是“利润增长”？一定要想清楚，战略主题越聚焦，大家理解越容易一致，导向也就越明确，反之则越模糊。当然，企业可能有多个年度战略重点，要分析若干战略重点之间的关系，从中确定最重要的作为年度战略主题。

明确了年度战略主题，就可以确定财务目标，如果是开源，财务目标就是“实现营业收入……”，如果是节流，那就是“成本降低……”，二者要保持一致。然后依次在客户、内部运营以及学习与成长三个层面从上往下确定关键驱动因素。注意，战略地图的设计顺序是从上往下，而不是从下往上。

（三）如何找寻及确定各维度之间的关键驱动因素与逻辑关系？

战略地图的核心内容需要从平衡计分卡四个维度入手进行深入理解与分析。如图3–3所示，战略目标、战略主题、战略举措、重点任务、行动计划是战略地图的五个关键概念。

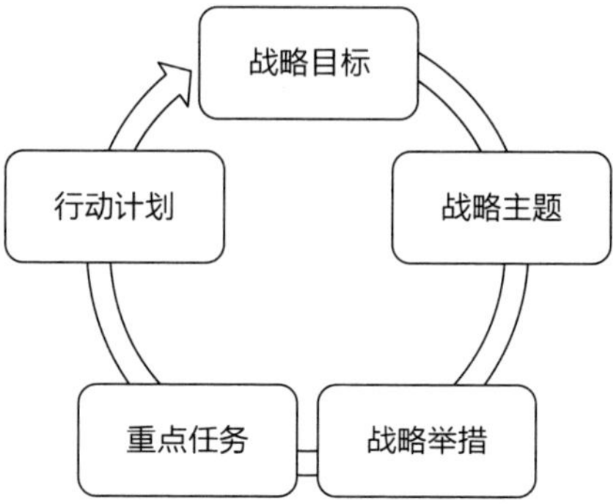

图 3–3　战略地图的五个关键概念

战略目标：企业未来 3—5 年或年度的战略目标，包括财务目标和管理目标。

战略主题：企业在某个时间内（长期或短期）采取的主要发展思路，如“快速发展”“有效增长”等。战略主题要与战略目标相呼应。

战略举措：为支撑战略目标和战略主题的达成，企业内部采用的主要业务活动或管理活动，如“提高研发水平”“优化业务组合”“提高专业能力”等，又称关键成功因素或关键驱动因素。

重点任务：将战略举措落地的典型工作任务，如“建立线上线下人才培养体系”“构建公司战略采购系统”等，又称关键任务。

行动计划：重点任务进一步细化形成的具体行动方案，包括行动措施、责任人、时间节点、资源支持等。

根据战略目标提炼战略举措，将战略举措按照平衡计分卡财务、客户、内部运营以及学习与成长四个维度进行归类，然后找到各个战略举措之间的逻辑关系，用箭头连接，以支撑战略目标的达成，并总结战略主题和战略路径。

图 3–4 是一个战略地图的模板，接下来，对战略地图四个维度的含义进行说明。

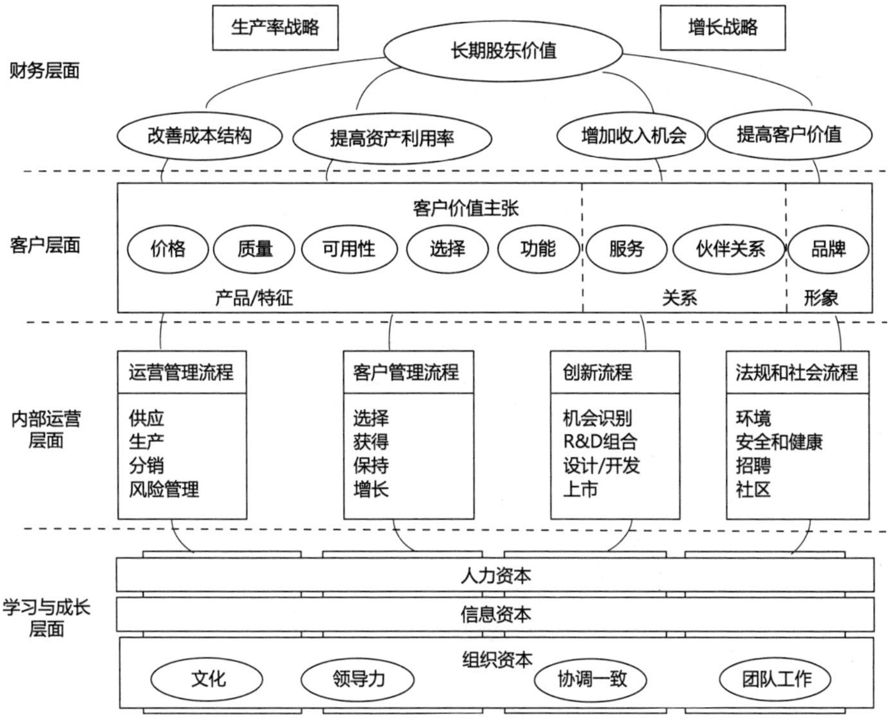

图 3–4 战略地图模板

维度 1：财务视角。

财务维度是首先需要明确的，企业战略执行最终要实现商业成果，也就是实现财务目标。财务目标可以分为规模、利润、现金流、效率四大类，财务目标不同，执行路径与做法也会不一样。

如果年度战略主题是增长，那财务目标就要以规模为主；如果是有质量的增长，目标就是利润；如果追求现金流，目标就是回款；如果追求运营效率的提升，目标就是人效。

企业的财务目标可能不止一个，这时候最好选择核心财务目标作为战略地图的财务视角出发点，一般来说，企业首选增长，也就是规模类财务目标。

确定了财务目标，还需要明确实现财务目标的战略举措。比如，财务目标是收入增长，老客户深耕和新客户拓展就是两个关键战略举措；目标是利润，提高收入和降低成本是战略举措，以此类推。

维度 2：客户视角。

战略解码的关键是差异化的价值主张。企业通常可以选择总成本最低、产品领先、解决方案以及系统锁定四种典型的客户价值主张，如表 3–1 所示。

表 3–1　四种典型的客户价值主张

客户价值主张	特点	典型企业
总成本最低	提供一致、即时和低成本的产品和服务	戴尔、小米、富士康
产品领先	突破现有的行业边界，提供令人高度满意的产品和服务	苹果、三星
解决方案	为客户提供最优解决方案	IBM
系统锁定	提供客户的高转换成本，注重商业生态的构建	微软、谷歌、腾讯

戴尔、小米、富士康是总成本最低的代表公司，同样的产品与性能，能做到总成本最低，提供给客户的产品就有价格优势；苹果、三星是典型的产品领先公司，不追求成本领先，专注给客户提供最优质的产品，三星在芯片、屏幕等产业链上游拥有强大的技术与知识产权，保证了三星的产品领先性；IBM 将电脑卖给联想，专注做解决方案提供商；微软、谷歌、腾讯通过做平台培养客户的依赖习惯，形成高昂的转换成本，最终将客户牢牢锁定。因此，选择怎样的客户价值主张，从而给客户提供独特的价值，是企业的一道必答题，这要在战略地图的客户视角进行清晰的定义。

那么，客户价值主张背后的底层逻辑是什么？如果不懂得底层逻辑，只能是萧规曹随，人云亦云，照搬他人的模式不可能有未来，需要企业自己思考和构建适合本企业的客户价值主张。

图 3–5 列举了构建客户价值主张的八个关键要素，分别是，价格、质量、可用性、选择、功能、服务、伙伴关系和品牌。

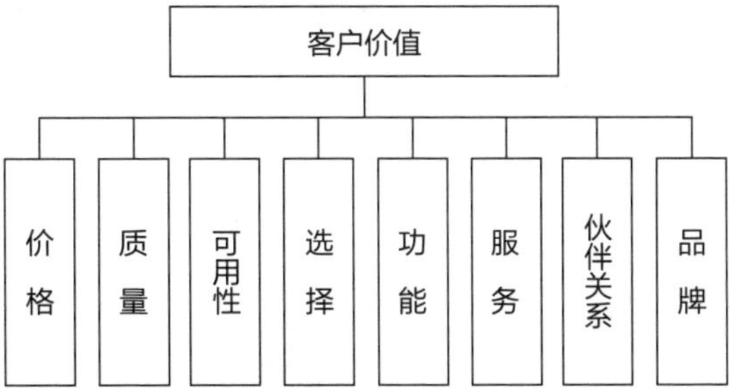

图 3–5 客户价值主张的八个关键要素

如果对这八个要素进行分析，就会发现价格、质量、可用性、选择及功能都和“产品”密切相关，而服务、伙伴关系与“关系”密不可分，品牌无须多言。所以，企业可以从产品、关系和品牌三个方面考虑本企业的客户价值主张构建。

1. 客户价值主张底层逻辑之一：产品好。

产品好有两个含义，要么产品具有领先性（可用性 / 选择 / 功能），竞争对手做不出来，比如苹果手机；要么性价比高（价格 / 质量 / 性能），综合实力在行业前列，比如小米手机。

2. 客户价值主张底层逻辑之二：关系铁。

关系铁指对客户的响应速度、交货期、服务体验、增值服务等服务内容的认同。一旦建立良好的伙伴关系，双方的合作黏性就会非常高，客户对你是情有独钟，非你莫属。当然，这种关系是持续为客户提供超越其预期的价值（服务）而获得的。

3. 客户价值主张底层逻辑之三：品牌硬。

品牌就是定位，也就是客户对企业的认知，认知好意味着品牌硬，否则，在客户心中企业形象不佳，品牌自然缺乏影响力。从根本上说，品牌是结果，企业持续将产品和服务做好，好口碑自然而来。所以，品牌是一个自然积累的过程。

平衡计分卡最有价值的贡献是把客户价值说清楚了，所有商业的起点是客户，如何给客户提供价值是根本，平衡计分卡把客户价值提炼总结为三个维度——产品、关系和品牌，所有行业和企业都可以根据这三个底层逻辑构建自己的客户价值主张。

维度 3：内部运营视角。

这是平衡计分卡最让人痛苦和头疼的维度，企业有太多的业务流程，到底选择多少流程进行改进或创新呢？从这个角度来理解内部流程显然是个误区，严格来说，叫“内部运营”更合适。

流程很容易让人想到企业内部具体复杂的业务形态与业务关系，实际上，这个维度并不是指具体的业务流程，而是为了实现独特的客户价值主张，企业需要思考在内部运营方面应该聚焦哪些业务领域，然后把这些领域做得更好，从而满足客户价值的要求。

假如客户价值主张“提供高性价比的产品”，那么，企业需要在制造、质量、采购、物流等领域重点发力，努力做到最好；如果企业选择的是“高品质产品”，那么需要在销售、研发、质量、服务等领域聚焦；如果是“服务领先”的客户价值，显然客户管理和服务质量就是重点。

内部运营要围绕客户价值进行定义和构建，企业选择的客户价值主张不同，内部运营的重点也会不一样。

维度 4：学习与成长视角。

若要提高内部运营的效率，企业成员就必须提高相应的专业能力，学习与成长维度就是要解决企业成员的能力问题，有关制度设计、能力提升、信息系统以及文化建设的内容都可以归入学习与成长维度。

经过对平衡计分卡四个维度的说明，可以察觉，四个维度具有严谨逻辑关系，企业若要实现财务目标，首先要定义客户价值主张，内部运营要围绕客户价值展开设计，同时，企业成员的能力要能匹配内部运营的要求。

了解了平衡计分卡四个维度的详细内容和四者之间的逻辑关系之后，如何设计战略地图？

现采用 18 字口诀进行战略地图的设计。这 18 个字是“先列举、再归类，上到下、找对应，连箭头、做验证”。

先列举、再归类：通过头脑风暴的研讨方式将企业年度战略举措进行列举，这一步的重点是战略举措的数量，而非质量，要注意保持战略举措颗粒度的均衡，不能粗细差异太大。然后，将各战略举措按照平衡计分卡财务、客户、内部运营、学习与成长四个维度进行归类。

上到下、找对应：首先，确定财务维度的核心财务目标，如果存在多个财务目标，建议以一个最关键的财务目标为抓手；其次，需要考虑为了实现财务目标，选择什么样的客户价值主张，然后根据客户价值主张设计内部运营重点；最后，确定企业年度学习与成长的重点。注意，这个过程是按照从上到下的对应关系实现的。

连箭头、做验证：从上到下的对应关系确定好之后，就可以从学习与成长维度开始，按照内部运营、客户和财务维度的顺序依次找到相互对应的战略举措，用箭头进行连接。连接完成之后，要进行因果逻辑关系的验证，也就是用“因为……，所以……”的句式进行询问，如果因果关系成立，说明逻辑是通的，否则就要重新设计。需要注意的是，找对应关系是从上到下的，连箭头却是从下到上的。

战略地图设计完成之后，并不代表工作结束，需要对箭头连接各战略举措代表的战略路径进行总结提炼，战略路径越简洁清晰，越便于传播记忆。所以，战略地图的设计是一个从简单到复杂，再从复杂到简单的过程，而在这个战略地图的设计过程中，企业达成了战略共识的目的。

图 3–6 是某设计咨询企业的战略地图，该企业的战略路径是“创新客户管理，提升优质客户的服务能力和水平，建立差异化竞争优势，从而实现业务规模的快速扩张”。

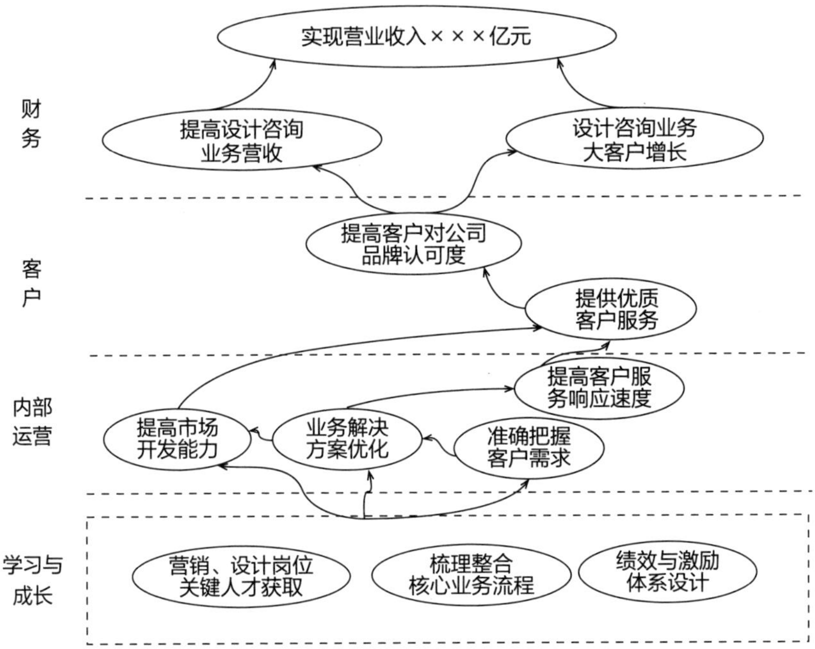

图 3–6　某设计咨询企业战略地图

第三节　重点任务：没有行动，就没有管理

战略地图的构成要素是战略举措，而战略举措的颗粒度比较粗，接下来，需要将战略举措解码为重点任务，便于下一步进行战略执行。

一、为什么要有重点任务

为什么要将战略举措解码为重点任务？原因有以下三个。

第一，虽然战略地图规划出了执行路径，但还停留在战略举措层面，相当于只有业务重点，但具体的行动方案并未完全清晰，如果没有行动措施，显然无法执行，重点任务就是行动措施的指引。

第二，如果行动缺乏重点，只能是平均用力，资源的分配好似“撒胡椒面”，雨露均沾，无法聚焦会导致资源浪费，而且投入产出比不高，只有明确行动重点，资源投放才具有针对性。

第三，如果只有战略举措，含义和边界模糊，行动界定不清晰，容易导致沟通和传达上的不一致，最终会产生执行偏差，从而阻碍战略目标的达成。

二、什么是重点任务

如何理解重点任务？重点任务的解码要抓主要矛盾和矛盾的主要方面。比如，企业在快速发展过程中，主要矛盾通常是“企业发展过快和企业内部的人员能力、制度设计无法匹配的矛盾”，而在这个矛盾中，人员能力显然

是矛盾的主要方面，再聚焦一些，管理者的能力不足就是主要矛盾的主要方面。抓住了主要矛盾，相当于扭住了“牛鼻子”，战略执行就会事半功倍。

通常，重点任务的判定需要以下五个条件。

第一，影响力——对完成战略目标具有里程碑式的重大意义；第二，多部门——在企业的配合范围层面，需要举全企业之力，多个部门协同作战；第三，激发人——重点任务的达成能激励人心，大家普遍认为是解决起来有难度也有意义的痛点；第四，可行性——重点任务最好是具有一定取胜可能性的“必赢之战”，属于“使劲跳能够得着”的范围；第五，时效性——重点任务有明显的时效性，具有机不可失、时不再来的特点。

很多人即使知道了这五个条件，在实际操作中也不容易理解重点任务。企业可以通过下述五个问题进行重点任务的界定和描述。

问题 1：为什么是重点任务？

界定重点任务对于企业的意义在于鼓舞人心、回应质疑。需要用简练的语言把重点任务的原因、背景、价值提炼出来，既要说清楚缘由，又要简单易懂。

问题 2：这个重点任务是什么，不是什么？

界定重点任务的概念和范围，清晰界定重点任务的边界，对重点任务做最精准的聚焦，可以从正向和反向两个维度展开。

问题 3：衡量重点任务成败的关键指标是什么？

提炼重点任务成败的 KPI，不能太多，要体现主要矛盾和矛盾的主要方面。

问题 4：完成重点任务的不利因素有哪些？

描述重点任务执行过程中可能遇到的障碍，包括外部的挑战以及内部的障碍，提前发现战略实施过程中可能碰到的障碍，提前应对，确保行动计划得以顺利执行。

问题 5：完成重点任务的有利因素有哪些？

描述与重点任务相关的外部机会和内部优势，给予企业成员必胜的信心和勇气，同时提醒企业成员利用好现有的优势资源。

通过对上述五个条件和五个问题的思考与回答，企业通常能理解重点任务的价值和意义，以及与战略目标和战略举措的强相关性，这样就能保障战略解码的高质量和精准度，从而避免战略解码的缺失和跑偏。

三、如何解码重点任务

重点任务源于战略举措，由于战略举措相对比较宏观，如果其内涵与外延界定不清晰，很容易引起歧义，那就达不到共识的目的，所以，先要对战略进行梳理，明确战略举措的含义。

假如战略举措是“人才发展”，要进一步对“人才发展”的含义进行澄清：是哪个层级的人才？干部队伍还是专业队伍？发展是什么意思？是人才培训还是职业发展？只有将战略举措的含义搞清楚，才能解码出重点任务。

表 3–2 是某公司 2024 年的重点任务示例，从中可以看出，只要将战略举措的含义界定清楚，重点任务自然就能确定。当然，由于所处层级以及信息获取不同，企业成员对战略举措的理解不可能完全一致，这就需要团队共同研讨，高层领导进行指点与启发，最终解码出重点任务。

表 3–2　某公司 2024 年重点任务示例

排序	战略举措	战略举措含义澄清	重点任务	完成时间	挂帅
1	提高市场开发能力	渠道拓展，区域分公司自主开发	1. 重点区域建立分公司，实行地域关联开发 2. 强化合作伙伴关系，实施联合开发模式	××× 年 ××× 月	张总
2	提高客户服务响应速度	优化业务流程，提升售后服务质量	1. 优化及变革内部主要业务流程，提高客户响应效率 2. 强化售后服务质量，增加客户黏性	××× 年 ××× 月	王总

续 表

排序	战略举措	战略举措含义澄清	重点任务	完成时间	挂帅
3	人才发展	干部队伍培训，任职资格管理建立	1. 实施中基层管理干部领导力培养项目 2. 技术与营销两大序列员工任职资格标准开发	××× 年 ××× 月	李总

重点任务确定之后，要进一步明确完成时间和责任人，由战略举措解码出的重点任务属于公司层级，所以，责任人通常要由公司高层领导挂帅督办，便于将公司级的重点任务向下分解落实及执行推动。战略举措解码出的重点任务最终要汇总形成公司级年度重点任务清单。

重点任务清单是战略解码的重要成果，也是行动计划的牵引，更是战略目标达成的关键路径，要引起企业层面的重视。

第四节　战略 KPI：没有衡量，就没有责任

重点任务确定之后，如何判断重点任务是否完成？完成质量如何？标准是什么？这就需要企业建立衡量指标体系，对重点任务的执行情况进行衡量、检查以及评价。没有衡量，就没有责任。

战略解码既需要解码出重点任务，还需要导出战略 KPI。战略 KPI 怎么来？如何导出？首先要搞清楚有关战略 KPI 的三个关键问题。

一、战略 KPI 三问

（一）如何保障 KPI 是战略导向而非职责导向？

目标是企业经营管理的起点，企业战略目标确定之后，需要进行自上而下地进行目标分解，然后将目标变成 KPI，锁定责任，最终形成“千斤重担众人挑，人人头上有指标”的局面，促使全员进入战斗状态。

人人扛指标不难，难在扛什么指标？企业中常见的典型现象是每个部门每个岗位的 KPI 完成了，企业目标却没完成，显然，目标分解过程中出现了偏差，部门及岗位工作与战略毫无关系。

KPI 设计是个“讲究”活儿，很多企业却做成了“将就”活儿，根据部门职能与岗位职责搞一堆 KPI，形成指标库，感觉很专业，从中选择就好，至于是否承接战略？是不是战略 KPI？是不是管理者想要的？统统不管，反正这活儿干完了。

如何避免战略与执行“两张皮”？如何保障KPI具备战略导向而非职责导向？这就对战略解码的质量提出了高要求，要遵循KPI是从战略解码导出，而不是从指标库筛选，只有这样，才能促使战略与执行融为一体，而非“两张皮”。

（二）战略KPI是战略举措导出还是重点任务导出？

既然战略地图是战略举措的逻辑关系连接，从战略举措又进一步导出了重点任务，按道理对重点任务进行衡量就是战略KPI，这种理解对吗？

战略KPI是衡量战略目标是否达成的关键依据，既要结果导向，又要具备战略高度，如果只是从重点任务导出，那很有可能降低战略KPI的价值，因为企业有多项重点任务，而重点任务是行动的牵引，所以，从重点任务导出的KPI更多具有过程KPI的意味，并非真正意义上的战略KPI。

战略KPI从战略举措导出更为合适，可以将通过重点任务导出的过程KPI作为战略KPI的借鉴和验证。

（三）战略KPI是一成不变还是随机应变？

战略举措也好，重点任务也罢，都是提前做的规划，而在实际执行阶段，随着环境的改变，执行也会相应发生变化，如果是这样，问题来了：战略KPI要不要随之变化？既然战略KPI是衡量战略目标是否达成的关键依据，天然具有权威性和严肃性，如果随意更改，很容易丧失权威，沦为可有可无的指标，战略责任就无从谈起，后果相当严重。基于这样的考虑，战略KPI不到万不得已不要更改，但是实现战略目标的路径和方法可以做调整，也是就重点任务根据环境变化而做灵活性调整和应对。除非外部环境出现重大变化，经企业高层领导决策通过，才可以调整战略KPI，而且战略KPI在年度内只能调整一次。

二、如何导出战略KPI

有些战略举措可以直接导出战略KPI，比如“实现营业收入增长”“获得高利润”“降低运营成本”“招聘高级专业人才”等战略举措可以直接导出财务与运营方面的 KPI，这方面企业是比较熟悉的，一般不会错。

但不是所有的战略举措都能直接导出战略 KPI，比如“提高产品竞争力”，就很难直接导出 KPI，那怎么办？这时需要在分析构成战略举措的流程后，用 IPOOC 方法导出战略举措的构成要素，也就是二级战略举措，然后导出备选战略 KPI。IPOOC 方法指从 Input（输入）、Process（过程）、Output（输出）、Outcome（结果）四个维度将战略举措进行展开（表 3–3）。

表 3–3　IPOOC 方法释义

IPOOC	战略举措构成要素
Input（输入）	完成某项工作的输入条件，一般指资源
Process（过程）	从战略角度看指影响战略举措达成的关键活动的过程是什么
Output（输出）	从流程视角看指流程的直接输出，例如产品、制度或客户满意度
Outcome（结果）	从内部视角看指收益，例如经济结果、客户感受、品牌增值

方法如何使用？下面提供华为的一个案例供大家参考借鉴。如表 3–4 所示，某个战略举措是“提升市场价值”，先通过 IPOOC 方法将这个战略举措细分为二级战略举措，颗粒度细化之后，就能将备选 KPI 导出来，然后根据重要性将战略 KPI 筛选出来即可。

战略 KPI 导出之后，需要对各 KPI 进行权重的分配，权重越大，意味着重要性越高，反之则越低，尽管都是战略 KPI，但仍然需要通过权重的大小进行重要性的排序，没有选择，就没有战略。

战略 KPI 的权重设置可以遵循以下三个基本原则。

第一，战略优先级高则权重高。战略 KPI 通常都是由战略地图中的年度战略举措导出的，尽管同为战略 KPI，但在优先级方面还需要进行排序，优先级越高则权重越高，优先级的判定标准还是要回归战略，要看企业想要什么。比如，企业的战略重点聚焦速度和品质，那么交货期、质量指标的权重就高，如果企业关注成本，则成本指标的权重就高。

表 3-4 IPOOC 方法导出战略 KPI 示例

战略方向	含义	战略举措	IPOOC	二级战略举措	备选 KPI
有效增长	中国、中东、非洲、南太服务格局的形成	提升市场价值	Input（输入）	匹配客户需求的解决方案	客户需求包满足率
				专业的服务拓展人员到位	专家到位率
			Process（过程）	规范项目运作管理	流程符合度
				改善客户关系	客户满意度
			Output（输出）	获取价值客户	签单率
				竞争项目的胜利	战略目标完成率
			Outcome（结果）	市场份额提升	市场占有率
				订货增加	合同额
				利润改善	毛利率

第二，岗位核心产出指标权重高。每个岗位都有一定的任职及职责要求，通过某些技能、经验的组合，采取某些特定的活动，从而获得某些产出或结果，这就是我们所熟知的岗位分析的基本逻辑。从绩效考核的角度，通常不会考核“干什么”和“怎么干”，关键要看结果怎么样，所以，绩效指标具有更加明显的结果指向性，在岗位分析时，从多个岗位产出中选择核心的产出作为战略 KPI 是顺理成章的做法，而核心产出所代表的战略 KPI，权重显然应该更高。比如，生产副总经理负责 6S 的工作，那么 6S 考核在生产副总经理的权重中就高，其他人的 6S 建设指标权重就相对低一些。

第三，综合性强的指标权重高。从某个角度来说，绩效指标可以分为综合性指标和单一性指标。比如利润、满意度、劳动生产率、人效等指标，需要多个环节、多个部门或多个岗位的协同配合才能达成，这类指标就是综合性指标，这类指标更能直接衡量公司、部门或岗位的能力，更接近一针见血的指标，重要程度不言而喻，权重显然应该更高一些。

但是，这并不意味着所有单一性指标权重都应该低，比如营业收入、成本等指标，虽然属于单一性指标，但结果导向很明确，对公司的发展很重要，权重也应该高一些，所以，不能“一刀切”，要具体指标具体分析。

在操作层面，权重最高一般不高于 30%，最低不低于 5%。如果权重过高或过低，容易出现被考核者“保大头，舍小头”的情况。此外，为了便于计算及直观呈现，KPI 的权重最好是 5% 或 5% 的整数倍，最好不要出现 2.8%、3.7% 这类权重。当然，30% 或 5% 仅是参考经验值，如果公司认为某些指标非常重要，要凸显其重要程度，权重达到 50%，甚至 50% 以上都可以。总之，数字不重要，重要的是体现战略导向。

三、战略 KPI 如何做横向锁定

从战略举措导出的战略 KPI 属于公司级 KPI，接下来要从公司分解到部门，然后到岗位，战略 KPI 分解要遵循“从上到下”的基本原则，除了纵向分解，还应该有横向分解，也就是同一个战略 KPI，需要哪几个部门共同承担，所谓“一荣俱荣，一损俱损”就是如此，责任共担，才能保证高效协同，否则，没有共同利益，结果就是“各人自扫门前雪，莫管他人瓦上霜”，其根本是解决企业中跨部门合作的难题。

跨部门合作是企业管理的重要命题之一，只要是企业，只要有分工，就必定会面临合作的问题，企业效率的提升不是由分工决定，而是由合作决定。而涉及跨部门合作，企业就要面对更大的难题。

跨部门合作为什么困难？主要原因有以下三个。

（一）立场不同

所谓立场，就是各自看问题的角度不一样，很难统一。比如，销售部直接面向客户，以客户需求为导向，快速响应与行动是重点；生产部有生产计划，注重稳定与节奏，销售想快速交付，但生产要按计划和节奏来，无法满足销售的要求，矛盾就来了。所以，产供销一体化很难实现。我们经常说的“屁股决定脑袋”，就是立场不同导致的合作困难。

（二）目标不同

按道理来说，企业分工诞生了不同的职能领域，各职能领域从事专业显然具有差异性，立场不同很正常，但对企业而言，要把不同的专业领域进行统一，统一到共同的目标上，所以，企业战略目标的牵引是提升跨部门合作质量的关键抓手。也就是说，尽管部门专业领域不同，但最终都要为实现企业战略目标而努力。但战略解码与目标分解不到位，部门目标不统一，很可能导致各自为战，无法合作。

（三）利益不同

一旦目标分解与 KPI 设计出现偏差，绩效考核这根指挥棒的导向就会出现问题，各部门就只关注自己的利益，而忽略企业目标，最终企业目标的达成就是一句口号和空话而已。所以，只有力出一孔，才能利出一孔。

如何解决跨部门合作的难题？在机制设计方面，战略 KPI 的横向锁定就是一个很好的方法。

跨部门合作的机制核心是绩效指标体系设计。企业为什么要建立绩效指标体系呢？有的说是为了考核，有的说是为了锁定责任，这些都对，但不是全部。企业建立绩效指标体系的最终目的，就是让各部门集中资源，围绕战略目标开展行动，促使企业成为以战略为中心的企业。因此，绩效指标要起到战略引领作用，各部门之间的绩效指标需要具备一致性。

这只是初衷或理想状态，在实际操作过程中，战略解码空心化与无效化，绩效指标体系条块分割以及 KPI 设计职能导向而非战略导向等现象比比皆是，层出不穷，最终导致绩效考核加重了部门壁垒，每个部门只是追求自己的 KPI，没有任何合作可言。

战略 KPI 的横向锁定可以采用战略 KPI 相关性识别表（表 3–5）进行，该表的用途在于，明确企业级战略 KPI 与哪些部门强相关，强相关的标准或依据是什么。在这个环节，企业中的高管往往会进入非常投入的争论状态，争议也会比较大，这恰恰说明大家对企业战略的理解以及部门职责的认知缺乏共识，故而，这种研讨是中高层管理团队达成共识的重要手段，非常有必要。

表 3–5　战略 KPI 相关性识别表

公司 KPI	部门 1	部门 2	部门 3	部门 4	部门……
KPI1	√	√		√	
KPI2		√	√		
KPI3	√	√		√	
KPI4	√	√	√		
KPI……					

搞清楚战略 KPI 相关性，接下来部门 KPI 的设计也就水到渠成，谁是主责部门？谁是牵头部门？谁是辅助部门？责任主体不一样，KPI 的权重也会不一样，明确了方向，就能够促进各部门的共同行动。

跨部门合作问题的解决无法完全依靠单一方法或手段。通过战略 KPI 的横向分解将各部门的利益绑定，促进高效合作，无疑是很重要的方法。但是，如果跨部门合作只运用绩效考核的手段，无疑成本会很高。在制度流程覆盖不到的情况下，文化引导以及思想意识就要发挥作用。

设想一个场景：接力跑比赛，前后棒交接，出现了失误，谁的责任？答案无非有三个：前棒责任，后棒责任，两者都有责任。“两者都有责任”显然不能成为标准答案，“各打五十大板”只会导致企业中的很多责任问题不了了之。如果责任的板子只打一方，那么到底是前棒还是后棒的责任呢？

答案显然是前棒的责任。因为前棒拿着接力棒，应该有更多的自主权和选择权，他有责任安全地把棒交出去，而不能以后棒跑太快、不看棒、不默契等作为交棒失误的理由和借口，每个前棒都要有“扶上马送一程”的责任与义务。

如果企业中的每个人在做跨部门合作时，都具有“前棒”的责任意识，在行动上更主动、更积极地做配合工作，那么跨部门合作的难题就可以大大缓解，这种意识叫“防区延伸”，也就是每个人在工作中主动把职责范围扩大，把重任区间前移，这样无疑会大幅提高跨部门合作的效率。

跨部门高效合作的达成，需要企业在制度设计上做好战略 KPI 的纵向与横向分解，锁定协同责任；同时也需要进行“防区延伸”企业文化的建设与宣贯，普及积极意识。

至此，对战略解码的三大成果战略地图、重点任务、战略 KPI 已经进行了系统阐述，并提供了相应的工具方法供读者进行实践。战略解码为战略执行提供了准确的输入和抓手，有了战略解码，战略执行才会有依据，才能聚焦重点，也才更具针对性。

四、OKR 还是 KPI

OKR 发源于英特尔，光大于谷歌，自传入国内便一发不可收拾，大有星火燎原之势，各领域专家、各大论坛大谈特谈 OKR，有关 OKR 的书籍也越来越多，中国企业界仿佛发现了管理新大陆，纷纷趋之若鹜，饱受 KPI 绩效考核之苦的企业，一夜之间，就像寻找武林秘籍的江湖豪杰，终于发现了强大的功法，重振门派指日可待。

OKR 与 KPI 均是管理工具，既然是管理，本质都是闭环系统，从目标设定开始，都要经过沟通反馈、改进提高等过程管理，最终形成闭环，尽管绝大多数企业把 KPI 做成了“只看结果，不管过程”的绩效考核，但那是操作层面的偏差，并不改变 KPI 要遵循管理循环的本质。

OKR 与 KPI 存在以下三个方面的差异。

第一，驱动方式不同。KPI 自上而下驱动，通过层层分解将企业目标落实到企业各责任单元与岗位，然后定义 KPI，形成责任锁定；OKR 是自上而下与自下而上相结合的驱动，但以下为主，企业有个总目标，企业各责任单元与岗位要根据总目标定义自己的目标，所以，OKR 中是不能出现“目标分解”的，代之以“目标对齐”，英文叫“align”。

第二，闭环方式不同。KPI 与 OKR 都要遵循管理闭环的基本规律，但闭环方式并不一样。KPI 要经过评估打分，绩效结果强制分绩效等级，然后与激励兑现挂钩完成闭环；OKR 不能应用于考核打分，而是通过上下级的沟通反馈，制订改进计划，明确下一步行动方向，以这种方式完成闭环。OKR 千万不要打分，要以能提供事实数据的关键事件作为团队沟通及下一步行动改进的闭环基础，如果 OKR 可以做考核，也可以做激励，那和 KPI 有什么区别?

第三，应用环境不同。OKR 在互联网企业应用非常广泛，而在传统行业应用非常少，比如建筑业、制造业、农牧业等。互联网行业的边界比较模糊，环境变化很大，更多带有探索与创新的性质，很难定义明确的商业结果，此时需要 OKR 进行试错与迭代，不断逼近结果和目标。相对互联网，传统产业结构比较稳定，环境变化影响不是太大，用 KPI 进行战略落地与评价是完全可行的。

企业如何选择，是使用 OKR 还是 KPI 呢? 选择的依据可以基于以下三个条件。

条件 1：应用场景。企业所处行业如果变化比较快，受外部环境影响较大，或者开拓新业务，或者是处于战略转型期，未来发展前景不明朗，需要一个试错期来验证，此时 OKR 是合适的选择；如果是成熟行业，行业结构变化并不大，那就用 KPI 好了。

条件 2：管理基础。如果企业还没有建立绩效管理体系，最好不要使用 OKR，因为此时很容易把 OKR 当成与 KPI 一样的绩效考核工具，而非持续沟通反馈工具，一用就会错。企业有了一定的管理基础，清楚 OKR 与 KPI 的利弊，了解两者的关系以及异同，能够有所甄别与借鉴，这时候就可以做灵活的选择。

条件 3：文化氛围。如果企业是控制型与服从型文化，无须过多的沟通与讨论，强调快速执行与效率，应用 KPI 较好；如果企业结构比较扁平，需要大量的持续沟通与反馈，强调集体智慧，那么 OKR 是更好的选择。

总之，无论 OKR 还是 KPI，都要了解工具背后的意义，而非人云亦云，所谓“我之良药，彼之砒霜”，不存在屡试不爽的法宝，有的只是不断地行动，犯错，改进，再行动，再犯错，再改进，这样才能有所提高和精进。

五、企业如何构建战略—绩效一体化

尽管战略解码要导出重点任务与战略 KPI，但战略 KPI 并非孤立存在，是企业绩效管理的重要组成部分，这就涉及企业战略—绩效一体化的问题。

很多企业，包括很多管理者，将绩效管理看作人力资源管理的一部分，包括人力资源管理的分类中也将绩效作为核心模块之一，比如称作绩效薪酬。这种认知带来的结果就是，所有人都认为绩效管理是人力资源部的事，其他部门仅是配合而已，你牵头你负责，不想干我就应付，“上有政策，下有对策”，最终人力资源部疲于奔命，绩效管理形同虚设，不了了之。

这是巨大的误区。从人力资源管理的视角谈绩效，很容易变成专业技术问题，陷入种种细节之中，同时变成一件让所有人都抵触的事，认为人力资源部“挟天子以令诸侯”，以公司之名，行考核之实。

所以，从切入点上，要打破从人力资源管理角度看绩效的惯性思维，上升到战略视角更为准确和恰当。以战略视角谈绩效管理，有三层含义。

（一）绩效要具备战略导向

绩效是对战略结果的评估与管理，这既是绩效管理的首要含义，也是最重要的含义。企业要生存发展，没有结果一切都是零，其中最重要的结果就是战略目标的达成，如果战略目标只是豪言壮语，不能落地，无法实现，没有任何意义。所以，绩效管理天然就具备了战略导向，而非人力资源管理导向。

（二）绩效要承接战略分解

企业管理的一大难题，就是如何保证企业内各级业务单元的目标与企业目标保持一致。各层级部门做出的结果就是企业想要的战略结果，绩效管理就要想办法保证上下目标一致，要依靠绩效管理这根“指挥棒”指挥企业唱“合唱”，而不是“独唱”。所以，绩效管理要承接战略解码，要对各层级进行战略分解，要将战略意图与战略路径贯穿到企业基层，这样才有可能保障战略目标的达成。

（三）绩效要做好企业绩效

人力资源管理层面的绩效，更多聚焦于对个人绩效的评估与评价，这是由人力资源管理的天然属性所决定的，但上升到企业层面，显然更应该重视各业务领域及职能领域的绩效状况，也就是各事业部、各分 / 子公司、各团队、各项目、各部门的绩效，我们一般把这些统称为企业绩效，先有企业绩效，再有个人绩效，而不是相反。所以，最重要的是先做好企业绩效。

那么，企业如何构建战略—绩效一体化？

战略—绩效一体化建设的基础是战略解码。战略 KPI 是战略地图呈现的战略路径的衡量指标，没有战略 KPI，就无法衡量战略是否达成，同时，战略 KPI 是绩效管理中的重要环节，也是战略落地的具体载体，又是企业绩效的核心组成部分，值得企业高度重视。

企业绩效一般包含三部分内容：首先，战略承接的部分，也就是战略 KPI，权重应该最大，优先级别最高；其次，关键职责部分，本部门或本团队的核心职能，“干什么吆喝什么”，理所当然成为企业绩效的组成部分；最后，上级要求，上级单位或上级领导特别要求的内容，也需要包含在内。三块内容有可能重复，但不重要，重要的是明确企业绩效的构成来源。

明确了企业绩效的内容，接下来才是管理者 PBC（个人绩效承诺）与岗位 PBC 等个人绩效的承接与设计，战略—绩效一体化应当遵循这样的逻辑过程。

除了战略 KPI，战略—绩效一体化管理体系还需要包括行动计划的制订与推进，也就是从战略主题导出的关键任务，之后再转变成行动措施与计划。

通过战略 KPI 与重点任务的导出，可以将战略成功落地，接下来将进入战略执行阶段，也就是战略—绩效一体化管理的过程管理环节，包括过程监控、战略质询以及战略复盘等内容，这些构成了战略—绩效一体化管理的支撑体系。

战略—绩效一体化管理体系突出了企业发展战略在经营管理中的核心地位，将企业战略融入企业各级责任单元及员工的日常工作，有效保证企业有限的资源投入聚焦主航道，并取得最终的绩效结果。

战略—绩效一体化管理体系将战略、目标、KPI 及任务进行层层嵌套、分解并落实，通过战略绩效考核压力传导机制，以及实时监控，形成“千斤重担人人挑，人人头上有指标”的工作氛围，对激发乃至保持企业活力起到了重要的作用。

六、KPI 是手段，绩效才是根本

战略 KPI 是战略解码的产出成果之一，用来对重点任务进行衡量和评估，最终落地形成部门或个人的绩效合约，从这个角度来讲，KPI 只是手段，绩效才是根本。

管理大师德鲁克说过一句令人印象深刻的话：我们能衡量的，只有绩效；我们应该衡量的，也只有绩效。构建以绩效为核心的文化与机制，是企业发展的基础，也是人才发展的根本动力所在。

企业的资源能力始终是有限的，有限的资源更应该聚焦关键点，重点突破，而不是“撒胡椒面”，什么都想要，最后什么都得不到。

所有的商业企业，最终都是以“绩效”为唯一衡量标准的，没有绩效，不能生存，更无法发展，这就要求将“绩效”理念贯穿企业的经营管理，同样也需要贯穿到战略解码工作中，从而避免为了“解码”而“解码”。

“绩效”理念在企业战略解码中的落地，具体体现在如下三个方面。

第一，企业文化，核心是绩效文化。

文化是企业的价值导向，推崇什么，反对什么，必须有明确的价值主张。企业文化的核心，是绩效文化。

所谓绩效文化，是企业倡导的挑战高目标，积极进取型的文化，而不是安于现状，小富即安的文化。优秀企业都是以绩效为导向。比如华为，倡导“外部以客户为中心，内部以奋斗者为本，长期艰苦奋斗”的企业精神，其内核就是典型的绩效文化，任正非反复强调要“打粮食”，依然是在要求高绩效。

又如另一家优秀的企业——美的，其文化的核心是“结果导向”，这一点与华为高度相同。美的将干部分为三个类别：内部企业家、职业经营者和专业管理者。前两者以经营结果为主；后者同样是以结果为牵引，对干部的要求都是要有绩效和结果。

第二，职业发展，基础是绩效结果。

基于绩效，建立晋升制度，是绩效理念落地的关键举措之一。也就是说，员工的晋升，只是由于绩效优秀，而不是其他原因。

只有建立以绩效为条件的晋升机制，才能让大家感受到公平，因为绩效是公开的，是可以看到的，也是可以衡量的。

所以，企业要建立公开公平的绩效管理制度，针对每个企业成员所在的岗位提出绩效要求，并进行评价与区分，对优秀的企业成员进行奖励，对绩效不佳者进行帮扶，最终共同提升企业的绩效。

第三，用人所长，实质是绩效卓越。

用人所长是老生常谈，几乎每个管理者都在说用人所长，但我们对用人所长的理解存在误区。

过分强调用人所长，会使下属产生错觉：绩效不佳不是我的问题，是上级的问题，他没有发挥我的长处。这显然是不对的。

用人所长的关键在于下属愿意在自己擅长的领域挑战高目标，换句话说，针对下属的特长制定高目标，下属愿意尝试并且有信心完成，这样的用人所长才具有现实意义。

绩效是企业的核心。这体现在企业要构建以绩效为核心的企业文化，要建立以绩效为基础的晋升制度，要运用以绩效为关键的管理手段。一切围绕绩效开展战略解码活动，方是企业发展的正解。

我们能衡量的，只有绩效；我们应该衡量的，也只有绩效。

KPI 只是手段，绩效才是根本。

第五节　企业战略解码实战案例

一、某服装品牌以产品升级促动业务增长

A公司是以服装为主业的集团公司，旗下涵盖男装、女装、职业装、童装及生活家居等多项业务。该公司以男装起家，经过多年的精耕细作，其男装品牌具有了较高的知名度。之后。A公司开始筹备女装品牌，准备开拓女性市场，并将这个品牌定位为休闲时尚的都市女装，接着正式推出全新的国潮运动鞋服品牌。不久，又创立“生活馆”模式，将其作为生活方式类家居品牌。A公司陆续扩张业务领域，先后推出多项服装品牌，多元化品牌发展成为集团的重点战略。截至目前，A公司旗下的门店达到5000余家，具有较高的市场占有率。

尽管A公司的市场份额一直保持着增长，盈利能力也不错，但服装行业的成熟度很高，线下“生活馆”属于重资产经营模式，成本持续增高，再加上电商的不断冲击，以及新冠疫情的持续影响，导致A公司的业务增长不够，盈利能力不断下滑，对公司发展产生了较大的影响。

从未来发展来看，一方面，受新冠疫情的影响，一些中小服装品牌无奈退出市场，龙头企业门店保持稳定或者逆势扩张，抢占优势渠道资源，行业竞争格局持续优化，有实力的服装品牌竞争优势较大，市场份额持续提升；另一方面，国潮消费已然成为国内消费市场的关键词，为本土服装品牌带来

了较大的发展机遇和发展空间，年轻人正成为国潮消费主力军，围绕年轻客户的需求，坚持高品质、高性价比和国风情怀的品牌诉求，逐渐成为行业趋势。

此外，我国服装业已加速向质量效益转型，围绕科技化、智能化、可持续化的发展趋势，在新材料、智能制造、绿色环保等领域创新投入持续加大，创新技术成果持续涌现，科技创新已经成为服装行业高质量发展的新引擎。

在细分市场上，男装行业市场已经较为成熟，竞争格局稳定，但品牌方想要在多元化市场中保持竞争优势，需要对供应链有较强的控制力，不断推出功能品质与潮流时尚兼具的产品，以满足消费者多样化着装需求。女装行业普遍竞争激烈，目前女装仍处在消费升级和行业集中度提升阶段，职业女性的增加以及新生代女性对服装需求的多样化推动行业持续较快增长，在产品创新、服务、价格等方面更具优势的中高端女装，有望受益于消费升级获得更高增速。由于健康意识的持续提升以及户外活动增多，运动服装有望成为增速较高的细分赛道。与此同时，健康家居、品质家居已成为国人生活新常态，消费者对家居用品的科技性、功能性、时尚性等提出了更高要求，家居行业有望继续蓬勃发展。童装市场方面，新生代父母对童装品质要求有了显著提升，更加注重童装安全性、舒适性和时尚性。品牌童装纷纷加码布局电商渠道，通过数字化改造，探索线上线下全渠道融合模式，通过多维度渠道增加品牌与消费者触点，扩大市场占有率。

基于对外部环境的洞察及自身优劣势的分析，A 企业制定了未来 3 年的战略目标：积极推进战略转型，实现服饰领域的多品牌、全品类布局，以集团化运营不断夯实品牌力、产品力，强化渠道力。每年营业收入增长率不低于 30%。

根据其战略定位以及战略目标，可以绘制出 A 企业的战略地图，如图 3–7 所示。

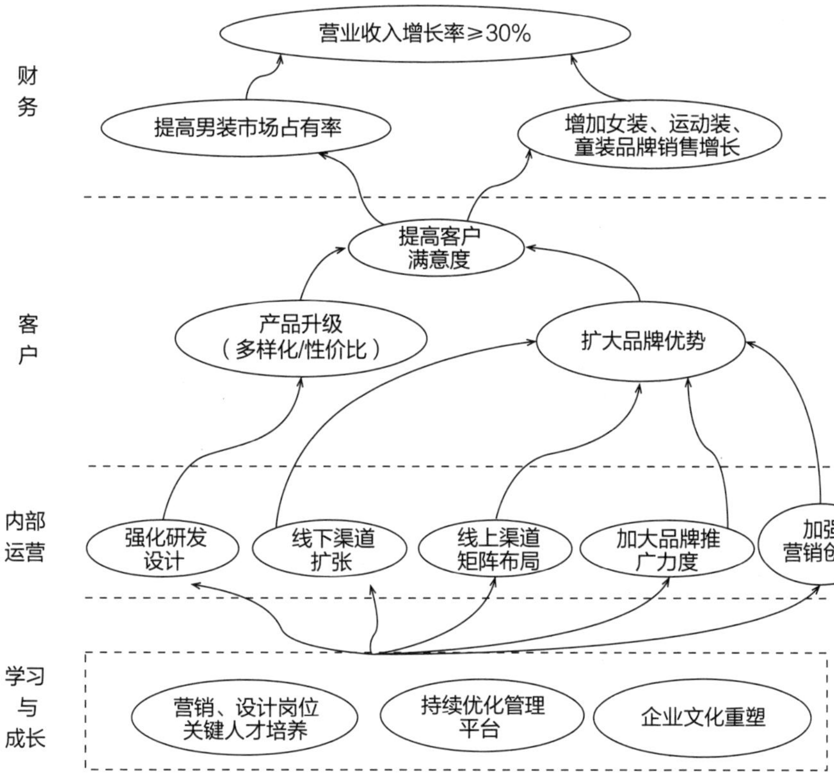

图 3-7　A 企业战略地图

第一，财务维度。

A 企业的战略目标是不低于 30% 的营业收入增长，由于企业最大的优势是男装品牌，已经具有了较高的影响力和知名度，进一步增加男装品牌的市场占有率是业务增长的重要途径之一。此外，企业近几年一直在进行女装、运动装、童装等多品牌布局，因而，多品牌服装产品的增长同样是达成营业收入提升战略目标的关键手段。所以，A 企业是通过多品牌的产品布局支撑战略目标的实现的。

第二，客户维度。

各细分市场服装品牌要实现财务目标的要求，必须提供有针对性的客户价值，这样才能提升客户满意度。男装要扩大市场占有率，关键是要做好产品升级。具体来说，需要在三个方面做升级：首先，是服装款式。目前A企业的男装仍以灰色、黑色、灰蓝、灰绿色系服装为主，总体风格较为单一，而且服装款式设计偏保守，每年的变化不大。其次，男装的品类比较少，可选择性不大，导致消费者的进店停留时间过短，转化率不够。最后，消费者集中反馈男装缺乏性价比高的品牌，既要有高品质，价格还不能太高。

除了男装的市场渗透率要持续加大，其他细分市场的服装品牌也要通过精准的品牌定位以及品牌形象带动销售增长。可以从形象代言人以及市场活动入手扩大品牌优势。选择有流量基础，形象健康，并且与A企业男装品牌调性相符的明星代言，可以快速地提升品牌知名度。此外，采用综艺节目、体育运动赞助等市场活动，同样可以积累品牌势能。

第三，内部运营维度。

客户价值决定企业内部运营的重点领域。在内部运营流程层面，A企业需要在产品研发设计、渠道布局、营销创新等多个领域进行系统升级。

研发设计最忌讳“闭门造车”和自以为是，必须以消费者需求为设计起点，要加强市场敏锐度的洞察；以目前服装品牌的线下渠道发展来看，一、二线城市竞争格局已经基本形成，“渠道下沉”策略是大势所趋，A企业要加速完成三、四线城市线下门店的布局，对于线上渠道，抖音、快手、淘宝、小红书等多个平台共同发力，比如携手头部主播提升消费者对品牌的认知和购买力，以线上渠道矩阵满足多样化的用户消费习惯，促进品牌销量增长。

第四，学习与成长维度。

要支撑内部运营系统的高效和顺畅，企业层面的学习与能力提升必不可少。从人才角度来说，对于服装行业，产品的研发设计能力以及营销创新能力是关键。若要实现产品升级，产品的持续开发能力与高素质人才的研发设计能力密切相关，而营销创新离不开思维敏捷、经验丰富的市场营销人才的贡献，因此，A企业需要对设计与营销人才进行重点招募与培养，并且要做持续性投入。

A 企业非常重视信息化的建设，不断完善覆盖产业链全流程的信息系统。在大数据时代信息技术快速变化的大背景下，企业应不断优化现有的数字信息管理系统，构建与业务更新速度同步，整合员工、财务、供应商、客户等资源的综合性数字信息系统。A 企业采取“全渠道、多平台、优势互补”的线上营销策略，在直播运营、产品聚焦、数字赋能、社群运营等领域持续发力，持续优化管理平台的运营效率。

企业文化是存在于企业之中的共同的价值观和以共同价值观为核心形成的行为准则、企业形象的集合体。对于 A 企业而言，恪守“品质铸就美好生活”的使命，以及“美好生活方式第一品牌”的愿景，构建“温馨和谐”的企业文化，才能为客户及员工提供温暖、温馨的服务，这种企业文化与 A 企业旗下各服装品牌的经营理念高度一致。

经过战略地图的研讨与绘制，A 公司总结出实现战略目标的路径和做法，构建了“以产品升级和品牌影响促动业务增长”的战略突破口，为战略执行清晰地指明了方向。

二、某制造企业以降本增效实现战略转型

X 企业成立于 20 世纪 90 年代，核心业务是液压传动元器件的研发设计以及生产销售，主要为大型制造企业做零部件配套。X 企业成立 30 年来，经过多年积累，拥有一流的研发技术平台和高素质的研发设计技术团队，并且建有省级技术中心，聚焦研发核心零部件，解决液压传动方面的技术瓶颈。

传统工业制造企业大都面临转型期。一方面加大技术投入和科技创新，掌握核心技术，增加产品含金量；另一方面深度介入消费端，扩大服务范围和提高服务水平，向“制造企业服务化”转型。

在制造业的研发端，随着互联网以及科技创新的普及，一系列新工艺、

新技术、新设备以及新材料不断涌现并获得应用，技术迭代的周期越来越短，持续性的投入和技术改造升级，是制造企业战略转型的重要途径和手段。

X 企业的战略管理工作一直由企业管理部负责，通常根据上一年的目标完成情况，并结合外部环境分析以及集团五年战略规划，编制企业战略规划报告，编制完成通过高层领导审核后汇总装订成册，然后下发到各部门。这种方式缺少高层领导的直接参与以及充分的研讨沟通过程，导致战略内容大而全，欠缺针对性，战略重点的聚焦感比较弱。

流程方面，X 企业在战略规划环节相对比较完善，但在战略解码、战略质询以及战略复盘等执行环节较为薄弱，战略是否执行，执行效果如何缺少衡量，最终没有实现闭环管理。此外，战略规划与执行落地存在明显的脱节和割裂现象，战略只是报告中的文字，执行还是在做日常的工作，计划不支撑战略目标，财务部出预算，企业管理部出计划，预算和计划互不关联，计划、预算和实际执行差异比较大，不能起到相应的管理作用，最终导致战略管理陷入“虚无”和“形式主义”。

针对上述典型问题，X 企业结合企业的战略转型，试图通过更加扎实落地的战略解码支撑战略目标的实现。实践中以战略地图为牵引，聚焦企业的战略重点，梳理关键成功因素和战略举措，协同产、供、销、研、服主价值链各环节，导出战略 KPI 及年度重点任务，然后形成企业绩效，实现全流程、全价值链的绩效管理，同时强化战略执行监控及纠偏，定期开展战略复盘及企业绩效结果应用，真正实现战略管理的闭环，帮助企业顺利完成战略转型。

X 企业的年度战略主题是“降本增效”，基于这个战略主题，X 企业对平衡计分卡四个维度的关键战略举措进行了梳理。

（一）确定财务目标

战略重点是降低成本，理应将成本降低额作为财务目标，但降低成本不是目的，根本还是在于提高经营质量。最终，X 企业将实现净利润 ×××

亿元作为年度最主要的财务目标。

有了财务目标，接下来需要确定目标达成的路径。要实现净利润目标，无非“开源节流”两个途径：增加收入 ××× 亿元，降低成本 ××× 亿元。财务目标的确定为接下来客户价值的确立指明了方向。

（二）明确客户价值

要顺利走通开源节流的战略路径，必须设计客户价值的传递方式。在制造企业服务化转型的大背景下，高性价比的产品、及时全方位的服务以及全方位降本对满足客户需求，大幅提高客户满意度具有重要价值。

X 企业明确了四条客户价值战略举措：第一，优化产品结构，提供高性价比的产品组合，大力拓展新客户与新市场；第二，提高客户响应速度，提供全方位优质服务，确保交货的及时性；第三，强化技术标准，大力提高产品质量和工艺水平，大幅提高一次合格率；第四，通过采购降本和设计降本，提升边际贡献率，提高产品竞争力。

（三）改善内部运营效率

在内部业务流程层面，X 企业通过“制度管人、流程管事”的模式实现制度化、流程化、信息化、表单化、集成化的关键业务流程管理，以关键成功因素为抓手，在顶层设计上为客户价值的传递提供强有力的基础和保障。

若要传递“以高性价比产品组合拓展市场”的客户价值，X 企业需要在提供有竞争力的产品、区域拓展标准化复制以及行业大客户攻坚三个方面重点发力。

针对“交货及时性”的客户价值，X 公司要重点聚焦提升供应链效率和简化主价值链流程两个方面。此外，在对客户需求的深度挖掘、引导以及服务主动性方面也需要加强。

制造企业的关键成功要素之一是产品质量，为了大幅提高一次合格率，X 企业应该在质量体系、设备稳定性、生产工艺、生产效率、外购质量等多个方面进行持续精进与优化。毕竟，一次合格率是 X 企业最重要的绩效考核指标之一，这个指标如果达不到客户的要求，其他做得再好价值也不大。换句话说，一次合格率就是X企业内部运营改善的主要矛盾，俗称“牛鼻子”。

在降低成本方面，通过梳理及分析成本结构，发现采购和设计是成本占比最大的两个业务环节。一方面，企业的采购数量比较庞大，涉及零部件、零配件等备品备件以及生产易耗品；另一方面，由于企业很多大客户的需求均为非标产品，设计变更比较多，设计人员与客户往往经过反复沟通后依然无法确定设计图纸，致使生产环节的节奏和效率一直不高，造成了极大的浪费。经过分析，X企业决定在采购流程、供应商管理、采购模式以及设计流程、设计材料选用等方面进行降本。

（四）提升关键能力

客户价值的确立，内部运营效率的优化，是为了实现财务目标，最终要通过“人”达成，也就是企业的人才体系、信息系统以及制度建设等资源的合理配置与协同。

根据价值主张及内部运营的要求，X企业确定了以下三项内部关键能力的战略举措。

第一，建立企业绩效管理体系，打通从战略目标到企业绩效、个人绩效的逻辑关系，建立起以战略KPI为核心的企业绩效，以结果为导向的PBC（个人绩效承诺），以战略为牵引，用绩效做抓手，构建战略—绩效一体化管理体系。

第二，强化企业干部及关键岗位人才的培养体系，尤其是采购和设计人才，紧密结合企业战略主题和战略举措，全面提升干部带团队、做业绩的团队管理与领导技能。针对关键专业人才，重点是提升其系统思考能力以及从整个业务链角度管理的专业能力，此外，做实干部“接班人”培养体系，储备一支数量充足、质量优良的后备管理人才队伍。

第三，进一步加强企业文化的建设与落地，通过加大宣贯力度、拓宽传播矩阵以及丰富业余活动等多种方式将企业文化真正落到实处，提高企业各级组织的凝聚力以及战斗力。

战略举措梳理完成之后，在财务目标指导下，从财务、客户、内部运营、学习与成长四个维度对公司战略举措进行逐层对应，绘制企业级战略地图（图 3–8），并结合四个维度战略举措的分布需求，按照适当比例进行资源配置。

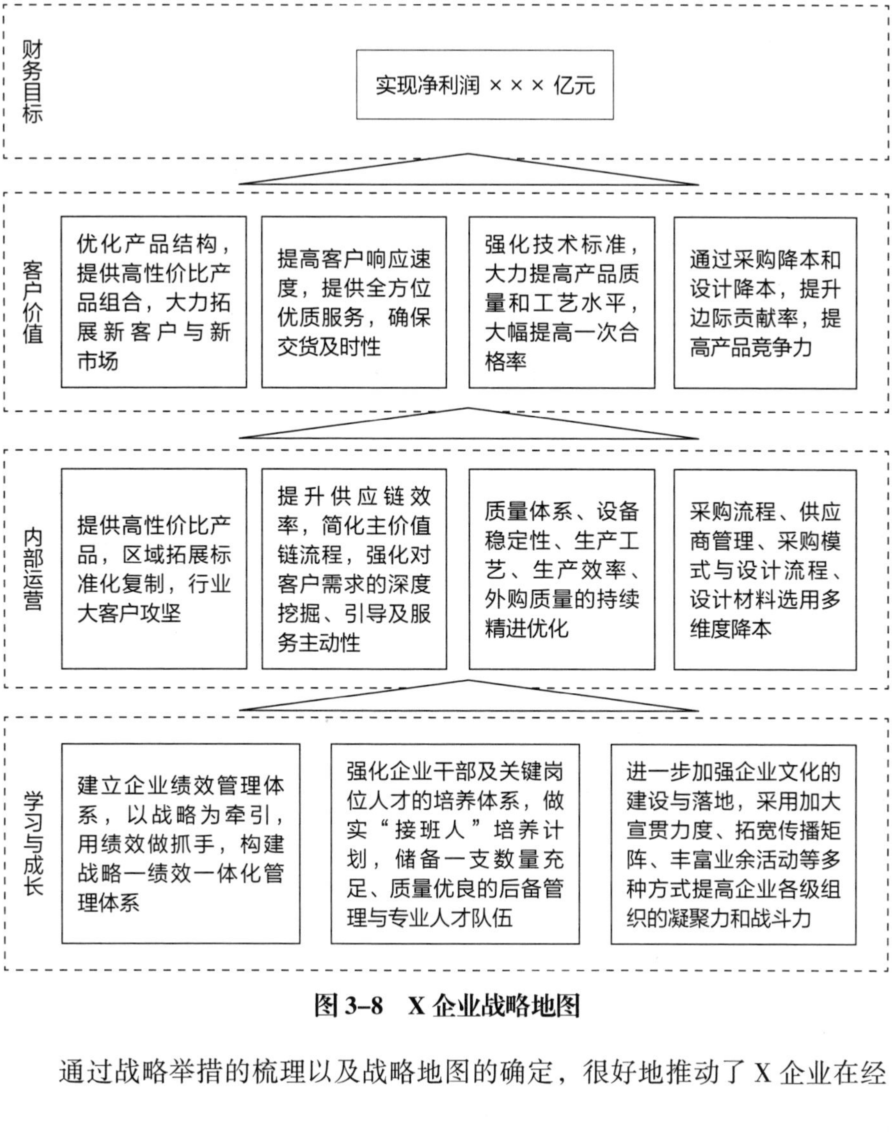

图 3–8　X 企业战略地图

通过战略举措的梳理以及战略地图的确定，很好地推动了 X 企业在经营管理方面的改善，主要体现在以下三个方面。

第一，业务管理方面。一是推动了战略目标的有效落地。通过战略地图的构建及应用，X 企业实现了战略规划—策略计划—预算制定—执行监控—经营分析—考核评价的闭环管理。二是使战略目标的落地有了可靠的执行抓手，不再像之前一样“看天吃饭”，即使出现问题，也可以进行追溯，从而避免同样的问题重复出现，极大提高了企业的管理水平。

第二，目标管理方面。在战略地图基础上，从各战略举措导出了年度重点任务及战略 KPI，并且进行了企业—部门—个人的纵向分解，形成“千斤重担众人挑，人人头上有指标”的责任链。除去纵向分解，战略 KPI 还需要让各部门“共同看见”，通过研讨，将战略 KPI 在各部门间进行分配，完成了战略 KPI“上下对齐，横向拉通”的局面，强化了目标平衡，实现了运营效率的优化。

第三，绩效管理方面。X 企业将平衡计分卡融入绩效体系的改善，让绩效与战略的衔接更加紧密。企业整体指标框架的搭建离不开企业各级部门的协同配合，依据战略地图的牵引，采用“上下结合”的方式搭建了企业整体考核指标体系。对 X 企业而言，改进现有的绩效管理体系，将平衡计分卡运用于企业绩效管理是推动企业价值创造与转型升级的关键步骤。从企业战略出发，建立起全新的战略绩效管理体系，通过完善绩效计划、绩效沟通与绩效考核等各个环节，切实地优化了企业的绩效管理体系，推动了战略与绩效的深度融合。

三、某科技企业以技术创新突破业绩瓶颈

Y 企业是一家高科技化工企业，主要生产化工产品，属于精细化工行业，对产品的技术及质量有较高的要求，该行业目前主要由世界 500 强跨国企业占据大部分市场份额，国内企业处于跟随陪跑地位，竞争优势明显不足，其产品应用场景非常多，具有非常广阔的市场前景。

自成立以来，Y 企业以“成为国际一流的高科技化工产品供应商”为愿景，立志打破跨国企业对该行业的垄断地位，成为多个行业大客户的优先选择。在愿景引领下，Y 企业认为若要具备强大的行业影响力，企业规模必须迅速上台阶，规模的扩大意味着竞争优势的强化，对行业地位的建立至关重要。

因此，Y 企业制定了“营业收入翻一番”的年度战略目标，为了战略目标的达成，经过研讨，Y 企业制定出企业级的战略举措，作为下一步战略分解的基础。

在客户价值实现层面，Y 企业认为，目前市场的主流产品有两种：一种是成熟的化工产品，另一种是技术含量很高的创新型产品。前者风险低，价值也低；后者风险高，但价值高。针对这两类产品，企业的应对策略也会不一样，成熟产品竞争的关键是性价比，创新型产品的核心是高性能、稳定及定制化。基于战略目标，Y 企业选择两类产品都要做，但重点是创新产品的研发、生产和销售。

为了保障客户价值的实现，Y 企业梳理出一系列关键的业务战略举措，比如“完善研发体系”“强化精益化生产能力”“数字化体系建设”“提高供应链的稳定性”“全过程产品质量体系落实”“降本增效”等，为客户价值的实现提供了良好的路径和指引。

长期以来，Y 企业一直注重人才队伍的建设及培养，因此，在干部队伍培养、专业化人才梯队建设、绩效与激励体系完善、强化员工关系以及企业文化落地等方面同样是重要的年度管理举措。

将客户价值的实现途径、业务战略举措以及管理举措进行组合，就可以设计出 Y 企业的年度战略地图，为战略目标的达成规划出了清晰的作战路径，在战略地图基础上，导出年度重点任务，经过梳理合并，形成 Y 企业的年度“必赢之仗”清单，如表 3-6 所示。

表 3–6　Y 企业年度“必赢之仗”清单

序号	战略举措	年度重点任务	挂帅	责任部门
1	强化精益化生产能力	建立符合国际标准的创新产品生产线	× 总	工艺部、质量管理部、设备管理部
2	全过程产品质量体系落实	产品质量管理标准建立并在全公司推行	× 总	研发中心、生产中心、质量管理部
3	完善研发体系	研发队伍充实，研发项目管理体系建设	× 总	研发中心、人力资源部
4	降本增效	全价值链降低成本	× 总	研发中心、财务部、供应链管理中心
5	数字化体系建设	数字化系统建设完成	× 总	信息管理部

重点任务确定好之后，还需要对重点任务的优先级进行评估排序，既是为了识别战略执行的关键点，也是为了呼应技术创新的战略主题。

年度重点任务由高层管理者牵头，经过二级战略分解后落实到各部门负责人，形成从上到下的责任网络，从而可以很好地保障战略目标的达成。

第六节　战略解码的核心，是找到突破口

战略是一个“知道”的过程，知道什么？知未来，知变化，知他人，知自己。换个角度来说，战略首先要明确去哪里（知未来），然后回答在哪里（知他人 / 知自己），通过企业的历史发展及沉淀提炼总结自身长处，也就是和同行对手相比的竞争优势，最终捕捉市场洞察的外部市场机会（知变化），从而达成战略目标。

现在与未来之间，要回答一个重要问题：怎么去？要搞清楚走弓弦还是走弓背，然后才是怎么走。前者是战略解码，后者是战略执行。

战略确定之后，执行之前，要做战略解码。战略解码是化战略为行动的过程，重点是解决共识问题。没有共识，战略执行的结果一定不会好。为什么？如果团队不了解战略或者理解程度不同，如何保证不打折扣地执行？如果战略不能形成责任锁定，如何保证团队高效协同？如果战略无法转化为关键行动，如何保证激励与资源的优化配置？

基于上述分析，战略解码要达成三个共识：以战略地图达成战略共识；用战略 KPI 形成责任共识；用重点任务生成行动共识。有了共识，就有了执行的基础。

战略地图通常用平衡计分卡绘制，将实现财务目标的多项战略举措分别归于客户、内部运营以及学习与成长各维度，找寻各战略举措之间的因果逻辑关系，共同支撑财务目标的实现，同时完成团队对战略一致性的理解。

达成了战略思想共识，从战略举措导出了战略 KPI，企业绩效有了着落，战略分解为重点任务，还需要梳理和思考，战略执行的关键在哪里，是否找准了突破口。一旦找到，企业的资源要做重点投入，全力以赴做攻坚，方能起到事半功倍的效果。

所以，战略解码的核心，是找到突破口。如何理解突破口？下面用三个案例做说明。

案例 1：TCL 如何打赢彩电战？——“以速度抗击规模”。

20 世纪 90 年代中期，国内彩电企业通过“价格战”击败日立、松下、索尼等外资品牌，一举夺回国内市场，长虹、康佳和 TCL 三足鼎立，长虹的体量比后两者相加还要大，一时风头无两。长虹运用金融杠杆和绑定大经销商（郑百文）的渠道霸权模式让其他彩电厂商苦不堪言。

TCL 反其道而行之，绕开一二级大经销商，支持中小经销商，建立专卖店，直接面向消费者销售彩电，对经销商和专卖店给予定价权，结果销量与影响力快速增长，当长虹的大量彩电还囤积在经销商仓库中时，TCL 的彩电已经在消费终端产生了销售，这就是中国家电史上著名的“以速度抗击规模”的深度分销模式。TCL 能够打败长虹，扎根消费终端建立营销企业，快速产生销售和影响力，就是战略突破口。

案例 2：新希望如何成为农牧业巨无霸？——“规模化产业链”。

农牧行业是传统行业，产业链涵盖“种子、种植、饲料、养殖、屠宰、食品、流通、销售”等多个领域，涉及面广，传统农牧企业大多从事产业链的某一环节，相互协同。新希望以饲料起家，为养殖户提供饲料，赚取相应利润。

新希望逐渐发现，饲料不再是一个能够在农牧行业中产生盈利和价值的业务板块，产业链已经向消费端和食品端延伸。并且，行业的评价系统发生了改变，之前由养殖户评价，现在变成消费者评价，原来评价饲料好不好，猪养得好不好，现在已经变成评价肉质好不好，话语权掌握在消费端。

食品安全变得越来越重要，对农牧企业提出巨大挑战，虽然只参与产业链某一环节，可一旦食品端安全出问题，产业链中的每个企业都脱不了干系。因此，安全是整个产业链的事情，而非某一个企业。反过来说，要想解决安全问题，必须控制整个产业链。

基于产业链价值延伸趋势以及食品安全两大要素的思考，新希望开始做产业链的上下游延伸，涉足全产业链业务，并将产业链的每个环节实现规模化，有规模才有竞争优势，也就掌握话语权，才能掌控产业链。目前，规模较大的农牧企业基本都涉足全产业链业务。“规模化产业链”是龙头农牧企业的战略突破口。

案例 3：陕鼓如何实现制造业战略转型？——“饱和式服务”。

制造业转型是热门话题。传统制造企业只做产品，销售完成之后基本就和客户告别，等待客户的二次购买。制造企业通过产品只能和客户产生单次接触，若想产生更大的利益回报，则要把单次接触变成多次，也就是从产品走向服务，这也是制造业转型的主要战略——从产品向解决方案转型。

陕鼓集团，主营压缩机、鼓风机的生产与销售，从产品售后服务开始，逐渐为客户提供维修改造、备品、备件、金融等服务，之后为客户提供气体运营、水处理等服务业务，最终建立能源互联岛，成为系统解决方案供应商，与多个企业构建服务生态，实现从产品到服务的转型。

陕鼓经历了从附加服务到业务服务化，再到服务产品化，最终实现服务网络化的服务转型，逐渐通过全方位的服务业务为客户提供核心价值，其战略突破口总结为“饱和式服务”。

战略突破口找到之后，就要以超过主要竞争对手的强度配置资源，高度集中人力、物力和财力，实施饱和式攻击，从而实现重点突破。

那么，既然战略突破口如此重要，它又具备哪些特点呢？

特点 1：差异化。

企业原有的模式与打法不可能成为战略突破口，上述案例中，四个企业都采取了和行业通常打法截然不同的模式，从而一举扭转竞争格局，开创新天地。战略突破口首先表现出差异化特点，和企业旧有习惯、行业常规路径迥异，而是新模式、新思路、新打法，一切与创新有关，与固守无关。

特点 2：真增长。

战略突破口带来的“高增长”，是真增长，而不是存量的修修补补，只有增量才能代表趋势和未来。战略指向增长，没有增量，谈何增长？没有战略，一定“内卷”，因为看不到增量，找到突破口才可能有增量，否则，始终在“朝三暮四”或“朝四暮三”间徘徊，这只是结构调整，而不是真增长。

特点 3：极简单。

战略突破口的找寻需要思考，全面且有深度，想通想透，一旦选定，表述一定要极度简单，简单到用关键短语和一句话能说清楚，目的是便于理解和执行，越简单越容易理解，越简单越利于执行，比如“以速度抗击规模”“规模化产业链”等，一针见血，一句话把重点说清楚，如果战略突破口的表述过于复杂，说明还是没想清楚。需要注意的是，战略突破口的思考和确定是非常困难的事情，绝不简单，想清楚后的表达和传播一定要简单，这是两回事。

企业如何才能找到战略突破口？可参照如下四个方法进行训练。

方法 1：深度思考。

从行业现状倒推发展历史，站在现在回归过去，分析行业面临的典型问题，不断总结归纳行业痛点，并小心求证，以同样的思路对本公司进行思考，找到公司的痛点。只有找到痛点，也就是堵点，才有可能找到战略突破口的发力点。

思考不简单，需要投入时间和精力，陷入没有思路或毫无头绪的思维痛苦是常见的状况，不必灰心，深度思考重要的是形成思考习惯，行业痛点怎么可能是轻易解决的？相信时间，付出试错成本，这都是必须经历的过程。

战略突破口的选择显然不能仅仅停留在思考层面，在实践上，可以借助战略地图的设计进行训练，企业年度战略地图绘制完成后，需要总结战略路径，战略路径的提炼过程就是战略突破口的迭代和确定过程，不断重复，持续练习，逐渐就会对战略突破口有所觉察。

方法 2：精准定义。

思考总结行业痛点，要精准定义解决行业痛点面临的主要矛盾。陕鼓看到制造企业产品制造的单一性，得到“产品的一次性接触与多频次无法触达”的主要矛盾，从而选定“饱和式服务”的战略突破口；TCL 看到行业老大与渠道老大的结盟，洞悉出“渠道被垄断与无法产生销售”的主要矛盾，选择绕开大渠道商，团结中小经销商，在销售终端建立专卖店做战略突破。

主要矛盾只是依靠分析思考进行识别与定义还不够，实践中需要试错，并付出一定的成本进行验证，从战略突破口的角度来看，这个成本需要付出，也值得付出。

方法 3：坚定选择。

主要矛盾定义清楚，接下来要做选择，选择是痛苦的，尤其是失去很明确，但得到也很模糊，更加考验企业领导层的战略意志力。坦白说，战略突破口的选择带有“赌”的性质，而企业家在某些关键时刻需要有“赌”的魄力，这是多年腥风血雨、市场搏杀练就的敏锐和胆识，学校教不出，书本学不到，嗅觉占据上风。

方法 4：全力投入。

战略突破口一旦选定，就要毫不犹豫把资源全力投进，英文称为“All in”。华为向产业链上游延伸，谋求技术扎根，大约每年销售收入的 15% 投入研发，没有成果也要投入，持续投入；如果向产业链下游延伸，谋求市场扎根，要向宝洁、麦当劳等世界 500 强企业学习，将每年销售收入的 20% 投入市场宣传与营销推广，建立强大的品牌占据消费者心智。持续 All in，才有可能听到上帝的脚步声，不是离你远去，而是向你而来。

战略解码其本质是一套逻辑体系，它在执行之前，帮助企业完成从战略目标到实际结果之间的路径选择及验证，接下来就是战略执行阶段，方向越明确，赛道越明晰，执行速度才会更快，战略突破口就相当于赛道，直指战略目标，一剑洞穿，资源聚焦，收获结果。

战略解码的核心，是找到战略突破口。

▶ 第四章 ‖

战略执行：从战略目标到战略结果

第一节　企业执行：执行体系建设

一、企业执行典型问题

战略管理通常分为战略制定、战略解码以及战略执行三个阶段。执行，是个老生常谈的话题，只要有企业，就存在执行的问题。执行一般分为三个层次，分别是企业执行、团队执行和个人执行。

战略执行有两个含义：一是企业层面的执行体系构建，二是三个层次的执行匹配。无论怎样的含义，战略执行的目的，都是将战略目标最终落地转化为战略结果，没有结果，再伟大的目标也只是“空中楼阁”。

中国传统文化相对更强调个人的作用，无论是《礼记·大学》的“修身，齐家，治国，平天下”，还是王阳明的修心三法——心上修，舍中得，事上练，都强调个人成长与修炼的重要性。文化的影响是深远的，大多数企业在执行中也更看重个人的执行能力。

总想靠能人解决所有问题，有没有、能不能找到这样的能人先不谈，企业内部主要的人才培养方式是岗位实践，业绩不错晋升到更高的岗位。这种培养模式决定管理者擅长具体业务，思维具有“具象＋点式”的特点，缺乏高度和系统性思考。也就是说，执行能人很难通过培养的方式大批量获得。

此外，更多依靠个人的执行能力，会忽视体系建设。从战略规划到战略执行，是需要体系支撑逐步落地的。战略是一套逻辑假设系统，逻辑上成立，实践未必成功；但逻辑上不成立，实践肯定不会成功。国内企业普遍在体系建设上偏弱，比如，国内企业普遍喜欢执行力的培训，只要结果，不管过程，简单粗暴，“我只要结果，执行是你的事”，这种观点大行其道。而世界500强企业，很少做执行力的培训，尤其重视项目管理的培训，因为项目管理是一套科学的做事系统，绝非“喝鸡汤”“打鸡血”的喊口号式执行力培训可比。

在以个人能力为执行核心的普遍前提下，企业执行通常会面临以下三大典型问题。

问题1：无标准做法。

个人能力具有较大的差异性，执行责任人不同，执行的效果也会不同，不能形成标准化做法，没有标准化也就不可能复制，目标完成或完不成，原因无非执行能力强或不强，打到哪里算哪里，企业执行变成了“碰运气”，运气好，能力强，目标就能完成，反之，目标就完不成。

问题2：无追溯机制。

没有标准打法就无法形成追溯，要查找执行成功与否的经验或教训很难，能力成为唯一的因素，缺乏关键过程节点的梳理及分析。从执行起点到终点的逻辑关系没打通，就无从追溯，也就不能总结出有价值的经验或教训，执行能力不能形成企业积累。

问题3：无经验沉淀。

面对外部环境的急剧变化，执行能力需要调整及更新。前一阶段的执行情况如果不能追溯，很难有经验沉淀下来，执行是否要调整？如何调整？这样的问题找不到答案，最终的结果就是错误年年重复犯，改进提高只停留在口头上，不能落实到具体的行动中。

二、企业执行1+1系统框架模型

企业执行1+1系统框架模型是企业执行的方法论，如图4–1所示。

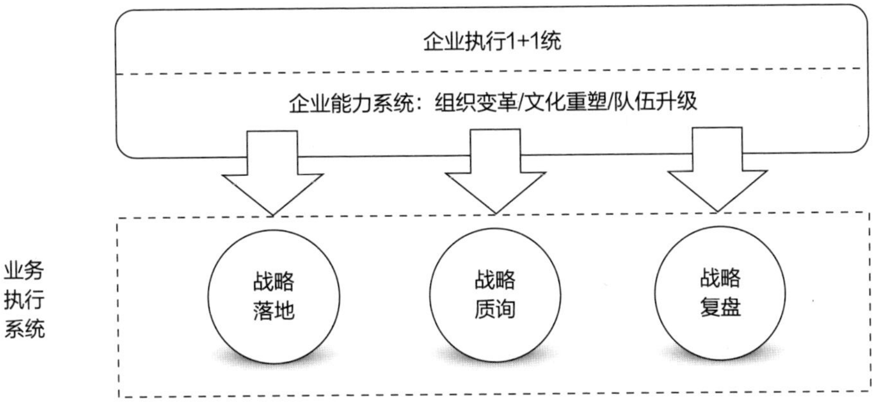

图 4-1 企业执行 1+1 系统框架模型

企业执行系统由两部分构成：一部分是围绕业务展开，基于战略目标的行动计划、过程纠偏以及总结复盘的业务执行系统；另一部分是围绕能力展开，基于业务高效运营的组织系统变革、企业文化重塑以及人才队伍升级的企业能力系统。前者聚焦业务，后者关注能力；前者是目的，后者是手段。

三、业务执行系统：从战略落地到结果复盘

业务执行系统包含战略落地、战略质询与战略复盘三大模块。战略落地聚焦行动计划，战略质询解决过程纠偏，战略复盘侧重规律总结。

（一）战略落地：从战略目标到行动方案

战略落地的核心是行动方案，也就是围绕战略目标的具体打法。比如目标是攻打某个山头，是正面进攻还是侧面进攻？谁是主攻？谁是副攻？进攻受阻怎么办？各团队之间如何协调配合？等等，这些问题需要提前思考、设计并准备好行动方案，才能最大限度地保证行动有效，聚焦结果达成。

在制定战略落地的行动方案时，企业常用的方法有两个：一个是年度重点工作法，另一个是战略举措分解法。

1. 年度重点工作法。

年度重点工作法就是按照业务和职能领域的类别分别确定年度重点工

作，比如市场营销、研发技术、项目运营、生产制造、人力资源、行政后勤等。确定年度重点工作的方式有两个：一是从上到下。由公司指出业务 / 职能领域的年度重点工作方向，然后各业务 / 职能领域再将重点工作明确化。二是从下到上。由各业务 / 职能领域直接提报重点工作，公司相关部门汇总后确定年度重点工作。

年度重点工作法的使用范围很广，目前很多企业都在运用该方法做战略落地。但这种方法有以下三个突出问题。

第一，重点不突出。各业务 / 职能领域都提出重点任务，数量比较多，而且基本都是从本部门职能角度出发，不是战略导向，无法抓住重点，对于什么是重点任务的说明和标准并不统一，理解也不一致，往往将日常工作作为重点任务，稀释了重点工作的意义。

第二，统筹性不强。缺乏主线牵引的统筹性作用，单兵作战的特征很明显。很多领域的重点工作是围绕部门目标而展开的，多个重点任务之间缺乏协同与衔接，容易导致执行的整体效果不明显，“纲举目张”的统筹功能也无法得到体现。

第三，目的性不明。重点任务的目的性不够明确，不知道为什么而做。某些重点工作虽然完成了，但没有达到预期效果，对整体战略目标的达成也不能起到支撑作用。任务和责任没有层层分解和落实，时间过半，一些重点工作依然没有得到落实。

2. 战略举措分解法。

该方法按照“战略—举措—关键行动—年度行动计划”的逻辑做层层分解，结构很清晰，逻辑也很严谨。但在实际操作中，从举措到年度行动计划的分解会遇到问题。战略举措的含义相对比较宽泛，比如“提升研发水平”，每年面临的环境及形势变化比较大，具体到某个年度，战略举措如何提炼出关键行动会比较困难，而且责任不容易对齐和落实，某个战略举措的责任人界定会很困难，上下层级之间的行动计划关联性不强，容易造成年度行动计划的割裂与脱节。

但是，有问题不代表方法不好，如果操作细节得到优化，通过两种方法制定的行动方案质量会得到大幅提升，比如企业中高层管理团队共同对战略举措进行集中研讨，共同确定年度行动计划，比各部门自己制定行动计划会好得多。同时，研讨过程也是难得的思想共识形成时刻。

那么，除了上述两种方法，战略落地还有其他方法吗？答案是肯定的，这个方法就是 OGSM-T 模型。OGSM-T，是五个英文单词的首字母，Objective，目的；Goal，目标；Strategy，策略；Measurement，衡量标准；Tactics，行动方案。OGSM-T 基于公司业务统一企业的管理语言与动作，把公司战略、目标转化为清晰的可理解、可执行以及可衡量的策略与行动计划，掌握 OGSM-T 模型，对企业执行乃至企业能力的建设与提升有极大的帮助。OGSM-T 模型的结构如图 4-2 所示。

图 4-2　OGSM-T 模型的结构

OGSM-T 模型有以下三个显著特点。

特点 1：统一语言。

OGSM-T 模型让企业上下按照同一个逻辑框架来思考战略落地问题，管理语言的统一可以快速地达成共识，减少沟通成本，而且通过时间的累加，可以沉淀经验与智慧，这是企业最宝贵的财富，同时也是企业梦寐以求的核心竞争力——企业集体的学习能力。

特点 2：战略落地。

OGSM-T 模型借助“目的—目标—策略—衡量标准—行动方案”五个步骤将战略完美落地为行动计划，首先浓缩某个阶段内的战略目的（战略主题），然后将目的通过不同维度的目标体现，接着制定实现目标的策略以及策略是否具有可行性的衡量标准和行动计划，环环相扣，逻辑严密，非常有助于团队战略思维的训练与提升。

特点 3：上下互锁。

企业在制订行动计划的时候，面临的一个典型问题就是企业各层级的计划缺乏关联性，也就是企业、部门及员工从上到下的计划是割裂的，各写各的，各干各的，最后导致部门及员工的计划完成了，但企业目标依然没有实现，显然在计划制订与执行层面出了大问题。

而 OGSM-T 模型完全可以解决这个问题。根据企业责任单元的大小可以有不同层级的定义，在企业层面，OGSM-T 代表企业级的 O 与 G，相应的 S 是支撑企业目标的策略，下一级责任单元要根据企业级 OGSM-T 制定本单元的 OGSM-T，此时，企业的 S 变成了下一级责任单元的 O，企业的 M 则是下一级的 G，以此类推，通过这种上下互锁的方式形成上下一致的行动链，聚焦目标并锁定行动。

OGSM-T 模型自上而下的互锁关系可参照 OGSM-T 模型上下互锁示意（图 4-3），以更加清晰地理解。

OGSM-T 模型如何应用？在实践过程中应该注意哪些事项？

事项 1：O——Objective，目的。

需要注意，Objective 在这里不是“目标”，而是“目的”，也就是企业发展期待达成什么目的，是对目标更高层次的意义阐述。也有企业称为“使命”，但“使命”过于宏观，理解起来比较宽泛，不容易聚焦。

操作层面，制定 O 一般有三个注意事项：第一，周期不要太长。现在是谈战略执行，不是战略制订，所以，O 的周期不要跨度太大，比如制订

10 年的 O，显然不合适，一般而言，以 1 年为周期最好，最长不要超过 3 年，跨度太大没有意义。第二，数量不要太多。O 的数量太多，容易混淆重点，到策略层面支撑就会减弱，所以，只设定一个 O 最好，少而精是关键。数量越少，越容易记忆，共识层面也比较容易统一。第三，最好用定性描述。O 更多是对企业某个周期内做到什么程度的状态描述，最好有画面感与兴奋度。所以，一般都采用定性的描述。比如，“2024 年成为行业领导品牌”就比“2024 年完成营业收入 10 亿元”更有画面感与想象力。

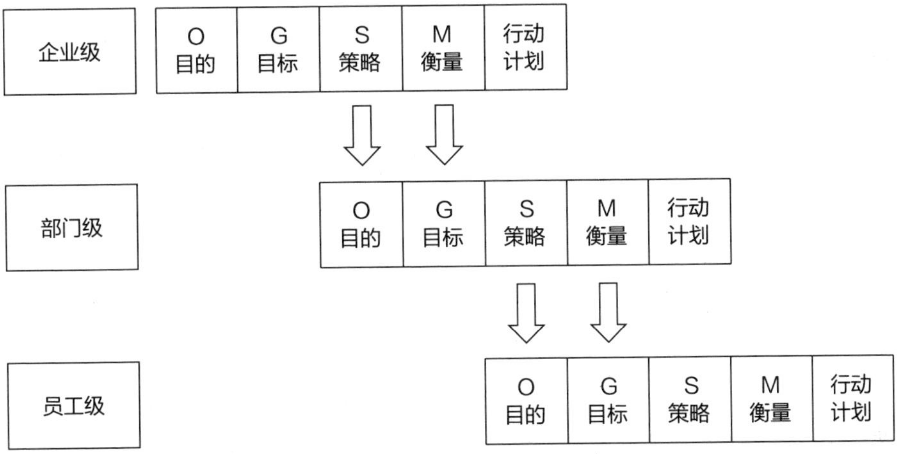

图 4–3　OGSM–T 模型上下互锁示意

将企业的战略浓缩，并用“Objective”的方式写下来不是件容易的事，在年度周期内，企业往往会制定不少目标，此时，需要深入思考企业的主要矛盾，并将主要矛盾的解决作为“Objective”，O 是战略执行的起点，它的质量决定后续 GSM–T 的质量。

总之，O 代表企业一年内要解决的主要矛盾，最好把 O 定为“战略主题”，比如“品牌的大幅提升”“新客户的大力拓展”等。这样，在年度战略主题的指引下，就可以定义年度目标（Goal）了。

事项 2：G——Goal，目标。

如果说 O 可以用定性的方式来描述，那么，将目的具象化，变成定量的数字，就是 G，对企业战略落地而言，G 至关重要，因为它是 O 的直观体现，是衡量 O 是否实现的标志，也是指导下一步行动策略的核心依据，更是对管理者能力的考验。

在制定 G 的过程中，企业通常容易犯以下三个错误。

错误 1：目标不量化。

如表 4-1 所示。战略主题（O）是“品牌知名度大幅提升”，之后围绕这个 O 制定了四个年度目标，首先，目标不量化，不知道做到什么程度，比如“市场占有率提升”，做到多少代表提升呢？不知道。其次，四个维度的目标都达成了真的能实现品牌的大幅提升吗？答案也是不知道。

表 4-1 “目标不量化”示例

战略主题（Objective）	年度目标（Goal）
品牌知名度大幅提升	建立多元化的传播渠道
	市场占有率提升
	品牌指数升级
	客户口碑传播率提高

因此，不能量化，就无法衡量，也就不能进行评价，O 可以定性，但是 G 一定要量化。

错误 2：目标无结构。

目标制定没有进行逻辑思考，只是简单的数字累加或拆分，对后续的策略筹划起不到应有的指导作用，这样的目标意义并不大。

比如“目标无结构”示例（表 4-2），先不谈战略主题（O）并没有体现定性描述与主要矛盾，年度目标虽然做到了量化，却变成了按照时间顺序进行的数字累加，缺乏逻辑性的思考与设计。这种做法实际上并没有什么意义，对接下来的策略设计并不具备牵引与指导的价值，因为还是不知道从哪些方面入手才能实现目标。

表 4–2　“目标无结构”示例

战略主题（Objective）	年度目标（Goal）
实现营业收入 10 亿元	第一季度：5 亿元
	第二季度：7 亿元
	第三季度：9 亿元
	第四季度：10 亿元

错误 3：结构不清晰。

即使目标量化了，也有了一定的结构设计，但是因为结构并不清晰，也就是对目标达成之后，是否能实现年度战略主题没有把握，目标（G）多了还是少了？对战略主题（O）有足够的支撑吗？对这几个关键问题不能给予明确的回答。

所以，在战略落地过程中，目标的设定是非常重要的步骤，没有目标，就没有行动方向，其中，让目标具有清晰的结构设计是目标制定环节的核心内容，如何保证目标设定有清晰的结构呢？也就是说，目标（G）从哪些维度制定一定能保障战略主题（O）的实现呢？这里，有两个常用的方法。

方法 1：平衡计分卡法（简称 BSC 法）。

平衡计分卡（BSC）是战略解码的重要工具，也是绘制战略地图的载体。在制定目标时，可以参考平衡计分卡的四个维度——财务、客户、内部运营以及学习与成长——进行设定。这个方法的好处是四个维度之间有缜密的逻辑关系，彼此有关联，不必担心维度的缺失与遗漏，当然，BSC 法对管理者的要求比较高，能从每个维度中提炼出核心目标。表 4–3 是根据平衡计分卡四个维度设计的年度目标示例，供大家参考。

方法 2：关键成功因素法（简称 KSF 法）。

关键成功因素（Key Successful Factor）就是总结提炼企业的关键优势、暂时规避短板，从而构建年度目标。

表 4-3 运用平衡计分卡制定年度目标

<table>
<tr><th>战略主题（Objective）</th><th>年度目标（Goal）</th></tr>
<tr><td rowspan="4">2024 年，成为客户首选的供应商</td><td>一、财务维度
1. 市场占有率达到 50%
2. 营业收入增长率达到 30%</td></tr>
<tr><td>二、客户维度
1. 客户投诉率在行业内处于最低水平
2. 客户问题处理在 24 小时内完成</td></tr>
<tr><td>三、内部运营维度
1. 年度新产品推出的速度快于主要竞争对手半年以上
2. 全面导入 CRM 系统</td></tr>
<tr><td>四、学习与成长维度
三支人才队伍（干部、关键岗位、后备人才）的培训覆盖率达到 100%</td></tr>
</table>

找寻企业的关键成功因素可以通过两种方式进行，一种是有意识地总结、分析与提炼，从而找到那些对战略发展有突出贡献的关键因素，这个周期会比较长，短期内很可能存在找不准或找不全的现象；另一种是反向思维，从要达成 O 的关键阻碍分析入手，然后找关键阻碍产生的关键原因，把关键原因解决掉就是 KSF，后者更适合国内企业。

在长期的经营实践中，通过对关键成功因素进行扫描、分析、归纳和总结，企业就可以构建自己的战略发展模型，并从中找到持续发展的重要抓手。

战略落地 OGSM-T 模型中 O 和 G 是解决“做什么”的问题，O（目的）是对 G（目标）的统领，G 是对 O 的支撑，两者构成了企业想要做什么的方向与基本框架，很多企业都能提出具有画面感与兴奋度的 O，但未必能建立与之相匹配的 G，仅有前者只是口号，只有两者结合，才是完整有效的目标系统。

如何设定年度目标（G），体现了企业领导者系统思考的能力，是战略落地的重要组成部分，也是战略执行的基本前提。

战略主题与年度目标设定完成之后，就要解决如何实现的问题，也就是实施路径的策划。战略主题与目标制定再伟大再宏伟，如果没有实施路径，那么一切都是零，所以，从某种意义上讲，实施的路径与执行的保障是达成目标最重要的部分，再怎么强调也不为过，在 OGSM-T 模型中，是依靠策略（S）来实现的。

事项 3：S——Strategy，策略。

为什么战略清晰，结果却不好？答案是，缺少策略性思考。

如果说战略制定需要眼睛向外，寻找企业增长的机会；那么，策略性思考就是基于企业发展的方向和机会点，确定实现战略目标的打法或举措，显然，策略性思考聚焦企业内部。

战略目标确定之后，大多数企业的常规打法是目标分解与计划制订，目标由上到下层层分解，计划由下到上层层汇总。所谓计划，就是如何实现目标的行动，责任人、完成时间、资源支持、风险分析等，套路很熟悉，方法也明确，年年都在重复目标与计划，但是，所有的计划都按部就班实施完成之后，就能保证战略目标的实现吗？

我相信大部分人的回答是否定的，或者说“不一定”或“不知道”，这是非常普遍的现象，我们往往容易陷入目标与计划的技术思维，从常规执行或日常工作的视角来看待计划，而不是从战略目标达成这个结果出发，倒推执行过程中哪些是实现目标的关键环节，而这些实现目标的关键环节，就是策略。

很多企业并不缺少目标，也不缺少计划，更不缺乏制订计划的技能，但多数人仅仅把目标分解与制定当作响应上级管理要求的常规任务，没有在“战略目标达成”的目的驱动下做深度思考，并形成策略。而上级往往也没有足够的时间对计划进行碰撞研讨，对下属结果达成的承诺的兴趣远高于对过程管理的关注。

什么是策略？为什么策略性思考对战略落地至关重要？如果给策略下个定义，可能不太好界定，也不容易理解。举个例子，大家就清楚了。假如某人想减肥，制定的目标是“3 个月减重 10 公斤”，那么这个目标的策略是什么呢？有人说，每天只吃一顿饭，不吃肉，或者每天跑步 10 公里等，

显然，这些做法对减肥有帮助，但不能保证一定能够实现减肥目标，类似的做法可以列举出很多，但这些仅是行动措施，而不是策略。

策略性思考是这样的，面对“3 个月减重 10 公斤”的目标，首先思考：从哪些途径入手能大概率实现目标？或者要实现目标有哪些关键因素？从这个点入手，我们能想到的有：管住嘴，迈开腿，手术治疗，药物治疗等，后两者显然不是主流，那么“管住嘴”（控制饮食）和“迈开腿”（加强运动）就是两个关键因素，所以，控制饮食和加强运动就是减肥的两个策略，那么，针对“控制饮食”策略，可以有很多具体的行动，比如少吃或不吃肉，减少热量摄入等；同样，跑步、游泳、打球、散步等都是“加强运动”策略的行动措施。

由此我们可以看出，策略是战略目标达成的路径，也是行动的指引，战略落地更精准的含义是“战略—策略—执行”。但大多数企业的管理者更习惯具体业务问题的解决以及频频的“救火”行动，更偏向“点式”思维，导致缺乏策略性思考。

企业管理者更擅长具体行动，如果没有策略，就会陷入怪圈：什么容易就干什么，习惯什么就干什么，领导让干什么就干什么，其他同事想干什么就干什么，最后发现，该有的行动都有了，该做的事情都做了，但目标还是完不成，为什么？

策略是通过什么途径或方法达成目标的深度思考和设计的，策略要聚焦，要有取舍。策略有两个特点：第一，它要概括性地描述目标（G）实现的关键路径，也就是实现目标必不可少的方法，而不是可有可无，比如想要减肥，就要在饮食和运动两个方面采取措施，两者必不可少；第二，策略一

般是“动词＋宾语”结构的短语或短句，为什么强调动宾结构呢？便于下一步将策略转化为行动计划，这一点很重要，大家要注意。

在制定策略的过程中，一般会出现三个常见误区，即策略不够硬、策略不够全以及策略不够准。

误区1：策略不够硬。

“不够硬”的含义是制定的策略缺少针对性，过于泛化，可以反复用，没有想象力与眼前一亮的感觉。如表4–4所示，年度目标是“营业收入增长30%”，制定了三个策略，但这三个策略真能保证30%增长目标的实现吗？答案是不确定。这里需要回答两个问题：三个策略是否有效？为什么有效？如果是之前策略的重复，显然不能支撑增长目标的达成。

表4–4　“策略不够硬”示例

年度目标（Goal）	实施策略（Strategy）
营业收入增长30%	开发爆款产品
	大力拓宽高质量渠道
	提高销售人员的整体能力

误区2：策略不够全。

策略不够全是很常见的现象，列举了很多策略，但关键策略缺失，导致目标无法实现，企业很容易陷入“想当然”的误区，认为策略不少了，完全可以保证目标实现，忽略对策略的验证。当策略制定完成之后，可以做一个验证，不断问自己“这些策略完成之后，是否目标能够达成？”如果不确定，那就要回头再检视策略的制定是否存在遗漏。

误区3：策略不够准。

策略不够准同样是个典型现象，策略跑偏，与目标根本无法形成支撑关系，两者自说自话，没有任何关联。如表4–5所示，“客户满意度提高10%”是年度目标，为了达成目标制定了相应的策略。但稍微判断一下就会发现，策略都完成了也不能保证客户满意度的提高，因为这三条策略都是针对企业内部制定的，和外部客户的满意度没有任何关系，所以策略完全偏离了。

表 4–5 “策略不够准”示例

年度目标（Goal）	实施策略（Strategy）
客户满意度提高 10%	提高客户满意度调研的专业性
	重新设计客户满意度调研问卷
	加大客户满意度考核的范围与比重

了解了策略制定的典型误区，推荐以下三个比较好用的方法制定有效的策略。

方法 1：管理模型法。

管理模型是解决某一类问题的通用方法论，并用结构化或可视化的方式进行呈现。比如平衡计分卡、SWOT 等，并非只有经过检验的成熟的模型才算管理模型，企业可以摸索并创建符合本企业特点的管理模型，既可以沉淀方法论，又可以统一语言，一举多得。当某个目标设定之后，从哪些维度或结构来支撑目标的达成，这就是策略，比如“人、财、物”就是最简单易行的管理模型，还有制造企业常用的“人、机、料、法、环”也是经过验证的成熟管理模型，企业完全可以照搬“抄作业”。

方法 2：头脑风暴法。

头脑风暴是普遍的群体智慧激发的方法，适用性比较强，是一种常用的方法，为大部分企业所采用。针对年度目标，团队成员都可以深入思考，畅所欲言，提出自己能想到的实现目标的策略，在他人策略的基础上，可以不断延伸与嫁接，最后经过汇总、筛选与总结，找到实现目标的关键策略。需要注意，头脑风暴的基本原则是以数量取胜，所以策略数量足够，但能否找到关键策略，就要考验企业管理者的思维高度以及对业务的熟悉程度，这是运用头脑风暴法的挑战。

方法 3：反向验证法。

如果说头脑风暴法是从正向确定实现目标的策略，反向验证法就是从另一个角度来设定策略。团队成员共同思考“不能达成目标的原因有哪些？”诸多原因列举出来之后，将原因归类整理，根据二八法则确定关键原因，把关键原因消除就是策略，比如增长目标无法实现的一个关键原因是“新客户数量不足”，那策略就是“大力拓展新客户”，通过反向验证来设计策略相对比较简单，团队成员的理解以及操作难度都会大幅降低。

注意，策略（S）并不是支撑战略主题（O），而是支撑目标（G），一个目标可能由一个或多个策略支撑，但一个策略不能支撑多个目标，如果出现类似情况，就说明目标不明确或过于宽泛，在理解方面出现了偏差。

从目标到策略，是战略落地的关键环节，只有打通目标与策略之间的路径，行动才会围绕策略而展开，对目标的达成更加聚焦和有针对性。

有了制定策略的方法，未必能理解和掌握，策略性思考的日常训练要比方法更重要，如何在工作中进行策略性思考的训练呢？

第一，深度思考，挖掘本质问题。

首先，要对企业或团队的问题有深入的理解与洞察。团队的问题有很多，哪些是表象问题？哪些是深层次的问题？哪些是本质问题？这些问题之间的关联有哪些？需要管理者逐一进行分析与判断。

比如某销售团队业绩一直上不去，始终在原地徘徊，团队负责人认为成员能力有问题，于是采取开会培训、带教、陪访等方法提高人的能力，但团队业绩依然没有显著提升，后来才发现，是激励机制有问题，销售提成基数是销售额，导致销售团队一直在“啃老”——老客户。老客户有信任，成交简单，但随着合作的深入，老客户的合作空间变得有限，而新客户开发难度大，成交周期长，所以销售团队不愿开发新客户，导致业绩增量很难达成，了解了这一点，就要对激励机制进行调整，按照客户结构进行设计，新老客户的提成比例要不一样，鼓励大家多开发新客户，问题迎刃而解。

只有对团队的问题有深刻洞察，在策略的制定上才能针对关键问题进行展开，这样的策略也才是有价值的，否则就会浮于表面，无法对症下药。

第二，少就是多，聚焦关键策略。

策略是越多越好，还是越少越好？显然，策略越清晰，支撑越强越好。所以，策略一定不能多，多了就没有了重点，也失去了落地的焦点。

企业管理者要树立“Less is more”（少就是多）的基本原则，聚焦关键策略，而非面面俱到，大而无当。关键策略的制定，又回到对问题的深入理解与洞察，思考深度不够，对问题把握不准，那么关键策略就很难提取出来。

第三，杜绝捷径，不断迭代试错。

策略是否有效，有时未必能想清楚，尤其是在外部环境变化较快的现实条件下，想不清楚怎么办？那就先行动起来，速度第一，完美第二，在行动的过程中不断迭代调整，策略在很大程度上是试出来的。

大多数管理者都有“省事”的思维定式，认为目标确定了，机制有了，团队就可以自我驱动，全力去实现目标了，殊不知这是不可能的，管理者的这种“走捷径”思维一定要戒除。

“捷径”的背后，是管理者“图方便”的心态，是逃避策略性思考的典型特征，团队能力如何才能提升？团队凝聚力如何才能打造？离不开管理者与团队成员之间点点滴滴的互动与磨合，上级帮助下属找到实现目标的策略，并将策略细化为行动计划，然后不断在执行过程中监督、检查、指导与纠偏，才能大概率实现目标，否则就只是一厢情愿而已。

为什么战略清晰，结果却不好？这是很多企业面临的典型问题，问题大概率不是出在目标与计划上，而是出在策略层面，而这背后是管理者的策略性思考意识与能力的缺失，只有不断训练和强化策略思考能力，战略与落地之间才不会脱节。

从战略到落地，关键的连接点是支撑战略目标的策略设计，也就是OGSM-T模型中的Strategy，但如何检验策略（S）的完成情况呢？是否完成？完成质量如何？如果策略不能衡量，不能评价，那怎么能保证年度目标（G）的达成呢？所以，OGSM-T模型要通过衡量标准（M）实现对策略（S）的检验与衡量。

事项4：M——Measurement，衡量标准。

衡量标准（M）是对策略（S）完成情况的评价指标，最好以定量的方式呈现，M一般要和S结合起来共同制定。如表4-6所示，年度目标是“营业收入增长30%”，制定了相应的策略（S），开发爆款产品的衡量标准（M）是“新产品数量”“新产品营业收入占比”以及“新产品所占市场份额”，后两者是相对更重要的衡量标准。

表4-6　衡量标准示例

年度目标（Goal）	实施策略（Strategy）	衡量标准（Measurement）
营业收入增长30%	开发爆款产品	新产品数量/新产品营业收入占比/新产品所占市场份额
	大力拓宽高质量渠道	渠道数量/渠道销售占比
	提高销售人员的整体能力	人均销售额/优秀销售人员占比

衡量标准（M）制定时要考虑的关键问题有两个。

第一，衡量标准（M）与年度目标（G）如何做区分？

显然，年度目标是一年内企业要达成的最重要的业绩结果，是“终极”目标，衡量标准是对实现目标的某一项关键策略的评价指标，更多是过程性的结果，而且M和G是不能重合的。

第二，衡量标准（M）的设定数量有何要求？

针对某一项S，要对应多少M？M的设定，考验管理者对实施策略（S）的理解以及业务的精通程度，如果业务不熟悉，很难制定出有针对性的策略，相应地也就很难设定一针见血的衡量标准，所以，设定M的关键是回归公司业务，对业务有深入的思考与理解。M 数量太多，会失去焦点，分散管理资源；数量太少，就不能从多个角度对 S 的达成进行评估。M 的数量最好不要超过 3 个。

既然衡量标准（M）是对策略（S）的评估，那如何才能设计有价值的 M 呢？方法论层面，一般采用格里波特四分法实现，也就是从四个维度来设定衡量标准，分别是数量、质量、时间以及成本。数量维度很好理解，营业收入、利润、回款等数字化的指标都属于数量维度；准确率、满意度等指标属于质量维度；速度、及时性等指标属于时间维度；费用方面的指标属于成本维度。企业可以根据上述四个维度来进行衡量标准（M）的设计。

事项 5：T——Tactics，行动方案。

行动方案（T）就是具体的行动措施，也就是什么人在什么时间要完成什么事情，需要什么样的资源支持等，就到了行动方案阶段。

OGSM-T 模型框架结构如图 4-4 所示。实际上，OGSM-T 是解决“做什么”和“怎么做”的问题，O 和 G 帮助我们搞清楚做什么，S、M 和 T 聚焦怎么做，经过战略解码，战略目标是清晰的，重点要关注实现目标的路径和方法。

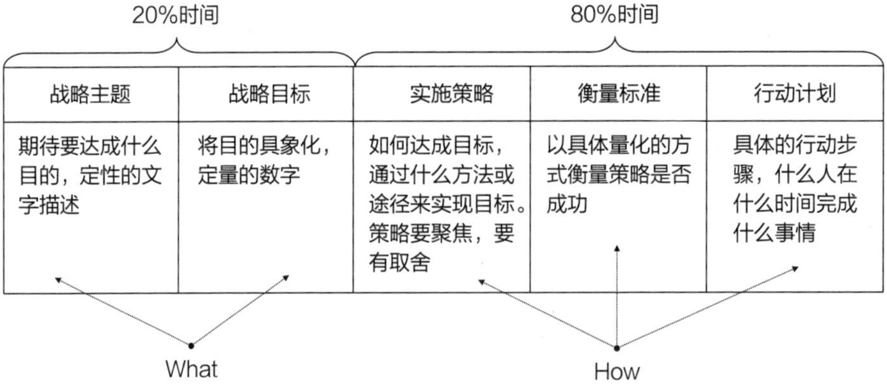

图 4-4　OGSM-T 模型框架结构

OGSM-T 模型的要点是，下级部门的基本目的是保证上级目标的实现；

目标（G）是对目的（O）更细化、更精准化的描述，G 的实现可以保证 O 的达成；策略（S）和目标（O）之间是必要性和必然性的关系，策略制定后一定要反问这样可以实现目的吗，可行吗。衡量指标（M）就是什么人（Who）在什么时间（When）达成了什么结果（What），是可量化的衡量指标，可以从数量、质量、时间与成本四个维度做设计。

OGSM-T 与 OKR 很像，那两者有什么关系呢？在 OGSM-T 模型中，O 是定性的描述，要有画面感与激励性，G 从不同的维度对 O 进行支撑，最好进行定量，这些特点与 OKR 几乎是一样的，但两者的差异在于，OKR 更多是不确定未来企业转型或新业务探索时的沟通工具，前路漫漫，未来不明，无法定义清晰的目标，只能通过不断的试错与迭代摸索方向；而 OGSM-T 是战略落地工具，战略主题（O）与战略目标（G）是明确的，核心是通过实施策略（S）与衡量标准（M）以及行动方案（T）的制定打通目标实现的路径，而且采用企业行动层层分解的方式构建责任链，锁定行动与责任主体，最终保障战略目标的达成。

战略落地的关键是形成一套可追溯的标准套路和打法，通过 OGSM-T 框架模型落地为年度经营计划支撑战略目标的达成。多年来，尽管年度计划很多企业都在做，但重视程度显然不够，近些年，由于 BLM 的流行，大家开始关注战略解码，焦点转移到关键任务，年度计划的制订又被忽略，战略落地的质量始终难以显著提高。

制订年度经营计划需要关注的三个关键问题如下。

问题 1：是什么？——年度经营计划有哪些特点？

在称呼上，年度计划有很多叫法，比如“年度行动计划”“年度行动方案”“年度经营计划”等，其重点在于“经营”，经营与战略、目标、结果的关联程度更高，重要程度不言而喻。

年度经营计划与日常工作计划有什么区别？显然，经营计划是战略导向，围绕战略制定和展开；工作计划是职责导向，围绕日常工作制定和开展，两者具有显著的区别。很多企业的计划，披着“经营”的皮，做的却是日常工作的事。

很多人嘴上说计划很重要，但内心未必真的重视计划，而且这并非个性现象，而是普遍现象，为什么？一个突出的理由是“计划不如变化”，计划制订得再好，一旦环境与执行条件发生变化，计划就没用了，而且，外部的环境与条件确实是在不断变化的，那么，计划真的没有用吗？

答案显然是否定的。一方面，说计划碰到变化就不起作用，恰恰是在制订计划的时候没有把变化考虑在内，缺乏对变化的应急预案；另一方面，如果没有计划，如何才能知道变化产生了呢？因为计划是变化的衡量基准。

记住这两点，也就明白了年度经营计划的重要性。

问题 2：缺什么？——年度经营计划有哪些痛点？

由于年度经营计划是每年的例行工作，长期做下来，容易陷入疲态与应付，总体来说，年度经营计划有以下六大痛点。

痛点 1：不重视。嘴上说计划重要，内心认为不重要，做计划不是基于目标，而是为了应付上级领导和工作汇报，计划质量不佳。

痛点 2：不支撑。行动对目标的支撑不够，或者根本不能形成支撑，不是围绕目标进行行动措施的谋划，而是日常工作的罗列和堆积。

痛点 3：不衔接。企业各层级的计划没有衔接，各干各的，上一级企业的关键行动在下一层级中找不到承接点，企业上下的经营计划无法形成互锁，产生割裂，单一企业的计划完成了，但企业整体战略目标依然无法完成。

痛点 4：不滚动。只做一次年度计划，不做时间维度的分解，也不能根据执行情况进行及时的滚动修订，就会导致计划是死的，可执行性很差，计划制定就是做作业，应付任务，不为指导实践。

痛点 5：不追溯。有价值的年度计划一定可以追溯，无论目标是否达成，都可以进行经验与规律的总结。如果目标未达成，堵点在哪里？如果达成了，规律是什么？只有这样，才能形成集体记忆和能力沉淀，慢慢形成企业能力。

痛点6：不执行。大多数年度计划的现状是为制订而制订的，不是为执行而制订，计划制订完成，扔到一边，再也不看，计划是计划，执行是执行，两者没有任何关系。

年度经营计划六大痛点，绝大多数企业都会有，有了痛点，才能有正确的解决方案。

问题3：做什么？——年度经营计划有哪些重点？

如何制订有价值的年度经营计划？

首先需要回答年度计划源于哪里？从逻辑上说，计划源于重点任务，重点任务源于战略举措，战略举措源于战略地图，实际上这是战略解码的典型路径。

战略不经过解码环节，经营计划就会缺少靶向，战略对计划的牵引性，计划对战略的承接性都不会好，这是一个双向奔赴的过程。

年度经营计划的制订，要关注以下三个重点。

重点1：找到支撑战略目标达成的战略路径。

年度经营计划要支撑战略目标的达成，这句话肯定没错，但如何支撑？如何判断是否支撑？需要在实践中给出回答。

战略目标提出后，需要对战略实施路径进行规划，只有目标，没有路径，就是喊口号。战略路径是企业一系列关键业务活动的组合，也就是多个战略举措的集合，这种集合并不是战略举措的简单列举和堆积，而是各举措之间要有因果逻辑关系，一步步推导，最终支撑目标的实现。

实践中可以运用战略地图进行战略路径的设计，通过找寻平衡计分卡财务、客户、内部运营、学习与成长四个维度内战略举措的逻辑关系，把支撑战略目标实现的战略路径设计出来，并且用精练的语言进行总结，便于企业内部的记忆和传播。

重点 2：要从战略路径中导出年度重点任务。

重点任务的体现就是战略举措，包括业务增长举措和能力建设举措。业务增长举措是从企业主要业务领域入手以实现业务增长，比如客户管理、产品规划、研发设计、生产质量等领域；能力建设举措主要是从支撑业务增长角度的流程建设和优化完善，以及对企业整体能力（企业设计、人才队伍、文化建设）方面的考虑。

但在实践中，重点任务的确定往往偏离上述两个方向，直接变成两个具体的操作方法：一是从上到下，由公司指出各业务 / 职能领域的年度重点工作方向，然后各业务 / 职能领域再将重点任务明确化；二是从下到上，由各业务 / 职能领域自行提报，公司相关部门直接汇总形成年度重点任务。这两种方法容易导致重点不突出、统筹性不强以及目的性不明三个典型问题。

重点任务的最大问题就是不支撑战略目标的实现，也就是重点任务完成了，但目标未实现，问题出在哪里？答案是没有从支撑战略目标的战略路径入手提炼重点任务。

重点任务的设计不是简单地做作业，也不容易说清楚，需要企业达成共识，持续实践与总结，并且不断复盘和优化，慢慢找到对重点任务的感觉。一句话，重点任务不是想出来的，而是打出来的。

重点 3：先定义重点任务的 KPI 再谋划行动。

确定了年度重点任务，很自然就认为将其再细化一下，再定义完成时间，确定责任人就成了年度计划，而且很多企业都是这样操作的，这样操作对吗？

这样做的最大问题是每个责任人是对行为负责，而不是为结果负责。正确的做法是，先定义每项重点任务的结果，也就是 KPI，从 KPI 反推行动计划和里程碑，如此才能让责任人基于结果布局自己的行动计划，行动更有目的性。

战略落地是个“务实”的过程，既需要工具与方法的支撑，更需要不断实践和总结。OGSM-T模型通过环环相扣、具有逻辑因果关系的“目的—目标—策略—衡量标准—行动方案”的方式将相对宏大的战略目标和战略主题一步步落地为可执行的年度经营计划，从而为战略的实现指明了行动方向。

（二）战略质询：从坐等结果到过程纠偏

战略引领方向，执行决定结果。再明确激动的战略方向，再宏伟璀璨的战略愿景，如果执行不到位，最终不过是空中焰火，刹那亮丽而已。OGSM-T模型是战略落地的重要载体，但OGSM-T模型解决的是将战略目标变成行动计划的问题，实际执行过程中，计划总是赶不上变化，如果不对变化进行预判与应对，只是按照预定的计划生搬硬套，丝毫不考虑环境变化，想要得到预期结果无疑是痴人说梦，所以，企业执行过程中的监控与纠偏就变得异常重要，而在企业执行体系中，这主要依靠战略质询实现。

“质询”更多是欧美外资企业的称呼，国内企业通常称为“经营分析”，日本企业叫“检讨”，其含义是对目标执行的过程进行介入，聚焦目标完成情况及质量，团队共同提出执行异常解决方案的过程。质询的前提是要精准洞察执行过程中的“痛点”，也就是阻碍目标达成的关键点，针对关键点进行质询，制定相应的纠偏行动措施，才能保证企业执行的效果。所以战略质询要围绕“关注什么”“质询什么”以及“如何质询”三个方面展开。

关注什么？——运用监控地图，布局执行关键要点。

战略质询系统的建立，首先要把企业执行的关键要件清晰列明，也就是要实现战略目标，哪些KPI以及哪些重点任务是一定要完成的，前者是评价要素，后者是行动要素，前者是目标是否达成的衡量标志，后者是目标是否达成的必备过程，两者缺一不可、相辅相成。

可以采用KPI监控地图进行执行关键点布局。通过这张图，可以将OGSM-T模型中的公司年度战略主题（O）、公司年度目标（G）以及分解到各部门的KPI清晰呈现出来，公司某个年度KPI有哪几个部门负责，这几个部门各自的权重是多少，也都做了明确的约定。哪些KPI，哪些部门对战略目标的达成尤其重要，在图中一清二楚，一目了然。管理体系的建立一定要有方法论与工具模板，否则就是“讲道理，玩概念”，根本没有价值。通过 KPI 监控地图，公司高层领导者就可以对公司战略执行的关键点了然于胸，从而做到心中有数。

质询什么？——借助状态地图，定位执行阻碍痛点。

有了对执行关键点的布局监控，接下来就需要关注执行过程了，通俗来讲，目标的执行要运用“红绿灯”手段进行介入，“绿灯”代表运行正常，一切顺利，无须关注；“黄灯”表示问题出现，提前预警，如果不介入会导致严重后果；“红灯”代表该 KPI 出现严重问题，必须采取相应手段。通过这种类似看板的管理方式，呈现公司年度 KPI 的执行状况。

可以采用战略执行状态地图对公司年度 KPI 的执行健康度进行测量，按照季度进行监控衡量。第一季度的执行状态一般无须关注过多，毕竟新年伊始，执行过程需要循序渐进，慢慢进入状态；半年是个重要节点，俗话说“时间过半，任务过半”，KPI 完成度不到 50% 的需要警惕了，要做一些了解，看是正常还是异常；第三季度属于执行关键期，“黄灯”与“红灯”KPI 需要采取相应行动措施，介入与干预的力度要加大，防止执行出现严重偏差；第四季度一般属于冲刺阶段，此时如果再进行干预显然为时已晚。通过战略执行状态地图，识别“黄灯”与“红灯”，定位执行阻碍的痛点，是战略质询的重点所在。

如何质询？——根据责任地图，追溯执行滞后原点

借助战略执行状态地图，扫描识别出了执行过程中的“黄灯”与“红灯”KPI，高层领导者需要采取行动进行战略质询。战略质询的载体往往通过会议完成，经营分析会是比较好的方式，以季度为周期比较常见。经营分析会是企业非常重要的经营手段，一方面对过去进行回顾总结，分析问题；另一方面需要制定改进方案，重在纠偏。简言之，战略质询的质量决定企业执行的效果。

战略执行状态地图呈现了公司年度KPI的“红绿灯”状况，找到了执行阻碍的痛点，接下来需要追溯形成“黄灯”与“红灯”状态的是哪几个部门？造成“黄灯”与“红灯”的原因到底是什么？如何做改进提高与纠偏？问题暴露在企业层面，但原因追溯要落到部门层面，而且要在经营分析会现场形成原因分析与改进措施草案，会后要安排专人进行跟进检查与落实，否则就是虎头蛇尾，功亏一篑。

OGSM-T模型是企业执行的预先设计，“凡事预则立，不预则废”，未雨绸缪，总好过得过且过。但外部环境瞬息万变，墨守成规显然也不可行，做足准备，灵活应对，及时调整，应对有方，是企业执行的后发制人，其中，战略质询是企业高层领导者必备的管理基本功。质询是一种正式严肃的会议形式，是企业高层领导了解战略KPI的执行情况，并进行质疑与询问，被质询者进行回答，发现问题后进行原因剖析，并制定改进措施的过程。战略质询主要对前一周期的目标执行进行质询，并对下一周期的行动计划进行统一修订，然后不断滚动执行。

通过战略质询，企业高层领导对企业执行保持高度关注，时刻保证执行进度走在正确的道路上。

此外，战略质询通常采用经营分析会的模式进行。很多企业都在开经营分析会，但如何开好经营分析会？如何让经营分析会真正成为企业执行的抓手而不是走个过场，避免陷入为了开会而开会的形式主义呢？

经营分析会是对准年度战略目标，识别问题根本原因，瞄准差距找机会，讨论决策下一步行动计划，支撑年度目标达成的作战会议。

这个定义包含经营分析会的三个关键点：首先，要对产生的问题挖掘真正原因，这是基于过去；其次，要对实现年度战略目标进行机会的预判，这是基于未来；最后，经营分析会是作战会议，不是务虚会，不是一片祥和，要有打仗的硝烟味，还要定期开，比如月度或季度，避免“三天打鱼，两天晒网”，目的是形成重复记忆。

综观大多数企业的经营分析会，普遍存在三个典型问题。

问题 1：定位偏差。

对经营分析会的理解和定位产生了偏差。

将经营分析会开成汇报会，日常的汇报工作，泛泛而谈，没有重点，也不聚焦，白开水式的流水账，对年度战略目标的达成没有帮助。

开成诉苦会，参会人不谈目标和数据，开口就是一大堆抱怨和理由，怼天怼地怼他人，就是不谈自身的问题。

开成邀功会，参会人阶段目标完成不错，自我感觉甚好，逐渐产生膨胀心态，夸夸其谈，自我吹嘘，会议掺杂的水分过多。

开成鞭尸会，某企业的经营分析会，发现各参会部门负责人都把问题集中于某部门身上，原来该部门负责人早已经离职，所谓"破鼓众人锤，墙倒众人推"，对年度战略目标的达成毫无意义。

问题 2：预测缺失。

只有历史数据，只有对过去完成时的总结分析，没有对未来是否能完成全年目标的预测和假设，缺乏对全年目标达成情况的整体判断。

如果只关注历史数据，眼光仅仅停留在过去，就容易忽略现在与未来的差距，以及如何弥补差距的分析，也就缺失了对实现目标的机会以及策略的思考和制定。毕竟，经营分析会要紧密围绕年度目标达成而展开，绝不是为了分析而分析。

问题 3：行动泛化。

既然经营分析会是作战会议，那必须有行动改进，行动要具备可操作性与可执行性，而且要聚焦年度战略目标，既有目的性，又有执行性，这是经营分析会对行动改进的重要要求。

但实际情况是，多数企业的行动改进是这样的模式，"坚持多渠道开发""加强与外部机构的合作""努力提升专业水平"，这些都是"正确的废话"，永远正确，但对目标达成没有任何价值，而且不知道如何去行动，所以，经营分析会后的行动改进必须落地，必须可执行，必须指向目标的达成。

从以上的分析中，我们可以得出经营分析会的三个关键词：

第一，量化。经营分析会不是写论文，想象无边无际，洋洋洒洒万言，而是做数学题，一定要量化，有事实与数据的支撑，不要凭感觉，也不能拍脑袋，以数据为依据，才能下结论，经营分析会的基础是量化数据。

第二，机会。经营分析会要聚焦实现目标的机会，要从历史数据的分析中导出有价值的结论，为年度目标的达成制定行动改进措施，分析的重点不是过去，而是与年度目标的差距，基于差距做预测，找策略，想办法，最终形成机会点清单。

第三，真因。经营分析会要对企业执行过程中出现的典型问题以及未达成年度目标的差距进行深入分析，要直面问题和差距，刀刀见血，充满硝烟味，要刨根问底，不挖出真因不罢休，要形成团队统一的标准动作，从而实现闭环管理，俗称“扎口袋”。

若要开好经营分析会，必须做会前准备，其中的关键是要写经营分析报告。通常来说，一份全面的经营分析报告包含五个部分：遗留问题进展、经营审视、滚动预测、差距和真因分析、机会点清单。

通过“一会＋一报”（经营分析会＋经营分析报告），企业可以对企业执行过程进行质询和管控，锁定年度目标，持续过程纠偏，最终促进战略目标的达成。

（三）战略复盘：从看天吃饭到规律总结

管理是系统，所有的系统都是闭环，战略管理是这样，企业执行亦然。业务执行系统既包括执行前的战略落地、执行中的战略质询，也包括执行后的战略复盘。

绝大多数企业在经营管理过程中，有两个环节普遍做得不够好：一个是事前沙盘，一个是事后复盘。前者指的是计划体系，也就是执行开始前的路径打法；后者指的是工作结束后的总结反思，便于之后的改进提高。

战略复盘是一项重要的工作，年度战略目标是否达成？如果达成了，有哪些成功经验可以借鉴？如果未达成，有哪些地方需要做改进提高？只有不断地进行战略复盘，才能逐渐提高企业执行的精准度。

复盘，是一个围棋术语，指一盘棋下完之后，对弈双方要重新把棋再摆一遍，对关键的胜负手进行重新思考，回到当时的情景，一步棋有几种走法，每一步对方的应对走法是什么，通过这种情景模拟的方式提高围棋水平。棋手要提高棋力有两个方法，即打谱和复盘，前者是学习别人的棋，后者是琢磨自己的棋。

复盘，通常意义指工作完成之后进行回顾，分析过程中的得失原因，改进提高，不断深化认识和总结规律。

说到复盘，大家自然会想到另一个词：总结。复盘和总结有什么区别呢？

相比总结，复盘体现出以下“四有”特点。

1. 有方法。

复盘有系统的方法论作支撑，并非随机或偶然的管理动作，总结更多是一次性的，也没有系统的方法可以借鉴，相对比较简单。

2. 有团队。

总结通常是个人的行为，在某个阶段结束后对工作进行总结，而复盘需要团队的共同支持，大家集思广益，对工作进行反思，其目的是团队共同成长。

3. 有典型。

复盘有多种类型，可以是某个项目，也可以是某个工作事件，或者是战略复盘，无论哪种复盘，选取的都是典型的工作事件，而非泛泛而谈。

4. 有深度。

总结通常是应付差事，蜻蜓点水，一带而过，价值不大，而复盘需要对工作进行深度挖掘，找亮点，找不足，归纳规律和经验，最后落实到行动改进，因此，复盘和总结在深度方面显然不可同日而语。

同时，复盘有五个重要意义：第一，求真，重点在于事实和数据；第二，求实，重点在于过程分析和找寻原因；第三，求学，改进提高，学以致用，重点在于下一步的行动计划；第四，求内，重点在于自省和反思，所以自我剖析很关键，看自己在哪些方面需要做得更好；第五，求道，重点在于找到事物背后的本质和规律，而非单一的经验教训。

战略复盘一般分为业务复盘（对事）和团队复盘（对人）两个方面。为什么要复盘事和人两个方面？业务结果如何达成？显然不可能自动实现，必须依靠团队的奋斗和努力，团队如何才能有战斗力和凝聚力？若想团队不成为散兵游勇的乌合之众，必须依靠文化共识来凝聚团队，文化共识怎么形成？必须依靠团队管理者的领导力水平。所以，“业绩的背后是团队，团队的背后是文化，文化的背后是领导力”，战略复盘正是依据这个“业绩定律”的逻辑而展开的。

战略复盘第一层：复盘业务——围绕目标说事。

复盘方法通常有八步法和四步骤两种，底层逻辑是一样的，只是在操作上略有差异，笔者更推荐复盘四步骤：回顾目标、评估结果、分析原因和总结规律。

战略复盘的目标会更加明确和清晰，一般是财务目标，根据实际完成的情况将结果与目标做对比，有三种情况：结果等于目标，结果大于目标，结果小于目标。不同的情况，对应后续的复盘侧重点会有所区别。

战略复盘的关键是第三步分析原因，通常包含策略评估和反思执行过程。

绝大多数企业管理者的通病，是缺乏策略思维，也就是更习惯具体的做事和行动，而欠缺更重要的路径方法思考，在企业执行中，典型表现就是什么容易就干什么，习惯什么就干什么，领导让干什么就干什么，最后，忙活了半天，战略目标依然未达成。

策略评估之后，重点在于反思执行过程。

反思执行过程并非只从做得不好的层面进行复盘，而是要从多维度对企业执行过程进行系统反思，第一，要找亮点，企业执行过程中有哪些好的做法，结果与影响有哪些，目的是找到可以复制的打法。第二，要反思不足，企业执行过程中有哪些不足？关键不足有哪些？结果与影响是什么？导致关键不足产生的原因是什么？如何做改进？第三，要反思企业执行过程中的变化项，变化的原因有哪些？当时是如何应对的？结果与影响是什么？哪些变化是可控的？提前应对的措施有哪些？第四，要学习标杆，企业执行过程的标杆是谁？成功案例是什么？对我们的启发和行动是什么？

经过系统而有深度的原因分析，接下来第四步就是总结规律，经过前面几个步骤的分析，在认知和实践两个方面可以得到什么规律和经验，总结下来，就可以指导后续的行动改进。

战略复盘第二层：复盘团队——围绕成长说人。

战略目标不是喊口号就能完成的，需要实干，企业执行得好不好，关键看团队。战略复盘第二层要从业务转到团队上，从事到人，更有意义。

团队复盘有两个方向：意愿和能力。其中，意愿决定能力，而不是能力决定意愿。团队意愿的集体表现就是我们经常说的“凝聚力”，团队凝聚力强，打仗嗷嗷叫，攻山头，打阻击，即使目标再高，通过团队氛围的感染和相互激发也能迸发超常战斗力；团队凝聚力不强，各怀鬼胎，一盘散沙，各自盯着自己那点利益，你算计我，我算计你，既觉得自己吃亏，又觉得别人占便宜，狗咬狗，一嘴毛，鸡飞狗跳，目光短浅，非团队，团伙而已，打不了什么硬仗，即使目标完成也是靠运气。

管理者要对团队状态有清晰的判断，凝聚力高低，与制度政策、管理方式以及领导力水平密切相关，什么原因导致团队凝聚力不强，管理者要通过战略复盘不断探求真实原因，便于对症下药。

战略复盘第三层：复盘个人——围绕得失说自己。

战略复盘除了复盘业务和团队，管理者还要复盘自己。我们习惯对业务和团队成员复盘，往往忽略自己的成长得失。有句话说“闭门思过”，最后变成越想自己越对，都是别人的错，领导力的一个重要内容是要做反思，说的就是自我复盘。

自我复盘不需要搞什么大阵仗，也无须做得多么正式，每到年底，管理者可以找一个独处的时间做一次反思，想想一年的得失与成长，在哪些方面有收获？在哪些方面需要进一步提高？在哪些方面需要做改善？简单几步，可以帮助管理者更好地改进提高。

无论是业务复盘，还是团队复盘，关键要有结论，否则就是走形式、过家家而已，不产生实际价值。复盘的结论是规律，规律具有普适性，当然，其并非放之四海而皆准，而是未来 1—3 年能够通用，有了规律，才能“站在巨人的肩膀上”登高望远，否则每年都是从零开始，从头来过，企业执行始终处于试错之中，步步惊心，消磨的是团队信心，可惜的是资源消耗，失望的是止步不前。

战略复盘，最具价值的是规律总结，最难的也是规律总结。若要掌握，不在于思考，而是躬身入局，事上练，心上学，慢慢体会总结，练的是手感，学的是质感。

业务执行系统通过战略落地、战略质询以及战略复盘三个环节，将战略目标落实为行动计划，对执行过程进行检核和纠偏，最后通过复盘总结经验及规律，帮助企业完成业务层面的思考与实践。

四、企业能力系统：从组织变革到梯队建设

企业能力系统包括组织系统变革、企业文化重塑以及人才队伍升级三大要件。企业系统变革解决运营效率，企业文化重塑解决企业活力，人才队伍升级解决能力复制。

（一）组织系统变革：从一成不变到随机应变

战略决定组织，组织不能一成不变，要依据战略导向做到随机应变，组织管理范畴非常广泛，主要涉及组织结构设计、流程梳理优化、管控模式选择以及机制配套建设等四大关键内容。本书重点并非组织管理，只针对主要内容谈几个结论。

（1）组织结构设计的模式很成熟，大体分为直线职能制、事业部制以及矩阵制等三大类型。但是随着外部环境的急剧变化以及互联网技术的发展，战略对组织结构的要求越来越高，必须做出快速响应，跨地域、跨部门的协作越来越多，所以，组织结构扁平化以及灵活性的特点必须充分体现，比如虚拟团队、多部门联合作战等。所以，组织结构设计一定要避免僵化。

（2）流程梳理优化不要追求“大而全”，把企业全部的流程都搞出来，然后固化，下属照搬执行就好了。就像明太祖朱元璋，一个典型的劳动模范，把国家治理的条条框框规定得特别细致，就连后代子孙的名字都规定好了，期待让朱家后代少吃点苦，按照他规定的做就能保大明朝万万年，这显然不现实。所以，流程很重要，关键是抓住核心业务流程，随时做优化调整。

（3）管控模式选择的本质是企业各项业务的战略定位，根据定位选择管控的松紧程度，同时相应的资源倾斜与匹配也要跟上，做企业，最忌讳资源的“撒胡椒面”，雨露均沾，投入产出比会很低，一定要做战略选择和取舍。

（4）机制配套建设是将企业、岗位、流程等各项要素如何更好地匹配所做出的制度性安排。涵盖的范围很广泛，大到管控制度、分权制度，小到岗位设计制度、绩效薪酬制度等，也是一个逐渐完善的过程。

组织系统变革的核心是解决企业运营效率问题，不能僵化，要与战略高度匹配。组织系统变革的本质在于“人”，如何让企业成员愿意接受变革，并且主动推动变革，才是组织系统变革的真问题。

随着外部环境的急剧变化，企业发展充满越来越多的不确定性，之前熟悉的模式已经不能适应现在的环境，变还是不变？

理论上讲，环境变了，企业战略、企业模式也必须变，但理论总是对的，现实却充满艰难。有句俗语说："变是找死，不变是等死"，早晚都是死，怎么办？

从人性的角度来讲，我们每个人都不喜欢变化，否则也不会有"舒适区"的说法。从更广义的程度上讲，通常有三个原因导致变革难以成功。

原因 1：路径依赖——过去模式的惯性。

经验是对过去的感知和总结，经历过，自然会产生确定性，未来代表未知，未知代表不确定和风险，所以，我们每个人对未来总是自然倾向于怀疑和不安。

所谓路径依赖，就是对过去的怀念与依恋，过去哪怕再不好，未来说不定比过去更不好，这是普遍的心态。而过去越成功，越美好，产生的依赖性越强。所以，变革艰难的首要因素，便是路径依赖。

原因 2：选择逃避——主要矛盾的免疫。

人性的特点决定了我们更喜欢平静和谐的氛围，回避矛盾与冲突，这很容易导致团队成员对企业发展主要矛盾的漠视与免疫，顾左右而言他，单纯追求一团和气。

这就要求管理者能够敏锐地捕捉到企业发展过程中的主要矛盾，针对主要矛盾设计变革路径，因为只有管理者直面关键问题和主要矛盾，起到以身作则、率先垂范的榜样作用，才有可能推动变革的产生。

原因 3：集体惰性——团队行为的盲从。

时间久了，企业中就会出现一个很有意思的现象：几乎所有人的思维模式都是趋同的。因为"随大流"和"搭便车"是最没有风险的行为，这种现象被称为"集体惰性"。

一旦进入"集体惰性"模式，企业就会陷入平庸，团队成员都在思考如何明哲保身、如何不犯错误，无人关注变革创新的事儿，没人琢磨挑战目标的事儿，企业慢慢会滑向堕落的深渊。但是，优秀的企业必须通过不断的变革驱动企业的自我进化，从而获得持续的增长与发展。国内老牌家电企业 TCL 的变革转型是个典型，当年 TCL 掌门人李东生发表著名的《鹰之重生》，既是表达高层变革的决心，也是自我革命的战斗檄文。而优秀企业的典型代表华为、美的，更是将变革视为常态，以持续的企业变革驱动企业的持续发展。

无论企业规模大小，如果不安于现状，想要有所发展，必须面对变革的课题。变革是难题，这一点毋庸置疑，但变革难在哪里？答案也很简单，那就是——人。变革成功与否的关键，不在于技术和方法，而是人的意愿及动力，而是坚定目标后努力成就的变革成果，没有人的支持和坚持，变革不可能成功。而企业中人的变量又是最大的，为什么？

首先，变革代表未知，未知意味着风险，而人性却是追求稳定，追求安全感。从根本上讲，变革是反人性的，认识到了变革的性质，就会对变革的难度有清醒的认知，推动变革的过程会异常艰难。

其次，人性有路径依赖和选择性逃避的基本特性，也就是，对过去成功的经验留恋不止，甚至形成执念，这就很容易导致对外部环境的变化产生钝感，活在虚假繁荣之中，最后在一片沾沾自喜中迷失了自我。同时，我们不愿面对真问题、难问题，抓住简单问题和容易问题不放，还觉得很有成就感。

最后，变革面临的阻力往往是暗流，表面平静，甚至大都在口头上表现出对变革的欢迎，但实际遭遇“软抵抗”，俗称“非暴力不合作”，口号喊得山响，但实际没有行动，甚至私下串联沟通，形成统一联盟，抱团对变革进行抵抗，最后导致变革无疾而终。

推动企业变革，保障企业变革成功有如下三条建议。

建议 1：以战略驱动为出发点，坚定变革信心。

变革成功的前提，要搞清楚变革的目的，是为了变革而变革，还是要达成战略目标？后者显然是更好的驱动点。

不确定未来让团队成员了解企业的战略和愿景非常重要，也就是我们要去哪里，变革要引领企业向何处去？人们不会拒绝改变，但拒绝被改变，强迫式命令的最终结局是“哪里有压迫，哪里就有反抗”，给大家看到变革的美好愿景，给大家一个变革的理由，让大家自发、愿意去改变，这是战略驱动的价值。

建议 2：以新生力量为切入点，摒弃侥幸幻想。

变革的启动尽量不要全面铺开，最好是选择试点，精准打击。选择对企业变革最坚定的支持者，赋予其责任和信心，让变革快速启动。

比较棘手的问题是，谁来担当变革先锋？企业的老员工并不适合。企业经过多年发展，有了一定的基础和积累，老员工享受到了企业发展的红利，成为既得利益者，既得利益者的典型特征是享受舒适区、不愿做冒险，所以，让既得利益者成为变革先锋非常困难。

以有能力的新成员作为变革先锋是可行的，一是没有思想包袱，也没有惯性思维约束；二是没有被企业同化，有变革的勇气和锐气，再加上企业高层管理者的支持，同时在资源与激励方面提供保障，变革成功的概率会更大。

建议 3：以小胜利为触发点，激发团队信心。

如果认为变革会一往无前、一鼓作气、一帆风顺直到战略目标的达成，显然是理想主义，变革过程中一定有士气低落，一定有心态消极，一定有反复，这就要想办法让团队收获小胜利，以小胜利积累大胜利。

要把企业变革目标细化为阶段性的小目标，并及时向团队成员展示变革的进展，而且要通过团队氛围的营造提升团队凝聚力，鼓励大家对企业变革抱有信心，彼此相携，共同达成企业变革的战略目标。

（二）企业文化重塑：从各自为战到力出一孔

2013 年 5 月 16 日，时任美国总统奥巴马与来访的土耳其总理在白宫玫瑰花园举行记者会时，天降大雨，奥巴马随即让身旁的海军陆战队士兵为自己及宾客打伞避雨。这本是很平常的一件小事，但消息及照片见报后，舆论一片哗然，对奥巴马的行为纷纷提出批评，直到奥巴马道歉才将此事平息。

为什么？原来美国海军陆战队作战手册中明确规定，士兵穿制服是不可以打伞的，没有美国海军陆战队司令的允许，任何人都不能向海军陆战队士兵发出与作战手册条款相冲突的指令。显然，奥巴马是违反了作战手册的条令才导致被批评的。

如果再深究一下，为什么士兵不允许打伞？其实，不只是美国军队，全世界所有国家的军队都有这样的要求，因为全副武装的士兵，双手只能做两件事：敬礼和拿枪，这恰恰体现了军人的特点。美军作战手册中对士兵有很多严格的规定：比如，军人在自然面前不能表现出恐惧，打雷了，你一缩脖子，对不起，违反条令了。又如，军人不能当面赞扬上级，若想表达你对上级的欣赏和赞美，请做如下三件事——第一，向上级施以标准的军礼；第二，严格执行上级的指令；第三，严格训练，不断提高本团队的作战能力。为什么规定如此严格和细致？就是要通过这样的方式塑造军人的风骨，提高军队的战斗力。

军队是文化特征非常明显的企业，通过严苛的纪律与严格的训练塑造军人的特质与战斗精神，军队的特点可以给企业带来很大的启发。为什么国内某些优秀企业的创始人都具有军人经历？比如任正非、王石、王健林、柳传志等。为什么不少企业都推崇军队管理？尽管军队与企业是两种截然不同的企业。为什么有的企业愿意招聘退伍军人？背后的原因值得探究和深思。华为在企业设计、职业发展等多方面曾借鉴美军的经验，并进行了创新性应用。为什么军队可以剑锋所指，所向披靡？为什么冲锋号一响，所有人都要向前冲？其实这都是军队的文化特质所决定的。

在管理中有两个很有意思的理念，一个叫“破窗法则”，假如房间窗户上一块干净的玻璃被打破了，如果不采取措施，后果是什么？其他玻璃也会被打破。对应到企业管理中就是第一个破坏制度和规则的企业成员一定要受到惩罚，这样才能保证规则的权威性和严肃性，如果听之任之，制度和规则就会失效。另一个叫“蟑螂法则”，假如你在家中某个角落发现了一只蟑螂，那就意味着在你没看到的地方还有很多蟑螂。说明了企业成员并非单一行为，而是群体行为，关键看企业如何引导。

企业如何避免出现“破窗”和“蟑螂”？靠制度流程和管理手段是可以的，但成本比较高，如果在文化层面达成共识，制定“高压线”或“红线”的行为底线，不断宣贯与传播，让全体成员形成习惯，这样的方式显然能够事半功倍。

在企业能力建设过程中，企业文化的重塑与打造是核心内容。优秀企业在企业文化的塑造上倾注了大量的心血，比如华为的“奋斗者”文化，阿里巴巴的“新六脉神剑”价值观考核，目的都是让企业成员形成文化上的共识，变“假信”为“真信”。如何进行企业文化的重塑与打造？下面的案例希望给大家带来启发。

2020 年，某公司一位入职两个月的新员工在内部论坛上发了个帖子，对公司温暖的家庭氛围表示赞赏和感激，认为公司对员工的关爱做得很好，有非一般的公司氛围。在很多人看来，这个帖子很正常，无非是新员工表达对公司的热爱。但这个帖子惊动了公司高层。

高层对这位新员工的帖子做了回复，着重谈到反对“家文化”，因为家不论是非，没有对错，没有优劣，只讲包容和温情，“温柔乡是英雄冢”，管理层要警惕。同时，喊话分公司负责人出来解释。这样的话在企业里一般没人说，新员工的赞美多受用，岂能反驳和批评？能说这些话的一定是老板，企业“一把手”必须建立明确的价值观，并且在公开场合表达出来，从而引领企业成员的共同行为。目的是通过这个机会做团队思想共识，应该说是非常高明的领导艺术。

在企业文化重塑与打造的过程中，必须承认且重视“一把手”的战略引领作用，关键时刻是否率先垂范，以身作则；有“破窗”行为出现时，是否明令禁止，当机立断；军心浮动时是否能借题发挥，点醒众人，这都是企业“一把手”发出声音的重要时刻。不要寄希望于文化建设与传承可以水到渠成，这是不可能的，企业文化需要“一把手”的战略引领，更需要各级管理团队的躬身实践和孜孜以求，只有这样，企业文化才能成为企业发展的强大助推力。

战略执行需要业务执行系统与企业能力系统的匹配，而企业能力的背后，核心是企业文化的穿透力，深层次的问题是，企业文化重塑的关键抓手在哪里？上述案例仅是个例，每个企业都是不一样的，企业文化的底层逻辑到底是什么？

企业文化的基本点有两个：一是以客户为中心，二是以绩效为导向。

很多企业的文化都停留在漂亮的标语、豪气的口号以及精美的手册层面，企业文化只有这些远远不够，不能落地，不能产生价值，都是无效的。我们常说企业文化就是老板文化，只停留在老板的嘴上和心里，无法在企业中形成共鸣和共识，无法落地为共同的行动，企业的执行也就是说说而已。所谓文化穿透力，就是要把承载战略落地的文化在企业中从上到下“打透”，形成上下同欲、力出一孔的强大行动力。

企业首先要构建以客户为中心的文化，之后围绕客户价值形成企业共同遵守的行为准则，将文化落地。为什么企业文化要以客户为中心？企业生存发展的基础与根本只有客户，正如德鲁克所说，企业存在的唯一目的，是创造顾客，只有客户买账，企业才能生存，然后才能谈发展，没有客户，一切皆无，这就是商业的基本法则。

优秀企业无不遵循这一商业法则，比如华为的文化：外部以客户为中心，内部以奋斗者为本，长期艰苦奋斗。为客户价值而奋斗，应当成为企业的共识，不容辩驳，毋庸置疑。

企业要清晰回答为客户提供价值的手段，是产品，还是服务，然后围绕客户价值定义关键行为。需要说明的是，把基本的职业行为和道德品质放入企业文化，这样做带来的风险是，有的员工职业化行为很好，比如从不迟到早退，从不请假，但就是业绩不好，这样的员工是企业想要的吗？所以，企业成员首先要有结果，没有结果，行为再好价值也不大；反之，有了结果，就可以对行为进行引导、约束和管理。

有了以客户为中心的企业文化，并且定义了客户价值关键行为，并不能保证文化穿透力的实现，关键要对行为进行考核，没有考核，就没有真文化，想要什么就考核什么，不要幻想企业成员会自动践行企业文化，这纯粹只是一种幻想。

围绕客户构建一整套文化落地的机制与标准，认真执行并严格考核，时间久了，就会形成文化共识。有了上下一致的文化穿透力，企业执行就会减少难度，战略目标的达成也就水到渠成。

管理大师彼得·德鲁克在《管理的实践》中提出了“组织精神”一词，而且在书中专门用一章的篇幅来阐述组织的精神，德鲁克说道：“组织精神能唤醒员工内在的奉献精神，激励他们努力付出，决定了员工究竟会全力以赴，还是敷衍了事。”同时又提到：“好的组织精神必须让个人的长处有充分的发挥空间，肯定和奖励卓越的表现，让个人的卓越表现对组织其他成员产生建设性的贡献，必须不断改进团体的能力和绩效；把昨天的优良表现当作今天的最低要求，把昨天的卓越绩效视为今天的一般水准。”

德鲁克的思想质朴刚健，非常适合企业管理者阅读，对组织精神的论述洞悉深刻，不禁令人热泪盈眶。如果感觉“组织精神”这个词比较陌生，不太好理解，换个说法就是绩效文化。如果说战略目标的制定与分解为执行指明了方向，锁定了责任，但团队愿意承担多少责任？是否对责任“信以为真”并不断挑战高目标？这些根本性的问题单纯靠技术手段无法解决，必须依靠组织的精神，也就是绩效文化，来激发与感召每个人。

如果企业欠缺绩效文化，通常会有以下三个典型表现。

第一，不愿挑战高绩效，只顾安全。在绩效文化匮乏的企业里，每个人都不愿冒险，不敢挑战高目标，“枪打出头鸟”成为潜规则，在下达绩效目标的时候，反复博弈、讨价还价成为常态，如果不这么做会被认为“不合时宜”。团队氛围僵化刻板，因循守旧，不敢承担责任，害怕做错事情，把是否安全作为工作开展的主要衡量依据。

第二，不会用下属所长，只盯短板。管理者用人苛刻，不看下属的长处，只看不足，对下属的短板不时提出批评，并时刻提醒下属补齐短板，这种管理者很可能对下属了解不够，没有认识到下属的长处是什么，更不会创造合适的场景发挥下属的优点。在这样的团队氛围中，管理者往往拿自己的长处与下属的短板做对比，以洋洋得意的表情抬高自己，有意无意地贬低下属。对绩效文化杀伤力最大的莫过于只强调员工的缺点，而忽视他们的长处。

第三，不谈对企业的贡献，只想和谐。绩效文化不足的企业中，人际关系往往会呈现“一团和气”，彼此笑脸相迎，客客气气，小心翼翼，不敢暴露问题，追求“你好我好大家好”的和谐气氛。没有争论，不敢冲突，表面平静，实则暗流涌动。良好的绩效文化真正的考验不在于“大家是否和睦相处”，强调的是绩效，而不是一致。“良好的人际关系”如果不是根植于卓越的工作绩效所带来的满足感和默契性，那么只是无价值的脆弱的人际关系，会导致绩效文化发育不良，不会促使员工成长，只会产生顺从与退缩。

绩效文化的建设任重道远，不只是技术手段，更需要共识与实践。针对三大典型表现，可以通过榜样示范、用人所长和注重贡献三个步骤完成绩效文化的重构。

首先，管理者要率先垂范，以身作则，承接高绩效目标与标准从自己开始，而不是只让下属承担高目标。以管理者为榜样，一级带着一级干，一级做给一级看，通过榜样的力量引领众人“一江春水向东流”，这样才能够力出一孔，形成战略聚焦与压强。

其次，管理者要了解每个下属的优缺点，了解之后重点不在于缺点，而是创造更多的场景和机会发挥下属的长处，更多地关注下属擅长做什么，而不是不能做什么，不断改进团队的绩效，而且，关注一个人的长处，并激发他更好地发挥优势，更容易让对方接受高绩效标准，谁不想让自己的强项有更好的发挥呢？

最后，企业中的每个人都必须认识到，彼此合作建立和谐的人际关系是为了达成企业目标，也就是说，人际关系只是手段，而不是目的。如果把关系当作目的，那只能是一味追求和谐，况且人的本性是不愿与他人起冲突的。要把“注重贡献”作为企业统一的语言，时刻问自己：为了达成目标，我能为公司、上级、平级还有下级做出什么贡献？从贡献出发，个人的行为以及合作就变得简单而透明，因为此时的合作是为了贡献，而非关系本身。

以客户为中心，以绩效为导向，是企业文化重构的两大底层逻辑，所有资源终会枯竭，唯有文化生生不息。

（三）人才队伍升级：从单打独斗到英雄辈出

企业执行体系的建设也好，企业能力的打造也罢，最终都离不开“人”，不夸张地说，管理的所有症结，归根结底都是“人”的问题，如何搭建并培养人才队伍？是企业能力建设绕不开的话题。

老板大都是能人，在残酷的市场竞争与搏杀中诞生、成长与壮大，逐渐成为“Superman”。一方面眼看着在自己的辛勤耕耘下企业规模逐渐做大，像养育孩子一样充满成就感；另一方面享受着成功后的喜悦与赞美，又强化了“英雄”情结，由此，企业老板很容易沉醉于“英雄”的情结与冠冕中。

“英雄”的典型特征是能力超强，高度自信，能解决一切问题。老板成为“英雄”的后遗症就是期待下属也都是“英雄”，老板都希望管理者是《亮剑》中的李云龙，不给企业添麻烦，自己一个人能搞定一切。耳濡目染，时间久了，企业就会形成“能人文化”，有人就能搞定一切，最终企业催生的都是单打独斗的能人，后果就是缺乏人才梯队的建设与培养，一旦能人离开，企业就要从头开始，然后一切又开始循环，企业始终在做低水平的重复建设。

从单打独斗到英雄辈出，是企业能力建设的基础，企业的竞争，根本在于人才队伍数量和质量的对比。人不对，一切皆无；人对了，一切都对。企业要摒弃“人才速成”的短视现象，踏踏实实做人才队伍的培养与发展，这是慢功夫，长周期，但长期坚持，回报定会丰厚。

说到人才队伍，企业首先需要明确包括哪些人，不是所有人都是人才，也不是所有人都需要培养。通常，企业的人才队伍包含三类人：干部队伍、专业人才队伍以及后备人才队伍，其中，最核心的是干部队伍。

毛主席曾说：“路线方针确定之后，干部就是决定性因素”，充分说明了干部的重要性。企业同样如此，战略确定之后，执行就是关键，而企业执行的中坚力量，就是干部。干部，是关键的少数，对干部的管理应当是企业的重大事件，需要持续进行，优秀企业无一不是对干部的管理投入了巨大的心血和成本。在干部管理方面，有两家企业值得大家学习和借鉴，一个是华为，另一个是美的。

华为对干部的管理有五个重点，分别是使命责任、要求标准、选拔配备、使用管理和建设培养。

在使命责任方面，华为不仅要求干部带领团队完成业绩目标，更要求其肩负公司文化和价值观的传承，为什么？当干部，首先自己要“正”，好经不能念歪，队伍不能带偏，干部首先要坚信和传播主流价值观。

在要求标准方面，华为对干部有三个基本要求：第一，“受不了委屈的干部不是好干部”；第二，“烧不死的鸟是凤凰”；第三，“泥坑里爬起来的才是圣人”，什么意思？要想当干部，首先要受委屈；要想当干部，要在压力下成长，烧死了成为灰，烧不死就是凤凰涅槃，才能获得新生；要想当干部，就要去艰苦的一线工作，就要去难度大的项目中历练，就要往泥坑里爬和摔，本质是要求干部保持长期艰苦奋斗的作风。

在选拔配备方面，华为选拔干部有一条重要的原则：猛将必发于卒伍，宰相必取于州郡。要想当将军，先当好一个班长；要想当宰相，先当好一个村主任或村支书。表面上看，说的是干部要来自基层，实际上是要求干部必须懂业务，尤其对财务、人力资源等职能部门来说，这一条尤其重要，不懂业务，无法对业务提供支持，那存在的价值是什么？

在使用管理方面，华为强调对干部的考核与激励，干部承担的责任相对更大，在激励方面也要有相应的倾斜与考虑，从而体现“责、权、利”的对等原则；此外，干部管理同样需要约束机制，建立对干部的分权管理以及监察制度，实现对干部的良性管理。

在建设培养方面，华为强调干部队伍的建设采取选拔制，而不是任命制，“赛马不相马”，干部是在实战中“打”出来的。对干部的培养华为要求采取“训练＋实战”的模式，学以致用是根本，并非完全意义的课堂式培训。此外，华为还建立了干部循环流动制度，对干部采取大范围的轮岗培养，并且组建了强大的后备干部队伍，保障事业的持续发展。

在这条原则之下，华为选拔干部有三个“优先”，第一，优先从成功团队中选拔干部。团队优秀，团队中个体优秀的概率更大，数量更多，可以作为持续输送干部的源头。第二，优先从主攻战场、一线和艰苦地区选拔干部。这是干部选拔的导向。第三，优先从关键时刻和事件中选拔干部。平常表现怎么样不好说，但在关键时刻和关键事件中的表现非常重要，会决定一个干部的发展。

作为家电行业的龙头企业，美的多年来异常低调，自 1968 年成立以来，经过 50 多年的风风雨雨，美的已经成为中国企业管理领域的一个优秀标杆，从某种意义上说，美的比华为更值得我们学习。

在干部管理方面，美的大概经过了六个阶段的演进，历经了经营目标责任制对干部的牵引、事业部制下的“赛马”机制、消除“山头主义”的干部变革、干部的分类管理、干部的一致性管理以及干部的体系化管理，随着时代的变迁，美的干部管理一直在围绕企业战略持续进化。

综观华为和美的，发现优秀企业对干部的要求具有高度一致性，比如华为认为干部首先要能“打粮食”，也就是带领团队打胜仗；美的则是典型的“结果导向”，干部首先要有结果。此外，美的将干部分为三类：内部企业家、职业经营者和专业管理者，不同的定位，要求也会不同。

优秀企业对干部管理具有长期性，绝不是运动式的，想起来就搞一下，想不起来就不搞。干部管理的终极目标是通过对干部队伍的建设与培养，带动企业员工一起奋斗，从而实现企业的战略目标。

作为企业执行的中坚力量，干部队伍需要承担三大责任：扛目标、打粮食和驱动人。

责任 1：扛目标——高目标才有成长。

在企业执行层面，干部的首要责任，是将战略目标分解到本团队，并勇于挑战高目标。这一点其实很难做到，很多企业的干部不愿意，甚至不敢扛高目标。所以，高目标不是问题，问题出在目标背后的人，而人出问题，本质是企业文化有问题。

干部应当成为企业绩效文化建设的第一责任人，干部要率先垂范，以身作则，扛高目标从自己开始，而不是只让下属承担高目标。只有力出一孔，才能形成战略聚焦与压强。

责任 2：打粮食——有结果才有发展。

承接了企业战略目标，干部要有能力将目标变成结果，只有目标，没有结果，毫无意义。干部不仅要自己能干，关键是率领团队打胜仗和拿结果。

首先，要将团队目标变成计划。只有目标，没有路径，就是“蒙着打”，打到哪儿算哪儿，靠天吃饭，有结果那是“命好”，没结果才是正常的。所以，干部要有方法并将方法教给团队成员，使其知道如何将目标变成计划，并对计划进行追溯和调整，不断逼近结果的实现。

其次，要将计划变成行动。很多企业都在写计划，但更多是“假计划”，写完再也不看，也不会按照计划行动，如果这样，又有什么必要制订计划，直接行动就好了。所以，干部要通过报告、会议等基本管理工具检查团队成员是否在行动，是否在采取正确的行动。

最后，要将行动变成结果。这是最关键的一步，干部需要高度关注，做好过程管理，帮助团队成员解决执行过程中的种种问题，驱动团队拿到最终结果。有粮食才有团队，没粮食就没团队。

责任 3：驱动人——会赋能才有团队

干部在企业执行过程中，还要肩负驱动团队的责任，赋能于人，激活个体，是干部的重要能力。按照郭德纲的说法“浑身是铁能打几根钉子”，干部不能只做“消防员”，更要做“赋能者”。

干部如何驱动团队打胜仗？

讲个故事。庙里有七个和尚在修行，每天的饭是一桶粥，如何公平地分粥？刚开始是指定一个和尚分粥，每个人都有私心，该和尚给自己分的粥多，其他和尚分的粥少，显然不公平；然后是抓阄轮流分，结果只有在每个和尚自己分粥的那一天能吃饱，其他六天都挨饿；于是大家决定选举一个德高望重的老和尚来分粥，这样总该公平了吧，殊不知，一开始还算公平，但时间长了，有人开始打老和尚的主意，渐渐地，讨好和贿赂都产生了，老和尚在一片阿谀声中迷失了自己，分粥变得不再公平，大家又不满意了；最终，和尚们决定成立分粥委员会和监督委员会，结果彼此都在指责对方偏心，等商量好了，各方满意了，粥早就凉了，显然这种方法成本太高。

以上的种种方法都叫管理手段，是推动团队执行的方法之一，但不是全部，正如故事所描述的，不能完全解决分粥公平的问题，还有其他方法吗？

换个思路，每个人轮流分粥，但分粥的和尚最后拿，为了保证自己不挨饿，分粥的和尚会尽量公平，这叫制度建设；还有，面对分粥的各种问题，可以对大家进行棒喝：你们都是一心向佛有信仰的人，怎么能为一碗粥而争吵呢？你们不觉得羞愧吗？这叫文化引领。

所以，管理手段、制度建设和文化引领，是干部驱动团队打胜仗的三大法宝，相辅相成，缺一不可。相应地，各级管理者要学会三大方法，从而不断地激发和驱动团队前行。

明确了干部队伍的重要性，也理解了干部队伍要承担的责任，企业若要实现人才队伍的优化和升级，需采取三大行动，即人才队伍盘点、人才队伍培养和人才队伍激励。首先通过盘点了解企业哪些人需要培养，其次解决如何培养的问题，最后是如何激励人才队伍持续保持奋斗精神。这三大行动对解决“人”的问题至关重要，既需要企业做好制度设计，也需要干部队伍充分发挥作用。

行动一：人才队伍盘点——盘出好未来。

人才队伍升级的首要问题是判断企业里哪些人需要培养和发展？对企业成员进行梳理、识别和判断，区分出三六九等，然后采取针对性管理措施，就是人才盘点。

由于充分认识到人才队伍培养的重要性，近些年人才盘点的热度很高，各种专业工具模型、文章书籍很多，将人才盘点赋予战略意义，如盘活人效、盘活增量、盘出利润，等等，可见人才盘点的重要性。

人才盘点的目的很简单：找出企业想要的人才。看似简单，操作却不简单，由于人的复杂性，对人才的识别与判断也会变复杂，人才盘点并非绝对精确，而是有理有据。综观企业人才盘点工作，通常来说，存在以下三大误区。

误区 1：主体偏差——人力资源部代替直线经理人。

很多企业将人才盘点视为专业性很强的一项工作，既然叫“人才盘点”，而且讲求专业性，那么人力资源部当然是责无旁贷，是人才盘点的第一责任人。

人力资源部在专业层面更有话语权，但是仅靠人力资源部操作人才盘点的弊端显而易见，脱离业务一线，对人才在业务工作中的表现不够了解，即使通过一些技术手段能对人才进行甄别和分类，但由于对人员具体的业务领域以及工作场景缺乏感知，盘点结果的有效性值得商榷。

我们绝不能否认直线经理对人才盘点的重要意义与作用，直线经理对下属最为了解，忽略直线经理的作用转而由人力资源部操盘显然是有问题的。人才盘点的主体责任人是部门负责人，而非人力资源部。

误区 2：专业迷信——迷恋测评技术忽略经验判断。

对人的判断与评价绝不是简单的事儿，因为人是复杂的，也是不断变化的，由于高度不确定，企业更希望有确定的方法来对人进行识别，这就是测评技术发展壮大的由来。

定性评估终究有偏差，我们都喜欢定量的数据，能更科学更精准地对人进行评价，所以各种素质模型、测评技术应运而生，并逐渐成为人才盘点的主流模式。

再科学的素质模型与人才测评，也会囿于隐性素质的多变与复杂，也会因为业务活动多样性的特点，很难对人进行精准的评估，哪怕结果是定量的数据，所以，将人才盘点完全寄托于素质模型与测评技术是不现实的，测评技术只是人才盘点的手段之一，而不是唯一，不能替代上级与下属在日常工作中相互配合所产生的经验判断。

误区 3：依据不足——识别要素不够导致结果失效。

人才盘点的结果要具有公信力和权威性，需要系统考量与设计，对人才的评价需要多维度因素，评价因素不足，容易导致结果偏差。

如果评价因素只有 1—2 个，要么是主观评价，要么是定量测评，这两者是两个极端，放到一起对比差异会比较大，会导致对某个人的评价出现对立，最终盘点结果也会失效。

所以，人才盘点的维度与结构必须多元和明确；多元是为了减少偏差，平滑单一要素评价的风险；明确是凸显人才战略的导向，着重说明对人才的要求。

了解对人才盘点的误区后，如何进行人才盘点？以下三个阶段可以借鉴。

阶段一：明确核心素质要求。

传统的素质模型是“大而全”的模式，针对某个层级岗位的要求有 N 多的素质能力要求，然后围绕这些素质能力进行测评，得出各项素质能力的分数，之后进行单独或汇总分析。先不说这种测评方式针对性如何，那么多的素质能力，哪些是针对某类岗位的核心能力？核心素质能力定义不清晰，测评就是走过场。

比如华为对各级干部的核心素质要求非常明确。基层干部核心素质要求具备执行力，中层干部的核心素质是理解力，高级干部的核心素质是决断力。这是华为针对不同层级的干部特点，经过多年的摸索与实践，制定出的干部素质能力要求。不求多，关键在于抓主要矛盾，抓核心能力。这样的干部素质能力简单而明确，针对性极强。

阶段二：设计多元评价要素。

如何对人进行科学评价？哪些评价要素比较合适？评价要素太少说服力不够，要素太多成本会上升，如何设计科学有针对性的评价因素是人才盘点的关键。

显然，最终结果如何是评价一个人的重要因素，工作没有结果，或者结果不好，其他方面表现再好也没有用，但是只对结果评价容易犯短视、急功近利的错误，还需要对过程进行评价，比如能力。此外，还要判断一个员工是否有前途，也就是潜力。所以，可以根据时间维度进行评价因素的设计，效力，也就是绩效或者业绩，说明的是过去；能力，也就是表现出来的行为，代表现在；潜力，指是否有高绩效的特征，代表未来，如图 4–5 所示。

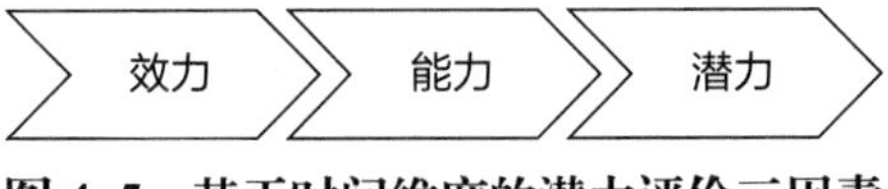

图 4–5　基于时间维度的潜力评价三因素

最困难的是对潜力的评价，结果和行为都是可以观察的，潜力看不见摸不着，如何评价，评价潜力，关键看三个方面：是否有灵气？是否愿意与他人合作？是否有内部驱动力？可以参考三个方面相应的行为进行考察和评价。

阶段三：动态评估及时调整。

人才盘点的经典工具是“九宫格”，“九宫格”对人才盖棺定论过于绝对、过于复杂，建议谨慎使用。

由于企业和人处于不断变化的状态之中，今天的绩效与行为不好，不代表始终不好，还是要用动态及开放的眼光看待人的成长与发展，将盘点结果定性区分为“优秀人才”“高潜人才”“待提升人才”三类即可，而且每隔一段时间（比如半年或一年），就要对人才盘点结果进行重新评估、审视与调整，以适应人才的成长与变化。

明确核心要求，设计科学评估要素，对结果进行动态审视与调整，通过这三个阶段的操作过程，企业就可以逐渐掌握人才盘点。

行动二：人才队伍培养——带出好队伍。

很多企业往往把培训作为人才队伍培养的核心举措，不能否认培训对人才培养的重要意义，但预算花了，培训做了，人才的能力水平一定能提高吗？答案是否定的。

培训更多解决“知道”的问题，也就是知识的传递及输入，知识要变成能力，其间还需要经过消化、理解、转化以及应用等一系列复杂的过程，其中，最难的是转化。如何把知识转化成能力？路径是唯一的，就是一定要实践，要“打仗”，而且要“打胜仗”。

人才培养的主线，还是要回归企业战略。首先，从战略确定企业需要哪些关键人才？主要的能力诉求是什么？比如某企业 2023 年的战略主题是“国际化”，显然，国际化人才就是该公司的关键人才，那么国际化人才的主要能力要求有哪些呢？国际语言应用、跨国合作、矩阵式企业配合、多元化文化适应等要素显然是国际化人才的重要能力要求。

以战略要求确定的关键人才只是人才队伍培养的一部分，从企业能力的角度，人才队伍的整体能力水平才是战略是否实现的重点所在，所以企业在战略层面还要确定什么样的人才队伍培养是战略重点任务。

企业要关注三支人才队伍：干部队伍、专业人才队伍和后备人才队伍。干部队伍的突出特点是承上启下，上传下达，干部队伍的素质能力至关重要，所以要首先纳入培养规划；专业人才队伍最主要的是提升业务能力，而非管理能力，要想方设法将专业人才的业务能力发挥到极致，这样对企业执行效率和结果才会有较大的帮助；后备人才队伍相当于预备役，一旦“打仗”能立刻上“战场”，而且“来之能战，战之必胜”，所以，日常的培养与训练是保证战斗力的手段。

明确了培养对象，定义了关键能力，接下来要设计培养手段与路径。培训是重要的方式，但绝不是人才队伍培养的唯一方法，丰田的“OJT”“721”培养等都是可借鉴的有效方法。可以基于是否在岗和是否独立学习两个维度设计培养方法，形成人才队伍系统培养矩阵，如图 4-6 所示。

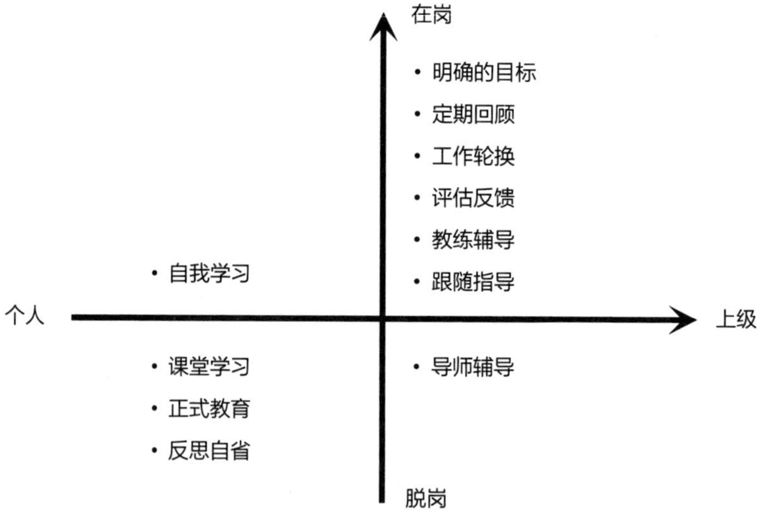

图 4-6　人才队伍系统培养矩阵

以华为的干部队伍培养为例。华为的干部划分为基层、中层、高层三个级别，分别都有能力要求，大多数企业对干部的要求比较多，往往使用复杂的领导力素质模型作为领导干部的能力标准。看似专业科学，但实际可操作性不强。华为对干部要求很简单，每一级干部只有一项核心能力要求：基层干部是执行力，中层干部是理解力，高层干部是决断力。

这背后的逻辑是，华为对基层干部的主要要求是业务能力强，无论什么项目都能搞定，干就完了，不强求太高的管理能力；中层干部肩负上传下达、承上启下的重要使命，向上要深刻理解和正确解读公司的战略，平级之间要考虑专业分工和换位思考，便于高效协同开展工作，所以理解力是关键；到了高层干部，独立负责某个业务或某个市场，面临复杂的内外部市场环境，必须大胆决策，而且要保证决策的有效性，因此决断力很重要。

能力要求确定后，华为对进入人才池的后备干部倾力培养，采取的主要方式就是“打仗”。比如成为基层干部的后备，企业会提供多种项目实践的机会来提高执行力，执行力是“打”出来的，不是想出来的；成为中层干部的后备，就可以参与轮岗，通过参与其他岗位或跨部门的历练，提高理解上级和平级的能力，从而更好地做协同；成为高层干部的后备，就有机会带团队做决策，决策场景有很多，既有空白市场开拓，也有竞争激烈市场中的反败为胜，通过多维度的业务实战来训练决策能力。

这种人才培养模式最大的优势是，避免常规提拔后在新岗位的磨合适应期，由于未提拔前已经获得了新岗位的相应能力，一旦上任立刻就会发挥生产力，几乎是零成本。华为将这种人才培养模式定义为“让将军的积累在中基层岗位完成”，可以说实现了人才队伍培养与业务开展的无缝衔接，比单纯的脱岗培训更有意义和价值。

行动三：人才队伍激励——养出好氛围。

人才需要盘点，需要培养，更需要激励。激励是个重要而复杂的课题，如果读者的专业是管理或者对管理感兴趣，就会发现在管理学界，“激励”

是理论研究与观点集合最多的概念之一，足以说明激励在管理中所占据的地位。

在企业执行过程中，会遇到很多意料之外的变化与坎坷，如何使团队保持高昂的斗志和凝聚力，克服各种困难达成战略目标，并不是简单的事情，这就需要通过多种激励手段激发团队，赋予团队更强的执行动力和氛围。

企业在激励体系设计之前，需要搞清楚激励的底层逻辑，否则采用了激励方法和手段，但无法达成预期效果，最终导致激励失效，这种现象比比皆是。只有理解激励的根本属性，才有可能对症下药，事半功倍。

激励的底层逻辑包含四个关键词，分别是需求、满意、期望和公平。激励要围绕需求展开，激励只有让企业成员满意才能调动工作积极性，激励要关注企业成员的内在期望值，并且，激励还要保证公平。

关键词一：需求。

关于需求，大家最熟悉的是马斯洛需求模型，人的需求一般分五级：生存、安全、社交、尊重和自我实现，五个层次的需求依次递进，如果较低的需求不能被满足，那么高一级的需求就没有激励作用。

但是，这个观点没法解释某些人的行为表现：比如焦裕禄同志，他在当时的现实环境下温饱问题尚无法解决，却成就了自我奉献的伟大事迹，按照马斯洛的需求理论是无法解释的，焦裕禄同志的选择背后，是其拥有坚定的信仰，这种信仰足以支撑他忘却物质方面的匮乏而追求精神的伟大。所以，马斯洛带给我们的绝不是五个需求层次的泛泛而谈，而是提醒我们，需求是多元而且复杂的，激励需要引导；激励也并非只有物质激励，激励是多样的，因为不同的人需求是不同的，甚至同样一个人，在不同的阶段需求也是不同的，激励多样化恰恰对应需求的多元化。

关键词二：满意。

为什么涨工资不能调动企业成员的工作积极性？为什么福利无法提高员工满意度却大幅增加企业成本？

事实上工资、福利、工作环境、同事关系等因素只能降低企业成员的不满意程度，而无法提高满意程度，也就是这些东西是应该有的，没有就会产生不满，比如，涨工资是应该的，增加福利是应该的。如果把重点放在这些要素上，只能增加企业成本，而无法获得业绩结果。

什么因素能调动员工的工作积极性？基于绩效的奖金，基于业绩结果的晋升才是调动员工积极性的关键要素，所以，德鲁克说：让激励来源于工作本身。

在实际工作中，两个方面的要素都要有，工资福利属于底线，底线要达到行业平均水平，在平均水平之上才能谈激励因素。

关键词三：期望。

期望是管理中的一个重要概念。一方面，要让企业成员对未来有期望；另一方面，期望不要太高，否则失望会更大。但是，问题来了：如何把握期望的度？

期望的平衡度很难掌握，谈期望的目的，是让管理者关注并了解团队成员的期望，因为激励和期望有很大的关系。

激励能起多大作用，和什么因素有关？一是激励的程度，比如达成目标后的回报，回报越高，激励力度越大，反之则越小；二是被激励对象认为自己实现目标的概率，概率越大，激励力度越大，反之同样越小。

激励要有作用，要从内外两个维度做设计，外部激励我们都很熟悉，但往往忽视内部激励，也就是企业成员认为完成目标可能性的大小，只有两个维度同时正向，激励才有作用，否则激励就是无效的。

关键词四：公平。

俗话说“不患寡而患不均”，这说明了公平的重要性，但是，只有相对公平，没有绝对公平，如果管理者想要团队中的每个成员都感到公平、都满意，最后的结果就是每个人对管理者都不满意，所以，绝对公平是不存在的。

公平更多是一种主观感受，公平表现出来的是“公平感”，既然是“感”，就要使大家有这种“感”的依据和理由，而这恰恰是管理可以发挥作用的地方。

从四个关键词入手了解了激励的底层逻辑，得出的结论是，激励一定要多样化，而且除了外在激励，还要关注内在激励，也就是员工的期望值管理，此外，还要注意激励的公平感问题。

说到多样化激励，我们自然会想到物质激励和精神激励，那么，难点在于什么样的激励方式是有效的。一方面，物质激励确实有效，但持续周期短，物质激励的资源有限，而且如果把团队成员的工作积极性以及工作成果质量与物质激励建立唯一的连接，价值导向一定会出问题，结局就是“有钱就干活，没钱或钱少了就不干活”，显然危险性很大；另一方面，精神激励成本虽然不高，但效果不佳，表扬、表彰、荣誉等方式用几次就疲了，而且容易被团队成员认为在“画饼”，两者各有利弊，怎么办？

要把激励做成战略导向，而非通常意义的奖惩。所谓战略导向激励，就是针对企业重点关注的战略性工作的完成情况所设置的激励项目，目的是鼓励团队成员优先完成企业关注的战略重点任务，而非员工个人的日常工作。基于战略导向，企业的激励体系可以设计成物质激励、机会激励和精神激励三大类别。类别不同，设计的重点也会不一样。

类别 1：物质激励的核心是公平。

坦白说，物质激励无论从需求迫切性还是吸引力来看优先级都更高，这是人性，我们不能否认，所以，企业激励体系设计的重点应该是物质激励。我们必须清醒地认识到，物质激励的资源始终是有限的，有限的资源还有一个分配是否合理的问题，由此，公平就是物质激励设计必须考虑的。

物质激励设计通常分为工资、绩效以及奖金三部分内容。工资和岗位价值，任职者的资历、能力和经验密切相关；绩效与工作表现和对企业的贡献相关联；奖金最常用的模式是年终奖。

工资和绩效暂且不表，单说年终奖。年终奖作为奖金的一种，应该对员工的年度绩效表现进行评估，根据贡献大小决定奖金的发放金额。但是，问题来了：一方面，年度表现的周期太长，等到年底再评估员工的表现显然已经晚了，有些表现可能已经忘记了；另一方面，年底发放奖金，激励性几乎为零。所以，很多人苦苦等待的年终奖，失去了激励的意义，变成了辛苦钱，忙忙碌碌一年，没有功劳也有苦劳，怎么也得有点年终奖吧。至此，年终奖失去了激励导向，不是衡量贡献，而是变成了具有“大锅饭”意义的辛苦费。

物质激励要体现公平，可以采取周期变化和市场对标两个方法。

第一，物质激励发放周期要有变化。

物质激励不要总是固定在某个时间点发放。也就是“发钱要看时候”，有固定周期，比如月度、季度、半年度以及年度；也有不固定周期，比如即时激励。发放周期太固定，没有惊喜感；发放周期过于随机，没有安全感。两者一定要结合。

比如，很多企业都在年底发放年终奖，甚至拖到第二年上半年发放上一年的年终奖，理由是年底奖金发完了，一定比例的员工会离职，并且美其名曰保持员工队伍的稳定。如果员工做出了贡献而不做及时激励，统一放到年底兑现，激励效果早就没有了，所以很多企业的年终奖只能叫“辛苦费”或“年终红包”，其实并不具备激励性。

所以，年底发奖金是最没有激励性的操作方式。正确的做法是在执行过程中，针对战略导向设计激励项目，比如总量突破奖、新客户开发奖、大客户深耕奖等。简言之，管理者想要什么，就设计什么奖，导向做明确，一旦达成相应的结果，就要及时兑现。一方面让战略落地；另一方面让大家清晰感知企业的激励导向，让企业与企业成员彼此“双向奔赴”，最终达成“一江春水向东流”的共赢局面。这样的激励才叫战略激励。

第二，物质激励多少要对标市场。

员工能拿多少钱并不是单纯的数字，从人性的角度来说，每个人都会做对比，企业要引导员工做正确的“对比”：第一，和自己的过去比；第二，与市场和行业比，不要和其他人去比。所谓“人比人得死，货比货得扔”，“幸福是比较出来的”都是在讲无意义的对比所产生的烦恼。

企业内部的薪酬水平是一个方面，与市场和行业对标，然后根据对比结果进行薪酬调整是非常必要的操作手段，这样才能真正体现公平。

基于市场对标的薪资调整示意图如图 4–7 所示。将员工绩效结果与 CR 值挂钩进行薪资调整，科学性更强。CR 值是薪酬比较率，是某公司某层级员工平均总薪酬与同行业同层级员工平均总薪酬的比值，CR 值大于 1，说明该公司某个层级的员工薪酬水平大于行业平均值；反之，则小于行业平均值；CR 值越大，调薪范围越小，幅度也越小；反之，调薪范围越大，幅度也越大。将企业薪酬水平与行业进行对标，可以增加大家对薪酬水平的正确理解，也是公平性的重要体现。

综合考评等级	CR 值所在的范围					
	CR<66%	66%≤CR<91%	91%≤CR<116%	116%≤CR<125%	125%≤CR<141%	141%≤CR
S	25%	22%	15%	12%	10%	8%
A	22%	15%	12%	10%	8%	0
B	15%	12%	10%	8%	0	0
C	12%	10%	8%	0	8	0

图 4–7　基于市场对标的薪资调整示意图

类别 2：机会激励的关键是责任。

如果说物质激励针对的是增量结果，那么机会激励更多是针对行为，而且这种行为是企业倡导并和价值观相符合的。

企业中普遍存在“鞭打快牛”的现象，也就是干得多、回报少，甚至短期内没有回报，一旦“鞭打快牛”成为企业共识，没有人愿意主动做事、主动担责，无疑是很危险的，此时，就可以启动机会激励，主动付出、主动做事、愿意承担责任的人，虽然短期内不能在物质激励方面得到体现，但会进入公司机会激励制度的考察范围，当有职业发展的机会（比如晋升、外部交流、培训学习等）出现时，这些人会优先获得这些机会。简言之，机会激励就是“不让雷锋吃亏”，付出一定会有回报，只是回报不是放在现在，而是未来。所以，机会激励是对勇于承担责任的企业成员的回报，这种回报可能会迟到，但绝不会缺席。

类别 3：精神激励的本质是个性。

很多时候，精神激励给人的感觉是“隔靴搔痒”，很尴尬，为了做而做，容易导致效果不佳，而且，一旦团队成员有了这个认知，从此精神激励的作用就会失效。

如果大家看奥斯卡电影和 NBA 的颁奖典礼，会发现在典礼上，不少电影作品和运动员都有机会获奖，而且奖项名目繁多，每位获奖者上台领取奖杯发表获奖感言时都非常激动和开心。在激励的手段中，物质激励和机会激励注定只有企业中的少数成员可以获得，为什么不把精神激励的被激励对象数量做多呢？

精神激励有两个特点：覆盖面广和针对性强。哲学家尼采说：每个人一辈子都在寻求价值感和存在感。精神激励针对的是团队成员个性化的需求，而非共性诉求。每个人的需求不可能一样，表扬、鼓励、表彰之所以效果不佳，更多是因为没有考虑团队成员的个性化需求，只是泛泛地弄一弄而已。要针对团队成员个性化的需求设计针对性的精神激励才会有效果。

从公平感角度重塑物质激励，从责任感方面设计机会激励，从个性化维度建立精神激励，只有抓住激励的特质，激励才能发挥作用，也才能将人才队伍彻底激活。

能力系统是对业务系统的良好补充及支撑，缺乏能力，业务执行很难有结果；而没有套路和打法，只靠能力也很难有持续的结果达成，两者相辅相成，互为依靠。

至此，对企业执行“1+1”系统的各模块内容进行了详细阐述，从基于目标的业务执行系统到激发活力的企业能力系统，以战略目标和业务运营为主线，辅以企业、文化以及人才等关键要素支撑，共同打造不依赖个人的企业执行体系。

企业执行“1+1”系统涵盖的范围比较广泛，涉及企业管理的方方面面，如果在实践中全部展开，成本会比较高，效果也未必好，先从业务执行系统切入比较好，毕竟目标是执行的起点，围绕目标将战略落地、战略质询和战略复盘连接起来顺理成章，企业能力系统的建设周期长，是一个循序渐进的过程，需要逐步完善。

五、企业执行体系构建典型案例

很多企业逐渐认识到企业执行的重要性，开始着手构建企业层面的执行体系，尤其是在 2020 年，国资委在中央企业及地方重点国有企业开展对标世界一流管理提升行动，引导国有企业从先进的管理中要质量、要效益、要增长，推动一批企业效率效益达到世界一流水平。

在这样的大背景下，很多企业开始目光向外，运用对标管理学习先进，明确发展方向，在企业执行方面，国内也涌现出一批优秀的企业实践。

案例 1：国家电投，基于“一流战略”的 JYKJ 企业执行体系。

国家电投（国家电力投资集团有限公司）是我国五大发电集团之一，是同时拥有水、火、核、风、光、气、生物等全部发电类型的综合能源集团，也是全球最大的光伏发电企业。

2018 年，国家电投正式提出“2035 一流战略”，即 2020 年成为国内领先的清洁能源企业，2025 年成为有一定国际影响力的清洁能源企业，2035 年基本建成具有全球竞争力的世界一流清洁能源企业。

为推动“2035 一流战略”的达成，国家电投构建了系统的“战略—规划—计划”（SPI）、“计划—预算—考核—激励”（JYKJ）、“双对标—双激励”（SDSJ）的企业执行体系[①]（图 4–8）。分别从宏观、中观、微观三个层面构建逻辑严谨的执行框架，共同推进战略落地与达成。

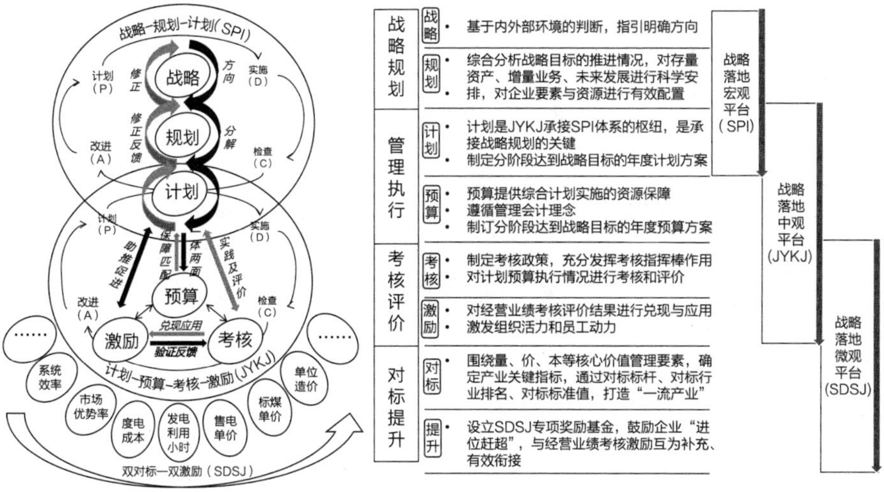

图 4–8　国家电投基于“2035 一流战略”的企业执行体系框架

其中，SPI 是战略顶层设计，根据外部环境与行业发展趋势明确企业长期发展方向和战略目标，在长期战略目标指导下制定 3 年发展规划，然后将规划具体分解到年度经营计划。

基于战略视角，JYKJ 是推动战略落地与执行的载体与平台。向上承接集团战略 SPI 体系，将宏观的战略目标落实到厂站一线企业日常的经营管理活动中，让企业的管理活动具备战略导向；向下通过计划和预算做好资源配置，通过制定考核规则、设计考核指标，充分发挥考核的“指挥棒”作用，同时通过各种激励手段工具，激发集团各企业单位的活力以及各级员工的动力，共同促进战略目标的达成。

---

① 汪雅萍，何召滨．整合式创新：国家电投基于战略的管理创新实践［J］．中国管理会计，2021（3）：38–52.

为进一步激发厂站一线企业的主动性与积极性，国家电投在微观层面建立了“双对标—双激励”（SDSJ）体系，通过引入对标工具，围绕量、价、本等核心价值管理要素，确定具有行业代表性的产业关键指标。按照“双对标”原则，对标自己，设置关键指标登高目标；对标同行，与发电集团以及国内、国际一流企业进行比较。为鼓励企业“进位赶超”，国家电投在JYJK经营业绩考核激励之外，还设置SDSJ专项奖励，根据产业指标排名提升程度兑现奖励，实现“双激励”。

国家电投JYKJ以年度计划落实战略规划，以全面预算保障计划实施，以绩效考核牵引行动方向，以激励激发企业与员工活力，构成了完整的管理闭环。

国家电投JYKJ是企业执行“1+1”系统中的战略落地部分。JYKJ是集团战略落地的大框架，并未明确说明用何种工具将集团战略落地为各级企业的行动计划，但这个体系框架是有价值的，也是可行的。

案例2：宝武钢铁，绩效驱动型企业执行体系构建。

宝武钢铁（中国宝武钢铁集团有限公司）由原宝钢集团与原武钢集团于2016年联合重组而成。2022年世界500强排名第44，居全球钢铁企业首位。宝武钢铁先后重组马钢集团、太钢集团、重庆钢铁、中钢集团，实现了跨越式发展。宝武钢铁以联合重组后的深度融合为手段，持续打造基于“一基五元”（一基是钢铁制造业，五元是新材料产业、智慧服务业、资源与环境业、产业园区业、产业金融业）的多元业务板块。

宝武钢铁自成立以来，就对“何为优秀企业，何为优秀管理者”进行了深入反思与探讨，摒弃了以往原宝钢集团时期单纯以预算目标完成度衡量企业业绩的传统做法，确立了“超越自我、跑赢大盘、追求卓越、全球引领”（简称超跑追领）的战略绩效导向。

“超跑追领”绩效导向作为一个整体，充分体现了各级经营者不断提升、永不懈怠的追求。其中：“超越自我”是基本追求，集中体现在目标制定环节，在假定企业的资源边界和经营环境不变的前提下，年度目标比上年应有提升；“跑赢大盘”是重点追求，将经营业绩的增幅是否能跑赢竞争对手作为衡量业绩是否优秀的重要标准，变“打固定靶”为“打移动靶”，彻底解决目标博弈问题；“追求卓越”是更高追求，充分体现“管资本”定位，以企业净资产收益率（ROE）所处行业分位值是否处于行业前列，作为判断企业业绩是否卓越的前提，规避企业“低水平”跑赢大盘现象；“全球引领”是最终追求，制定“高科技、高效率、高市占、生态化、国际化”（简称“三高两化”）的引领性战略目标，作为衡量企业中长期（3—5 年）业绩的主要依据。

按照“超跑追领”的要求，宝武钢铁构建了以战略规划为牵引，以商业计划、管理报告、绩效审核为过程控制手段，以绩效激励为驱动的绩效驱动型企业执行体系[①]，如图 4–9 所示。

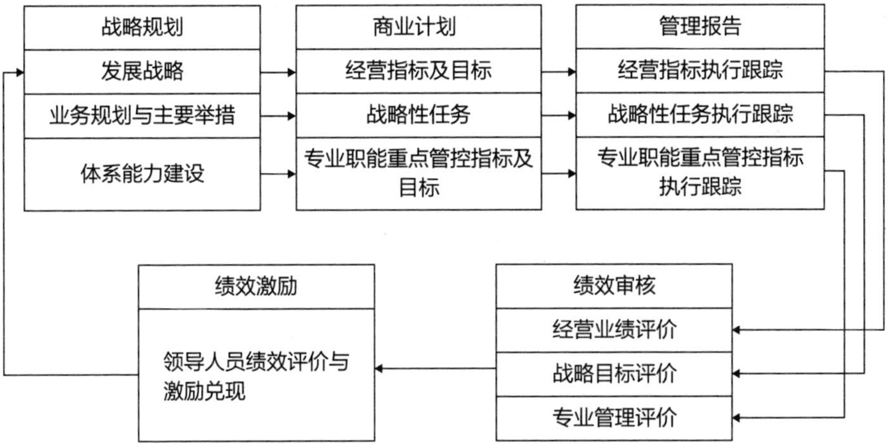

图 4–9　宝武钢铁“超跑追领”绩效导向的企业执行体系框架

其中，战略规划是起点，子公司战略规划必须支持集团战略落地，并作为子公司商业计划的核心输入；商业计划是切入点，在“年度管理主题”指

① 刘亦飞，夏峰．中国宝武绩效驱动型战略执行体系管理实践［J］．财务与会计，2022（2）：30–33.

引下，各单位通过将战略规划分解为具体的投资计划、经营计划、人力资源计划和科技创新计划等，保持资源配置与战略方向的一致性；管理报告是支撑点，集团、业务板块和子公司通过编制季度管理报告，对商业计划的执行过程和结果进行监控和分析，为绩效审核提供依据；绩效审核是保障点，对战略执行过程和结果进行审核评价；绩效激励是落脚点，依据绩效审核结果对子公司管理团队和个人进行考核奖惩。

从宝武钢铁的企业执行实践来看，业务执行系统中的战略落地以商业计划的方式实现，采用管理报告作为战略质询的载体，对执行过程进行监控与纠偏，以绩效激励使执行体系形成闭环，这与战略复盘闭环并无实质性区别。

案例 3：中国移动，对标世界一流管理提升的战略执行力体系。

中国移动（中国移动通信集团有限公司）成立于 2000 年，伴随着我国经济的快速发展，中国移动目前已经成长为全球网络规模最大、用户数量最多、品牌价值和市值排名位居前列的电信运营企业，在国资委经营业绩考核中连续十六年获得 A 级绩效结果。20 余年以来，中国移动始终将“对标世界一流”作为最重要的管理工具，嵌入战略、市场、财务、人力、供应链等各领域，全面提升企业经营管理水平。

中国移动成立之初，面对自身能力不强、与国际领先电信运营企业相比明显落后的现状，制订了“争创世界一流通信企业”的服务与业务“双领先”战略。但是，以什么样的方法快速追赶并超越世界一流通信企业，这个难题摆在企业面前。中国移动选择了“对标管理”（benchmarking）工具，向国际先进经验学习，全面启动了国际对标工作。

战略是企业的前进方向，决定着企业的未来，而战略与经营实际情况之间如何衔接往往是企业发展过程中的难题。中国移动通过搭建“战略—预算—考核—薪酬”闭环管理体系，打造了卓越的战略落地能力[①]，如图 4–10

① 陈静．对标世界一流管理提升打造卓越的战略执行力——中国移动的管理实践［J］．中国管理会计，2021（2）：52–60.

所示。

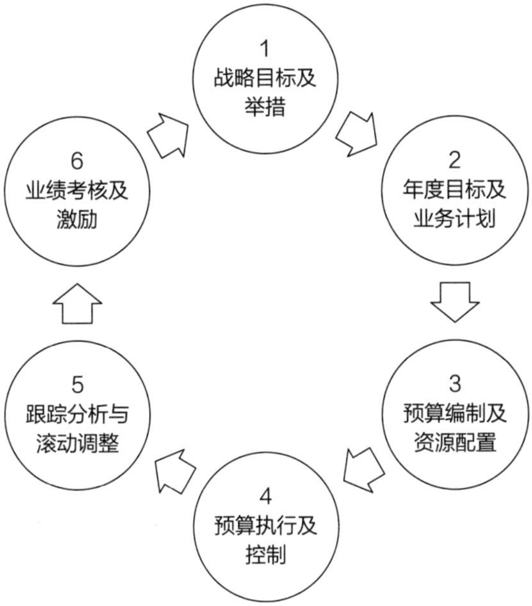

图 4–10　中国移动打造卓越战略执行力的闭环管理体系框架

以全面预算管理为工具，按照战略配置各项资源；以战略目标为导向，根据企业业务特点，全面梳理企业 KPI 业绩体系价值树，结合平衡计分卡理论筛选匹配的关键指标，构建以效益价值为中心、以结果指标为主、以客户感知为导向、长短期指标相结合的多维度的考核指标体系；将预算目标与考核目标对等衔接，保证战略、预算、考核的层层传递，通过差异化的考核方法，鼓励先进、鞭策后进，在一定程度上实现公平与效率的统一；将考核结果与下属企业的人工成本挂钩，加大奖惩力度，实现战略落地整个管理链条的闭环。

从上市之初，中国移动就不断探索尝试，从灌输观念开始，到实现以价值形式对企业经营管理活动实施从预测、决策、执行、分析、控制到考核、奖惩的管理，逐步在企业内搭建起了这套闭环管理平台，实现了全员、全过程、全方位的管理。通过这套闭环管理体系，中国移动不仅建立了战略执行力，同时建立起了强大的业绩文化。

时至今日，经过20多年的不断优化完善，“战略—预算—考核—薪酬”闭环管理体系已经成为中国移动落实战略、配置资源、引导发展最为有效的抓手，是激励约束机制最重要的组成部分，为企业的发展注入了生机和活力，在持续发展过程中发挥着重要的作用。

中国移动“战略—预算—考核—薪酬”闭环管理体系同样是基于战略目标的业务执行系统中战略落地的具体内容，虽然名称各异，但本质并无差别。

企业管理的核心要素有四个：战略、组织、人才与文化。战略决定组织和人，文化是土壤。战略包含战略规划、战略解码与战略执行，其中，战略执行就是企业层面的执行体系建设。从企业执行的角度来看，业务执行系统是关键，组织、文化和人才构成企业能力系统，两者共同组成企业执行“1+1”系统。

第二节　团队执行：执行分解动作

一、管理者的主要任务

执行分为企业执行、团队执行和个人执行三个层次。团队执行，是划小作战单元的执行问题，与企业的规模和层级有密切关系。在谈团队执行之前，有必要搞清楚不同层级管理者的定位和任务，毕竟，不同层级的管理者对团队执行所肩负的任务是不一样的。直至今天，德鲁克对管理者任务的定义，依然深邃而睿智。管理者的三大任务：使企业有前途，使工作有成效，使员工有成就。

（一）高层管理者的任务——使企业有前途

让企业保持增长，不断扩大业务规模，是高层管理者的首要任务。如果说，不想做大，一直稳定现有局面，始终不会消亡，是不是也是一种成功？错！做企业犹如逆水行舟，不进则退，不思进取，是典型的缺乏绩效精神的体现，是不称职的高层管理者！

若要企业有前途，高层管理者要居安思危，走一步看三步，提前规划企业的业务发展方向。未雨绸缪，提前布局，管理者需具备超前的战略眼光。

高层管理者要能精准研判行业的发展趋势、客户需求的变化趋势以及企业面临的关键问题，在种种复杂问题中抽丝剥茧，洞悉公司发展的逻辑，找到业务突破的战略机会，从而为企业发展做长远的思考与布局。

高层管理者要率领团队走向光明的前路，如何实现终局的愿景目标？高管团队要“抓主要矛盾和矛盾的主要方面”，所谓“主要矛盾”，于企业而言，无非“业务”和“人才”两大抓手，业务层面的主要矛盾在哪里？人才方面的主要矛盾是什么？需要高层管理者有明确且清晰的思考及回答。

使企业有前途，高层管理者既要有高瞻远瞩的战略眼光，又要有能够脚踏实地地执行路径，这两个方面，是高层管理者的关键任务。

（二）中层管理者的任务——使工作有成效

如果说高层管理者的任务是给企业谋求美好的未来，那么中层管理者的任务就是使工作有成效，也就是和团队一起拿到结果。

任正非的观点：企业发展的基本逻辑，方向要大致正确，企业必须充满活力。高层管理者负责企业发展方向，中层管理者要让企业充满活力，带领团队实现业绩目标。

一方面，中层管理者所处的位置要求其必须承上启下，上传下达，对上对下的责任要到位；另一方面，要引领、激发团队成员的士气，克服执行困难，达成团队目标。

如何激发团队活力？正如前文讲的和尚分粥的故事，中层管理者需要运用管理手段、制度设计以及文化引领等多种方法产生的统合效果，持续保持企业的活力。

（三）基层管理者的任务——使员工有成就

高层管理者负责企业发展方向，中层管理者保证工作有成效，那么，作为最靠近业务一线的基层管理者，最重要的任务是使员工有成就，也就是保证员工获得结果。

若要帮助下属拿到想要的结果，基层管理者必须练习并掌握基于目标的团队管理方法和技巧。基层管理者不需要高大上的管理理论和思想，带领下属获得小战役的胜利，提升团队成员的信心，不断拿到业绩结果，就是最好的证明。

使企业有前途、使工作有成效、使员工有成就，是企业不同层级管理者的关键任务，明确任务，才不会混淆责任，各司其职，各自发力，高效协同，保证团队执行有效顺畅，最终实现企业的持续增长。

二、团队执行方法论：三招九式，执行突破

明确了企业各层级管理者的主要任务，那么，如何保障团队执行的效果呢？如果只停留在战略执行方面，颗粒度还是不够细，很容易陷入一个常见的困境：目标很清晰，执行方向也未发生偏离，结果却不好。那么，问题出在哪里？

根本原因或许在于管理粗放。目标确定之后，大家都忙于工作，管理者没有针对目标展开一系列管理动作，比如跟进、辅导、反馈、纠偏等，导致团队对目标的专注度不够，只是按部就班地完成本岗位日常工作，不会考虑团队目标是否达成，只关注自身工作的完成。在这种情况下，团队目标有很大的可能无法完成。

团队管理者也觉得很冤枉，年初公司目标分解到团队，管理者按照要求将目标分解到每个团队成员，大家对自己的目标很清楚，KPI 确定了，行动计划也做了，每个人对目标的实现都很有信心，激情满满，干劲十足，怎么到最后没结果呢？

答案是，年初做的目标分解、KPI 设计以及计划制订，是无法落实到日常工作中的，因为颗粒度太粗了，只能作为 PPT 汇报用，而无法做执行管理。如果管理颗粒度只能到年度、半年度或者季度，是不够的，太粗放，管理要有效，颗粒度必须细。

因此，企业层面的战略执行，要最终产生结果，必须配套相应的更细致的执行动作，最佳落脚点是提升各个部门的执行水平，也就是团队执行力的升级。

看过电视剧《亮剑》的伙伴应该有感受，李云龙领导的八路军独立团战

斗力非常强悍，战士们作战勇敢，打起仗来“嗷嗷叫”，让日伪军闻风丧胆。显然独立团的战斗力打造离不开团长李云龙的付出和心血，企业中的团队同样需要“亮剑”精神，同样需要管理者的付出与塑造。

从管理实践的角度，企业需要可操作的团队执行力解决方案。管理者对团队执行力的打造，抓手要回到业务上，而非泛泛地给团队灌输“心灵鸡汤”，要给团队做“心理按摩”。只有回归业务，回到业务结果的达成和业务能力的提升，才是团队执行力的根本解。

业务的核心与起点是目标，围绕目标可将执行过程划分为目标计划、过程管理和总结复盘三个部分，这是个典型的 PDCA 循环，也就是团队执行力的“三招”，三招下面，各有三个具体的可落地的执行动作，包括设目标、定计划、写报告，开会议、会辅导、搞团建，做述职、能复盘、有反思共九个动作，合称“三招九式”，如图 4–11 所示。

目标计划	过程管理	总结复盘
①设目标	④开会议	⑦做述职
②定计划	⑤会辅导	⑧能复盘
③写报告	⑥搞团建	⑨有反思

图 4–11　团队执行“三招九式”模型

第一式：设目标。团队目标源于企业目标的分解，明确团队目标之后，要将团队目标分解到每位团队成员，让每个人都有前进和努力的方向，形成“千斤重担众人挑，人人头上有指标”的责任共担局面，将团队目标分解为每个团队成员的 KPI，事前有前进方向，事后有贡献评价，这是团队执行的第一步。

第二式：定计划。KPI 只是绩效考核指标，只有指标，没有路径，KPI 有很大可能完不成，为了保证 KPI 的实现，要制订计划来保障 KPI 的达成。说到计划，大家本能的反应颇有些不以为然，计划天天做，没啥用。但是大家想过没有，很多时候目标很清晰，结果却完不成，原因是什么？关键是缺乏策略性思考。策略是行动计划的指引，没有策略，计划就是常规动作，即使做了，也不一定保证结果的实现。

什么是策略？策略就是攻山头的方法，是正面强攻？还是侧面迂回？还是两者兼而有之？作为 KPI 的承接，策略要确定实现 KPI 的方法，然后才是具体的行动措施。定计划要形成“KPI—策略—行动措施”的管理闭环，制订计划可以采用 OGSM-T 框架模型。

第三式：写报告。如果计划只停留在年度，那颗粒度太粗，无法管理，所以，要将年度计划继续细化为每季、每月、每周甚至每天的计划。写报告就是细化颗粒度，将团队执行落地为具体的每周和每天的执行动作，最常见的报告形式为日报和周报。

不同的报告具有不同的意义。日报关注每天重要的三件工作完成情况，周报的重点在于分析，周目标是否达成？如果未达成是什么原因？下一周如何做改进提高？

如何避免日报和周报沦为“形式主义”？一方面，写日报和周报贵在坚持，目的是形成良好的工作习惯，这种习惯对团队每个人都是有价值的；另一方面，团队管理者一定要对团队成员的日报和周报进行反馈，通过上下级的互动实现下级的能力提高，进而提升团队执行力。

第四式：开会议。除了日报和周报，为了体现对执行过程的纠偏，还要通过会议进行执行管控，团队最基本的会议形式有日会和周会。其中，日会又分为晨会和夕会，晨会的目的是激发状态，夕会的目的是解决问题；周会的目的则是案例分享。

如何开好团队会议？有三个方面要注意：第一，不必天天开。天天开很容易流于形式，开会是手段，执行顺利是目的。第二，形式要多样。比如案例分享会、团队学习会、产品培训会、团队读书会等，多种形式，保证会议的有效性。第三，要有仪式感。团队会议的仪式感很重要，要让每个团队成员都有登台的机会，会前根据会议主题一定要准备 PPT，还可以做评选，发点奖品，激发大家的参与热情，提高会议质量。

第五式：会辅导。在团队执行过程中，一定会碰到各种各样的问题，此时，管理者要及时介入，对团队成员做针对性辅导。辅导的对象一般有三类：新员工、老员工和问题者。新员工进入公司，通常会经历四个阶段：兴奋期、挫折期、迷茫期和成熟期，阶段不同，辅导重点也会不一样；老员工的能力没问题，关键是心态，针对老员工的心态辅导需要的周期会比较长；问题者的辅导要及时，遇到问题就要介入，问题解决之后就结束了，对问题者可能是能力辅导，也有可能是心态辅导。

第六式：搞团建。搞团建的目的是调动大家的工作热情，提高团队凝聚力，否则，团队很难拧成一股绳，一旦人心散了，队伍就不好带了。团建方式可以分为两种：活动团建和业务团建。活动团建是借助一些团队活动进行团队融合，目的是通过团队成员的物理接触促成化学反应，业务团建是借助具体的工作场景，一起“打仗”来增加团队凝聚力，目的是围绕业务目标来激发团队成员的状态。不要一提起团建就是搞活动，活动团建和业务团建一定要结合。

第七式：做述职。述职就是让团队成员对自己在某一阶段内的表现做总结，这个阶段可以是季度，可以是半年，也可以是一年。述职前要让每个人准备述职报告，述职时管理者一定要进行反馈，既要发现下属的问题，直接提出，也要肯定下属的表现，当面表扬。述职是一面镜子，让每个团队成员清晰找出自己的进步与不足，便于更好地推动团队执行。

第八式：能复盘。如果说述职是团队成员对自己的总结，那么复盘就是管理者对整个团队的总结。团队复盘既要对业务复盘，也要对团队状态复盘。业务复盘大家都比较熟悉，团队状态复盘相对比较少，团队状态要从能力和意愿两个方面总结，而且，能力问题是表象，意愿问题才是根本。

第九式：有反思。除了业务和团队状态复盘，管理者最后要对自己做复盘，也就是做自我的反思。某个阶段自己的进步有哪些？还有哪些需要改进提高？不断总结反思，是管理者领导力提升的重要手段，也是团队执行力升级的关键保障。

借助上述“三招九式”团队执行力解决方案，企业可以更好地将企业执行落地为团队执行的必选动作，经过反复实践和打磨，形成企业的执行方法论体系，从根本上解决执行力的难题。

无论是企业执行的“1+1”系统，还是团队执行的“三招九式”，本质都是以目标为起点，以结果为终点，将执行过程做 PDCA 管理闭环，企业执行是大循环，团队执行是小循环，大循环套小循环，企业执行是团队执行的方向指引，团队执行是企业执行的分解动作，彼此促进，共同为战略目标发力。

三、团队执行对管理者的要求

团队执行的最终目标，是团队持续取得高绩效，那么，从这个最终目标出发，对团队管理者的要求是什么呢？

执行是一个漫长而且艰难的旅程，没有烟火璀璨，只有琐碎日常；没有光芒万丈，只有苦口婆心；没有鲜花掌声，只有无尽问题。这就需要管理者恪守角色，在执行过程中不断磨砺和实践，重点聚焦在如下三个方面。

第一，认清现实，心态平和。

成为管理者，意味着角色的巨大转变，原先只要做好本职专业工作就好，现在却要对团队绩效负责；原先可以嬉笑怒骂无所顾忌，现在却要“忍辱负重，忍气吞声”。

成为管理者，意味着你的时间会被彻底打乱，会有很多人占用你的时间，包括上级、平级以及下级。上级持续要求并时有变化；平级不愿配合推进困难；下级能力不够成果不佳。种种问题令你痛苦不堪，无暇顾及自身工作。

成为管理者，意味着你要处理多元化的人际关系，从关注自己，关注任务到关注他人，关注管理，因为管理者的成就感要建立在他人的成就之上。他人包括上级、平级以及下级，每个人的性格特点、成长经历、工作方式截然不同，这就需要管理者根据对象的不同，随时调整自己的工作方式和沟通模式，这种挑战是巨大的，也是之前做专业工作不曾遇到的。

还有很多管理者需要面对及解决的难题，这些难题往往让管理者无所适从，甚至打退堂鼓，或者有心无力、手足无措。这都很正常，清醒认识到管理和执行是一个复杂的过程，绝非一蹴而就，坦然面对，心态平和，是基本的管理素养。尽管很难达到，但是心态的准备是管理有效的基础。

第二，掌握技能，容忍灰度。

执行就是不断解决问题，解决问题需要方法，方法和技能有很多，管理者应该掌握哪些技能方法呢?

显然，技能的学习是没有止境的，执行同样如此，只学习不是目的，学习、掌握并应用才是根本。所以，管理者首先要掌握方法论，其次才是具体的技能，而不是本末倒置。

方法论是解决问题的底层逻辑，是方法和技能的集合体。面对问题，首先要设立目标，问题解决后成为什么样子；其次对问题进行界定，现状是怎样的；剖析问题产生的根源，什么原因导致了现状的产生；根据原因设计问题的解决方案，并做出选择；将行动方案落地执行，不断调整纠偏，以实现目标。这就是执行问题解决的方法论。

在方法论的指导下，学习并掌握相关技能和方法，这样所有的技能方法都是有源头的，不是为了学而学，而是有很强的目标感与目的性。

在解决问题的过程中，会面临各种各样的境况与不同的企业成员，有喜欢的，有不喜欢的，管理者要学会与不同的人打交道，过程中需要迂回、搁置、争执、回避乃至妥协，没有非黑即白，管理者要认识灰度并容忍灰度，要摒弃完美主义，协调各方，通力合作，最终实现目标。

第三，重在机制，达成绩效。

随着工作时间延长，管理者的技能与经验越来越多，阅历也开始丰富，逐渐成长为成熟的管理者，这时候，管理者要学会利用机制更好地达成绩效。

不能否认管理技能和方法的重要性，但是要把管理手段与制度结合起来，从而达到效果最大化，换句话说，围绕机制展开管理手段更合适，也更自然。

管理者与下属一对一沟通，需要提前进行设计：为什么沟通？要达成什么目标？怎么沟通？如果这几个问题没有答案，就只是泛泛而谈，根本没有价值，而且浪费彼此的时间，将沟通纳入“绩效面谈”的场景，一切问题就能够迎刃而解。

所以，借助制度设计解决共性问题，利用管理手段解决个性问题，双管齐下，解决问题，达成绩效，是团队执行的良方。

心态平和，掌握技能，借助机制，是管理者成长的必经路线。人生是一场修行，成为管理者，会加速这场修行，付出更多，体会更多，收获更多，最终成就更好的自己。

第三节　个人执行：执行心态打造

有了企业层面的执行体系，再加上管理者的团队执行力解决方案，是不是意味着战略执行一定没有问题了呢？可能还不够，若要战略执行有效果，还需要每个团队成员的个人执行力做支撑。

个人执行的关键不在于能力，而在于心态，也就是面对目标，是否有“舍我其谁，死拼到底”的决心和勇气，是否有“不顾一切，拿到结果”的坚持和韧劲，显然，这是比能力更重要的东西。

个人执行需要重点打造三大执行心态：客户思维、责任担当和结果导向。

以客户为中心是个人执行的起点，你怎么想不重要，客户怎么想才重要，客户提前，自我退后，一切以为客户提供价值为行为准则，站在客户的角度看待问题、思考问题和解决问题，是执行心态的基础。

责任担当是个大课题，强调过多容易成为说教，如果责任成了大道理，显然不利于个人执行力的提升。责任担当需要从另一个角度进行重新解读，想让团队成员无时无刻地承担重任显然不可能，即使不可能完全承担责任，也不要有“受害者”心态，远离“受害”是执行心态打造的重要内容。

结果导向是非常重要的执行心态，在日常工作和生活中，大多数人怀着“应付了事”“完成差事”“例行公事”的敷衍心态，而结果导向强调的是不找理由和借口，不要在意其他人的感受和行为，一定要拿到结果的心态，这是执行心态中非常关键的部分。

只有具备了良好的执行心态，才能谈执行能力的培养与提升，否则，没有执行意愿，能力再强也没有结果。

战略执行，并非只是强调某一个层次的执行重要性，而是企业执行、团队执行和个人执行三个层次的执行相互匹配。企业执行，重点在于执行体系的建设；团队执行，是企业执行的分解动作；个人执行，是基于目标的执行心态打造。三个执行层次，三个不同层级，需要持续升级和对齐，最终保障从战略目标的确定到战略结果的达成。

第四节　战略执行，需要战略领导力

任何战略的实施，以及变革创新的破局，从落地执行到结果达成，除了缜密的制度设计，更需要领导力的引领与推动，否则，战略只能是“空中楼阁”，徒留一个美好的幻想而已。

“领导力”属于热词，近几年热度持续高涨，更是成为企业管理培训的热门话题。但是，大多数关于领导力的定义、文章或书籍，都是从思想特质、个性风格、领导行为等层面进行阐述的，洋洋洒洒，不一而足。

领导力的流派和理论非常多，更多是“知识灌输”型的内容，强调领导力应该怎么做，有的更指出领导力修行更多靠“自我觉察”，但这个自我觉察的原动力在哪里呢？领导者为什么要做自我觉察？

作为商业企业，企业领导者的目标与行为最终都要指向增长，导向业绩，同样，领导力也要与业绩结果挂钩，大谈特谈领导特质、领导风格及领导行为，但最终与企业业务和业绩割裂，是不能接受的，也没有意义。毕竟，商业不是理论研究。

有关领导力的定义有很多，可以明确的事实是，领导是一个职位统称，领导力是一种能力；领导未必有领导力，有领导力的未必是领导。

那么，什么是领导力？

所谓领导力，就是引领众人去他们从未去过甚至不想去的地方，去做他们从未做过甚至不想做的事情。

按照德鲁克的观点，领导力就是把一个人的视野提到更高的境界，把一个人的成就提到更高的标准，锤炼其人格，使之超越通常的局限。

如果单纯是从上述两个定义来看，就会感觉领导力很“高大上”，上升到了意志品质和道德层面。能有多少企业需要这样的领导力，而又有几个领导者具备这样的领导力，从这个角度来理解，领导力无疑是“奢侈品”，是少有人走的路。

从实践的角度，我们需要对领导力有更深入的理解，主要集中在以下三个方面。

第一，领导力是一种相信。

企业管理无非回归“事”和“人”两个层面，前者基于目标，围绕目标实现设计目标分解、计划制订、过程管控、总结复盘等 PDCA 循环，实现闭环管理；后者基于团队，流程制度设计得再合理、科学，如果团队成员不想去做、不愿去做，那结果就是零。所以，领导者必须关注团队成员的种种问题，进行及时解决与纠偏，这就需要领导力。

所以，领导力首先是一种相信。如果你相信领导力有用，那它就会起作用；反之，如果根本不相信领导力，觉得是道德说教、是虚无缥缈，那就不起作用。而回到企业管理，怎么可能不关注人？怎么可能不对人进行激励和鼓舞？怎么可能不顾及人的成长和发展？

第二，领导力是一种行为。

如果领导力仅停留在概念和思想层面，与战略目标以及企业业务无法产生连接，落地性不够，那么，领导力的作用和价值就会令人产生怀疑，也不会被引起重视。

管理者的领导力，抓手要回到业务上，而非泛泛地给团队灌输“心灵鸡汤”和做“心理按摩”。只有回归业务，回到业务结果的达成和业务能力的提升，才是领导力的根本解。围绕团队目标，做领导力基本动作的分解，然后不断地重复和精进，是领导力最好的提升方式。

第三，领导力是一种学习。

领导是天生的还是后天培养的？持“领导力天生论”观点的人认为领导力与生俱来，和遗传基因有关，有就是有，没有就是没有，人的命，天注定，领导力也是这样；持“领导力后天论”观点的人认为“王侯将相，宁有种乎”，每个人都可以通过自我学习和训练而具备一定的领导力，类似的观点有很多，众说纷纭，莫衷一是。

而对大部分人而言，如何更好地与他人合作，如何更好地影响下属从而推动团队目标达成，是企业面临的普遍现象，我们完全可以通过学习和实践，提高自己的领导力水平。

我们每个人在企业中都具备一定的领导力基础和资源，需要更进一步的是，认识到自己具有的领导力资源，尽可能持续将领导力资源最大化，这样就可以不断培养自己的领导力水平。通常来说，每个人在企业中都具备以下三大领导力资源。

领导力第一资源：专业资源——端稳吃饭家伙。

在职场中，我们每个人都在某个岗位上从事某项专业工作，所以，领导力最基本的资源就是本职工作。把本岗位本专业工作做好，持续精进，必定会影响他人，而且影响力会越来越大。

努力成为一个专业人，不断提升自己的专业能力，是领导力提升最好的切入点。专业能力强的人影响力大是公理。专业能力包含专业技术能力和专业管理能力两个方面，前者指专业技术，后者特指管理者的管理能力，尤其是团队管理者能力，比如沟通、反馈、辅导和激励等。

领导力第二资源：人际资源——拓展人脉关系。

除了专业资源，领导力的第二关键资源是人际资源，与你周边的领导和同事建立良好的合作关系，让彼此的工作更顺畅和更和谐，显然是提升领导力的重要手段。

需要特别说明，人际资源绝不是我们通常理解的人际关系，也并非“你好我好大家好”的无原则人际关系，而是具有生产力的关系。

德鲁克说，企业中的管理者不是因为他们有“与人相处的天赋”而具有良好的人际关系。他们有着良好的人际关系是因为他们在工作和与他人的交往中注重贡献。因此，他们的关系才具有生产力，这也是“良好的人际关系”的唯一正确定义。

领导力第三资源：品牌资源——树立良好口碑。

领导力的第三资源是品牌资源，非企业品牌而是个人品牌。每个人都是有品牌的，有的价值高，有的价值低，让自己的品牌更值钱，决定自己领导力水平的高低。

在企业中树立个人品牌有三大途径：第一，积极主动。始终积极主动地做事情，不推诿，不抱怨，给别人以可靠的形象，个人品牌就容易建立。第二，情绪稳定。保持情绪的稳定，而非大起大落，让别人认为你不可捉摸，不可接近，也是个人品牌建立的重要手段。第三，做出成果。不仅行为和过程好，做事有结果，成果也很好，是个人品牌升值的最关键一步，硕果累累，必定“价值连城”。

我们每个人都有专业、人际和品牌三大领导力资源，精进专业能力，拓展人际资源，打造个人品牌，是大多数人学习和精进领导力的三大途径。

对领导力有了深入的理解之后，在战略层面，企业中高层管理者需要具备相应的领导力技能，推动战略的落地执行，引领团队达成业绩结果。在这个过程中，战略领导力尤其需要通过以下三个关键行动得到体现。

战略领导力关键行动之一：描绘战略愿景。

哈佛商学院教授约翰·科特曾经讲过这样一个故事：公园内有三组人，正值午饭时间，大雨将至，三个组会采取怎样的行动呢？

第一组的某个人说：“站起来，跟我走。”说完起身就走，组内有几个人看他走了，有的跟了上去，有的依然不动，那人喊道：“下雨了，马上起来，跟我走！”

第二组某个人说："我们必须马上走了，所有人都站起来，向苹果树的方向走，请与其他人保持半米的距离，不要跑，不要遗漏东西，大家到树下集合……"

第三组某个人说："还有几分钟就下雨了，我们到那边的苹果树下去吧。这样我们就不会被淋湿，而且还有新鲜的苹果可以吃。"

你更喜欢哪个组的方式呢？显然是第三组。第一组属于行政命令，发号施令的方式，强制大家行动，而不管你愿不愿意和喜不喜欢；第二组属于微观管理，甚至要求了前后两个组员之间的间隔距离，显然控制程度更深，更遑论征求组员的意见了；第三组实际并未对大家提出任何要求，只是提出了方向，并说出了这样做的优势和好处，以此引领大家的行动，这叫愿景引领。

企业中，高层管理者的战略领导力所体现的关键行为首先是描绘愿景，告诉大家方向在哪里，为什么要往这个方向去。"人们不会拒绝改变，但拒绝被改变"，行政命令的最终结局大多是"哪里有压迫，哪里就有反抗"，让大家看到战略愿景，给大家一个行动的理由，让大家自发自愿地去行动，这就是愿景引领的作用。

战略领导力关键行动之二：激发行动意识。

只是描绘战略愿景还不够，要让团队成员有行动的紧迫感，接下来要驱动团队向愿景前进，这一步极其关键，再伟大的愿景、再美好的目标，如果没有行动，一切都是零。由于惰性的强大作用，以及有舒适区的存在，团队成员很难有持续行动的勇气和决心，激发团队成员的行动紧迫感就成为一项关键的战略领导力行为。

团队成员在战略实施过程中通常会呈现以下四种典型心态。

心态一：既不愿意畅享未来愿景，也不愿意面对现实。这是"鸵鸟"心态，把头往沙子里一埋，两耳不闻窗外事，爱谁谁，都跟我无关，与世隔绝。

心态二：愿意畅享未来愿景的美好，但不愿意面对现实。类似于在大街上观看游行队伍表演，氛围热烈，掌声欢呼声不断，观看游行的队伍中时常发出“噢耶”的惊呼和赞叹声，但游行队伍远去后，观看的队伍也就解散了，该怎样还怎样，刚才的一切转瞬即逝，“吃瓜群众”，看热闹而已。

心态三：不愿意畅享未来的愿景，只迷恋目前的安定和舒适局面。属于“旧鞋”心态，“旧鞋”最大的特点是舒服，早已经过了开始的磨合期，正处于舒适的阶段，活在当下就好，不想也不愿意做出任何改变。

心态四：属于主动行动，勇于尝试，大胆突破，不断打破舒适区，这是管理者最期待，也是最喜欢的心态。

如何激发团队成员行动的紧迫感？比较有效的方法是做对比。对比愿景与现状，对比引发的反差越大，团队的紧迫感越强，采取行动的动力也会越足。

战略领导力关键行动之三：引领执行过程。

所有结果都是设计出来的，没有好过程，就不可能有好结果。所以，为了战略目标的达成，管理者需要对战略执行过程进行引领与管理，从而保障最终结果的实现。

有了行动紧迫感，要让团队尽快进入行动状态，否则紧迫感很快就会消退。由于战略执行意味着改变和不确定，而愿景的周期又比较长，执行过程中团队很容易出现心态起伏，要对执行过程进行管控，以保证执行过程的顺利。

由于执行过程具有相当的复杂性，管理者包办一切，给下属下达指令，下属只负责执行已经不合时宜，此时更需要团队的集体智慧，充分激发每个团队成员的主观能动性，以团队的集体智慧来应对外部环境的多变性和复杂性。

这就要求管理者的管理方式从“命令”向“赋能”转型，摆脱传统的行政命令及单向沟通，向激发和赋能转变，给予下属更多的信任，更多的自主权，传递目标，而非面面俱到，给下属发挥的空间，鼓励其主动找寻解决问题的方法和路径。

团队成员在执行过程中肯定会碰到各种各样的麻烦和困难，授权绝不是置之不理，而是“授权不授责”，给下属做事的权利，做不好的责任由管理者承担，这样才能让下属放开手脚大胆行动和试错。

在下属遇到比较大的困难与难题时，管理者要及时介入，对下属进行指导与辅导，帮助下属克服变革的困难与恐惧。而针对不同类型的下属特点，管理者做过程辅导的策略与方法显然是不一样的，新员工、老员工、问题者是管理者要重点辅导的三类人。过程做好，才可能有好结果，否则就是碰运气。

如果认为团队会一往无前，一鼓作气，一直行动到战略目标的实现，显然是理想主义，执行过程中一定有士气低落，一定有心态消极，一定有反复，这就需要管理者去想办法让团队收获小胜利，以小胜利积累大胜利。

要把长期的战略愿景细化为阶段性的小目标，并及时向团队成员展示执行的进展，而且要通过团队氛围的营造提升团队凝聚力，鼓励大家始终对战略愿景抱有信心，彼此相携，共同实现企业的战略目标。

制度设计与领导力相结合，可以更好地提升战略执行的过程质量与效果。

对领导力的认知与持续精进，是战略执行的重要组成部分，毕竟，执行过程中会面临各种各样的问题，事先规划好的战略路径未必完全适用，此时，领导力的作用就会凸显。正如《战争论》中的名句：当战争打到一塌糊涂的时候，将领的作用是什么？就是要在茫茫黑夜中，用自己发出的微光，指引着队伍前进。

第五章

新质生产力与战略管理

第一节　新质生产力需要战略能力

新质生产力是指在创新的主导下，摆脱传统经济增长方式和生产力发展路径的先进生产力方式，它以高科技、高效能、高质量为特征，代表了生产力发展的新阶段。企业在新质生产力建设中无疑要占据主导作用，而且新质生产力一个重要的内涵特征是高效能，也就是通过优化生产要素配置以及提升全要素生产率达到过程的高效化和结果的高效能。

简言之，企业在新质生产力的实践中，人效是重要的衡量指标之一，而企业管理水平是决定人效高低的核心手段，显然，企业管理要优先从顶层设计切入，这就涉及战略管理。所以，在新质生产力的建设与实践中，决不能忽视战略管理的作用，也就是说，新质生产力与战略管理密不可分。

在推进新质生产力建设的大背景下，市场机会越来越少，竞争越来越剧烈，这就要求企业具备战略能力。

战略是选择和放弃，是对企业发展未来的安排。没有战略，企业就是“孤魂野鬼”，飘到哪里算哪里，因为没有灵魂，即使有灵魂，也无处安放。企业要搞清楚自己在哪里，然后确定要往哪里去，以及怎么去，这个过程不容易，需要长时间的思考、实践以及试错。从这个角度来说，企业建立战略管理体系的前提，是培养战略能力。而战略能力，一般包含战略思考、战略研讨以及战略执行三部分内容。

战略能力之一：战略思考——看清终局再布局。

企业战略能力的第一个体现的是战略思考能力。

一个典型现状是，大多数企业的管理者都不擅长战略思考，在多年的职业经历下，造就了管理者“具象＋点式”的思维模式，突出表现在：第一，长期局限于某一专业领域，视野变窄；第二，遇到问题本能地根据经验采取行动，系统化不足；第三，在细节方面能沉下去，但跳不出来，最后跑偏，目的性和高度不够。

越是这样，越是需要管理者训练战略思考能力。这里的管理者，首先是高层管理者，也就是企业的高管团队。战略思考能力更多是一种素养，而战略素养的形成，需要多看，多思，多写。

多看。走出去，标杆访学，参观学习，真实地去感受和触摸外部环境的变化；多读书，在知识的海洋中遨游，要有多层次的观点和知识的输入，才可能有输出。

多思。看而不思，无疑是走马观花，意义不大，从外部环境的种种变化思考行业的发展趋势，思考客户需求的转变，不断推演各种可能性，思考是长期的，形成习惯最重要。多看是输入，多思是过程。

多写。如果只有观察和思考，那思维是流动和散乱的，无法形成结论性的产出，用文字进行记录，一方面梳理思路，另一方面训练思维逻辑，让表达更加结构化和缜密。

战略思考要放到时间的维度上，同时还需要方法论的支撑。战略思考要达成的最重要目标是，企业知道自己在哪里，要往哪里去，以及怎么去。如果你不知道在哪里，有地图也没用；如果不知道要去哪里，有地图还是没用。

战略能力之二：战略研讨——团队共创达共识。

如果说战略思考更多的是管理者的个人战略思维训练，那么，战略研讨就是企业管理团队战略思考达成共识的过程。没有共识，战略就是“一把手”战略，与其他人没有关系，飘在空中，始终落不了地。

战略的共识是战略落地与执行的起点，同时，共识并不能依靠宣贯获得，单向灌输，只是传递，是否理解，理解多少，都是未知数，大概率左耳进，右耳出。

战略共识必须经过观点的碰撞、激发以及冲突，从而形成统一，所谓“真理越辩越明”，没有真参与，都是假共识。

企业通常有各种会议，会议千万个，有一个会必须开，而且要开好，形成制度，那就是战略研讨会，华为的 EMT 会议，每月一次，高层管理者定期聚在一起，彼此交换意见，聊一聊，务务虚，一次两次效果不大，长时间坚持下来，效果一定会显现。

即使不能形成制度，每年年初企业中高层管理者也一定要召开一次战略研讨会，对战略方向和策略打法进行共创研讨，并形成企业年度重点任务，这是企业的一项关键工作，必须加以重视。

战略能力之三：战略执行——目标实现有方法。

如果说战略规划需要企业具备一定的发展规模和处于某个发展阶段，对每个企业而言未必是“刚需”，那么，战略执行必然是每个企业的“必修课”，哪怕没有战略，总有年度目标吧，只要有目标，就要有达成目标的方法，没有方法，目标就是“空中楼阁”。

构成战略能力的三个环节中，企业最欠缺的是战略执行能力，也就是把目标变成计划，计划变成行动，行动变成结果的能力。而战略执行能力的培养，企业可以参照上一章谈到的企业执行、团队执行、个人执行，以及“1+1”执行系统进行持续的实践与验证。

第二节　新质生产力要高质量增长

新质生产力不仅要求企业增长，更看重高质量增长，这无疑是战略能力的集中体现。战略的本质是增长，尤其在不确定未来，绝大多数行业的市场竞争格局已经基本固定，增长的天花板越来越近，存量市场的竞争越来越"卷"，在这种局面下，增长愈加艰难，但也尤为可贵，那么，企业如何满足新质生产力对高质量增长的要求？

企业增长 GROW 模型（图 5-1），系统探讨了企业如何实现高质量增长。

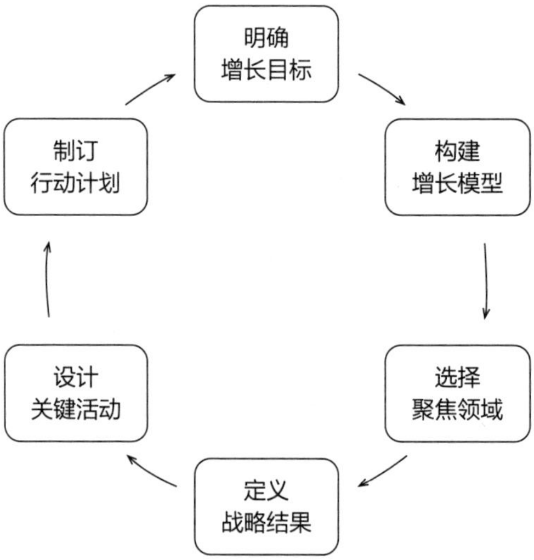

图 5-1　企业增长 GROW 模型

企业增长 GROW 模型包括六个步骤：G1——明确增长目标；G2——构建增长模型；G3——选择聚焦领域；G4——定义战略结果；G5——设计关键活动；G6——制订行动计划。从增长目标开始，到行动计划终止，形成具有逻辑关系的闭环，帮助管理者完成企业增长的系统思考。

企业增长 GROW 模型之 G1——明确增长目标。

增长要从目标开始，首先明确年度增长目标，目标包括存量和增量两部分，存量是基本盘，无须过多讨论，关键是增量目标。

增长目标的确定，要判断企业增长的方向，是在原业务赛道深耕，还是要进入新赛道。如果在原业务领域进行深耕，在现有业务规模的基础上增加一个比例即可，一般由企业“一把手”提出一个总目标作为公司奋斗的方向。

如果企业决定开辟新的业务领域，同样需要确定一个目标，由于是新赛道，企业并没有过多的经验与数据可供参考，往往需要“拍”一个目标，可以由本业务领域的负责人提出。

需要提醒的是，增长目标更多是牵引和导向，并非绝对精确的数字，所以不要过于强调合理性，否则企业就会陷入讨价还价的博弈状态，徒增内耗。有增长目标比目标是多少更重要。

企业增长 GROW 模型之 G2——构建增长模型。

有了增长目标，关键是要找到达成目标的路径。所以，基于目标找到影响增长的变量是一项重要工作，将关键变量进行组合，就构成了企业增长的基本模型。

在战略落地与执行方面，可以运用平衡计分卡绘制战略地图，也就是找到在财务、客户、内部运营、学习与成长四个维度的战略举措，利用逻辑关系进行连接，这就是企业的战略地图，然后从战略举措导出重点任务与战略 KPI，为下一步的战略执行做准备。

战略地图中战略举措的提取通常是基于缺陷或不足，容易陷入“大而全”的思维模式，如果回到业务本身，从商业模式角度思考可能更贴近增长的本质。

美国硅谷创业者肖恩·艾利斯提出了“增长黑客”的概念，它指的是综合且创造性地运用数据、技术、实验等手段，为产品或企业找到业务增长方式，从而构建可持续发展的增长引擎，这为企业思考如何增长提供了良好的切入点。

业务要增长，首先要找到增长变量，也就是到底有哪些因素可能会影响成交，换句话说，要拆解企业的“生意模式”，从根本上说，任何生意都需要与客户达成交易，而客户的行为一般可以分为五个步骤，分别是获客、激活、留存、购买以及推荐 / 复购，就像一个漏斗，如图 5-2 所示。

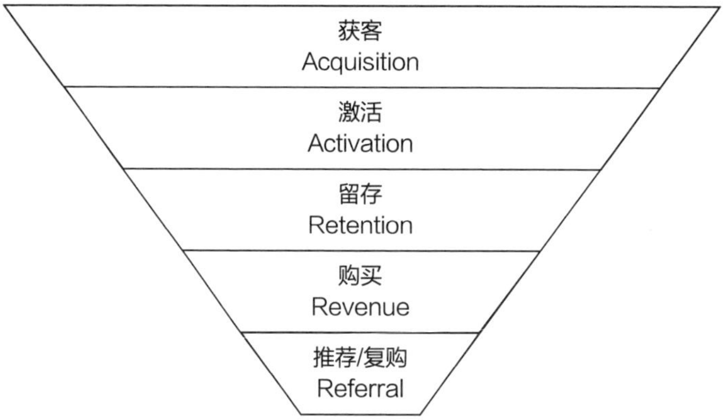

图 5-2 客户行为 AARRR 模型

客户的五个行为放到业务场景中进行思考和分析才会有意义，比如对电商网站而言，影响成交的关键因素有首次访问的数量、成为会员的数量、购买的数量以及成交的数量，基于这几个变量可以构建电商网站的增长模型：网站销售额 = 访问量 × 注册率 × 下单率 × 客单价 × 复购率。又如市场份额 = 渗透率 × 购买力 × 品牌忠诚度，也可以定义为销售额 = 购买人数 × 客单价 × 购买次数。所以，借助增长模型，商业模式可以简化为数学公式，围绕数学公式就可以展开一系列分析活动。

如果客户群是 C 端客户，增长模型具有通用性，也就是“业绩增长额 =

客流量 × 转化率 × 客单价 × 复购率”，C 端的商业基本都可以套用，如果客户群是企业客户或政府客户，如何构建增长模型？

B 端（企业）或 G 端（政府）客户，无论从成交周期以及生意模式都要比 C 端复杂得多，因为前两者的业务流程以及决策链更长，同时影响成交的因素以及人更多，远比 C 端客户个人决策更复杂，在这种情况下，B 端或 G 端业务很难用一个数学公式将增长模型表示出来，当然，也并不意味着 B 端或 G 端业务无法构建增长模型，此时，不要拘泥于构建增长模型，而是应该找寻影响增长的关键变量，增长变量找到了，增长模型的构建自然水到渠成。

B 端或 G 端业务的增长变量要回归业务流程，梳理与客户接触的各个场景，然后定义关键场景，在场景中寻找增长变量，最终确定关键增长变量，围绕关键增长变量同样可以展开一系列分析活动。

企业增长 GROW 模型之 G3——选择聚焦领域。

增长模型或增长变量确定之后，要进行一系列的思考与分析，也就是找到哪些变量是影响增长的问题点或机会点，为了避免凭感觉的主观判断偏差，最好做验证，验证方法通常有两种，一种是经验追溯；另一种是数据分析。

经验追溯就是依据业务经验对变量进行验证，最好多找一些业务专家，对增长变量的执行情况进行回顾和复盘，从而找到结果不佳的短板变量，要根据多个专家的业务经验进行追溯或交叉验证，确保结论的准确度，尽可能避免偏差。

数据分析需要找到比较对象，如果是对标本企业、本团队或本人，就要找到相应的不同时期数据进行对比；如果要和竞争对手对标，就比较竞争对手和自身的数据；如果哪个变量的数据和对标对象的数据有较大的偏差，那么，这个变量就是需要聚焦的改善领域。

选择了影响程度大的变量，就是找到了聚焦领域，也就是业务问题点或发展机会，再一层层向下深挖影响变量的各个因素，找到真因并加以改善。

通过经验追溯与数据分析，对症下药，找到最短板，也就是需要重点改善的业务领域，才能真正找到增长的路径与做法。

企业增长 GROW 模型之 G4——定义战略结果。

经过对增长变量的分析，找到需要改善的关键领域，接下来需要对所针对的变量改善（提升）到什么程度进行定义，也就是设定战略结果。

这里需要注意，企业会制定年度战略目标，比如实现新增营业收入多少，这难道不是战略结果吗？这是终极增长目标，属于战略结果的一部分，除了最终目标，还需要一系列过程目标，没有好过程，不可能有好结果，所以，这里说的战略结果，更多指过程性结果，也就是说，要达成最终增长目标，必须有哪些过程性结果做支撑。

举例来说，足球比赛获胜是最终的结果，要想比对手进更多的球，需要对前场、中场和后场都提出要求，射门次数、射正次数、传球次数、传球成功率、解围次数、抢断次数等，都是保证比赛胜利的战略结果。

如何定义战略结果？可以从“多、快、好、省、新”五个维度来帮助思考。“多”指数量，属于定量结果，比如营业收入、利润、成本等数量性结果，大家都很熟悉；“快”指速度，也就是及时性，在什么时间节点完成什么工作，属于里程碑结果；“好”指质量，对某一个战略结果的质量提出要求；“省”指成本，能节省或降低多少费用，或者是否可以“花小钱办大事”；“新”指创新，是不是创新性的战略结果。

年度增长目标对应一系列战略结果，战略结果定义完成之后，还需要进行重要性排序，因为结果不能太多，否则就会失去执行焦点，在实践中，可以依照“挑战性、影响性、差异性”三个因素对战略结果进行评估，最终确定关键战略结果。

企业增长 GROW 模型之 G5——设计关键活动。

每一个战略结果都要匹配相应的活动，哪些活动对结果达成是必不可少的，这需要提前进行规划和设计，否则就会陷入“习惯什么就干什么”“什么容易就干什么”“领导让干什么就干什么”的思维怪圈。

如何理解“活动”？活动并非具体的行动措施，而是对行动措施的指引，换句话说，活动是“干什么”，行动是“怎么干”。

如何设计“活动”？可以从三个方面思考：第一，业务一线采取哪些活动可以保障战略结果的达成？第二，企业中后台提供哪些重要的支持活动？第三，公司层面需要制定哪些制度流程才可以更好地支撑业务一线拿到战略结果？也就是说，从业务、支持以及制度三个方面进行活动的设计。

基于战略结果会有一系列活动设计，资源是有限的，要考虑行动的效率与效果，因此，要对多项活动进行重要性筛选，并优先对更重要的活动采取行动，可以依据“能力要求、影响大小、难度高低”三个因素对各项活动进行评估，最终确定关键活动。

企业增长 GROW 模型之 G6——制订行动计划。

企业增长模型最后一步是行动计划的制订，这个环节大家相对更加熟悉，毕竟工作计划是一项必备的日常职能，在此，需注意以下三点。

第一，行动计划要体现重要性。行动计划是关键活动指引下的行动，并非日常工作的重复。行动计划无须事无巨细地列举日常工作，只要将关键的行动措施提取出来即可。所以，行动计划要聚焦重点，而非面面俱到。

第二，行动计划要具体可执行。行动计划不是活动，也不是战略举措，而是具体可执行的行动措施。除去自身行动，很可能也需要公司其他部门或岗位的协同配合，这些都要纳入行动计划。可以采用“3W1H”方法制定行动计划，即责任人是谁（Who），行动开始结束时间点（When），采取哪些行动（What），需要哪些资源支持（How much），从这四个维度制订工作计划，就可以保证行动计划既做到具体落地，又可操作可执行。

第三，行动计划要持续的迭代。行动计划不是做练习、交作业，而是为接下来的执行做准备，千万不要做“死计划”，也就是做完就扔到旁边，再也不看，这就失去了制订行动计划的初衷。外部环境变幻莫测，随时都在发生变化，因此计划要不断地试错和迭代，如果制订好的计划不能达成战略结果，或者外部执行环境和条件已经发生了变化，那就果断进行调整和修正，毕竟，计划是手段，实现战略结果和战略目标才是目的。

增长模型、增长变量也好，关键活动、行动计划也罢，制定好之后，并不是一劳永逸，很可能存在错误和偏差，这就需要通过行动不断试错和迭代，更多时候，有效的增长变量、关键活动和行动计划是试出来的。

要摒弃两种相互对立的观点，一种是“规划万能论”，要把各种增长变量找齐全，各项活动和行动都要计划完善，然后按部就班执行就可以，不全面、不完善就不能执行；另一种是“规划无用论”，计划不如变化，实际情况一旦有变，再好的规划和计划也无用，甚至有“枪声一响，规划作废一半”的观点，笔者赞同这种观点，但千万不能抹杀规划和计划的重要性，通过系统的规划方法论锻炼，可以持续提升团队应对变化的能力，这也是企业增长模型的价值所在。

在变幻莫测的 VUCA 时代，新质生产力对企业高质量增长提出了更高的要求，若要实现增长，企业首先需要明确增长的目标，然后基于业务特点和商业模式进行增长变量和增长模型的构建，对增长变量进行深入分析，找到需要改善和提升的关键问题点和机会点，同时定义改善后的战略结果，围绕战略结果规划一系列业务活动，并进行关键活动的筛选和排序，将关键活动进一步细化，确定责任人、具体行动措施、完成时间和所需要的资源支持，最终将增长目标落地为具体的增长路径和行动措施。

企业战略能力的构建，是一个漫长而艰难的过程，需要企业坚守“结硬寨，打呆仗”的长期主义，不投机，不取巧，扎扎实实修炼战略“内功”，一旦练成，将具备强大的竞争优势。

有些快，是要慢慢来的。

后记：相信战略的力量

我对战略的兴趣缘起于2000年读MBA期间，课程设置有战略管理这门课，当时授课的老师曾经在美国沃顿商学院做过访问学者，对MBA案例教学法颇为推崇，因此在课堂上经常设计企业实际案例让我们分组研讨并发表观点，课后作业也大都是企业案例分析报告，当时这种授课模式非常新颖，极大地激发了我的学习热情，同时对企业战略管理产生了兴趣。

我大都在从事企业管理咨询与培训，经过多年的探索与实践，我深切体会到，战略不仅是企业的要事，还和我们每个人密切相关。

上学、求职、职业发展、婚姻等是每个人成长过程中的重要时刻，也是战略时刻，如何把握这些战略时刻，从而获得比较好的结果，显然需要提前做规划。因此，战略首先要回答想要什么，这就需要分析外部环境，找到可能的机会，还要进行自我剖析，了解自己的长处与短板，然后将长处与可能的机会进行匹配，找到最适合自己的方向，也就是奋斗的目标。

有了目标，就要坚定地走下去，同时在行动过程中不断修正和调整，但大方向不能错。棘手的是，如果方向错了怎么办，在如今瞬息万变的不确定未来，方向很有可能出现偏差或模糊，这就需要做出选择，所以，战略要平衡坚持和灵活的关系。一方面不能罔顾环境，一意孤行，这不是坚持，是固执；另一方面也不能三心二意，见异思迁，这不是灵活，是投机。

2021年11月16日我在头条号写下了第一篇战略文章，迄今已近三年，相关的战略文章已经超过了150篇，起初只是记录我在管理咨询与培训中的一些心得以及对战略的点滴思考，大都是天马行空，想到哪里写到哪里，不成体系，后来写得多了，逐渐有了感觉，开始写作《战略 50 讲》系列，慢慢地，有读者朋友对我的文章作出了鼓励和表扬，有的进行转发，有的询问是否有书出版，这些都让我萌发了出书的想法。

在写作过程中，我深深感受到了创作的艰辛，自己的知识储备匮乏，文笔思路也有些欠缺，导致书中的观点具有较大的局限性。我所能做的，仅是把自己的实践经验尽可能提炼出来，如果能对企业战略实践产生微助益，就是我写作本书的最大意义。

感谢家人一直以来对我的支持和鼓励，感谢儿子带给我的持久快乐。

感谢与我一起进行管理实践的企业领导者和管理者，让我充分认识到培训是彼此成就的过程，让我从企业中学到更多。

相信战略的力量，它可以指引我们走得更远，让我们的人生具有不一样的意义。

王式华

2024 年 6 月

参考文献

［1］［美］彼得·德鲁克，著．卓有成效的管理者［M］．许是详，译．北京：机械工业出版社，2016．

［2］［美］彼得·德鲁克，著．管理的实践［M］．齐若兰，译．北京：机械工业出版社，2007．

［3］［美］迈克尔·波特，著．竞争战略［M］．陈丽芳，译．北京：中信出版社，2014．

［4］蔡春华．战略参谋：写出管用的战略报告［M］．北京：北京燕山出版社，2020．

［5］胡浩．将战略落地：重新定义目标驱动与执行［M］．北京：机械工业出版社，2022．

［6］王钺．战略三环：规划、解码、执行［M］．北京：机械工业出版社，2020．

［7］王煜全．学会洞察行业：写好分析报告的6堂实战课［M］．北京：北京联合出版公司，2018．

［8］［美］肖恩·埃利斯，［美］摩根·布朗，著．增长黑客——如何低成本实现爆发式成长［M］．张溪梦，译．北京：中信出版集团，2018．

［9］曲卉．硅谷增长黑客实战笔记［M］．北京：机械工业出版社，2023．

［10］［美］罗伯特·卡普兰，［美］大卫·诺顿，著．平衡计分卡——

化战略为行动［M］．刘俊勇，孙薇，译．广州：广东经济出版社，2011．

［11］［美］罗伯特・卡普兰，［美］大卫・诺顿，著．战略地图——化无形资产为有形成果［M］．刘俊勇，孙薇，译．广州：广东经济出版社，2019．

［12］孔婷，孙林岩，梁冬寒．中国服务型制造企业案例集［M］．北京：清华大学出版社，2011．

［13］翟吉红．战略地图在高端核心零部件企业的应用［J］．财务与会计，2022（24）：35–39．

［14］朱安伦，孙嘉舸．湖南天雁基于平衡计分卡的战略绩效管理体系［J］．管理会计研究，2018（11）：73–80．

［15］温素彬，盛佳丽．战略地图：解读与应用案例［J］．会计之友，2020（17）：150–156．

［16］汪雅萍，何召滨．整合式创新：国家电投基于战略的管理创新实践［J］．中国管理会计，2021（3）：38–52．

［17］刘亦飞，夏峰．中国宝武绩效驱动型战略执行体系管理实践［J］．财务与会计，2022（2）：30–33．

［18］陈静．对标世界一流管理提升打造卓越的战略执行力——中国移动的管理实践［J］．中国管理会计，2021（2）：52–60．

［19］苟建华，孙卓．新发展格局下我国制造业“微笑曲线”向数字化“武藏曲线”转型路径［J］．现代商业，2022（7）：39–42．

［20］海澜之家官网．海澜之家集团股份有限公司 2022 年年度报告［EB/OL］．［2023–04–28］．https://hlaweboss.blob.core.chinacloudapi.cn/cover/20230428/a0fbfdf511a52094cfd8d87099321971.pdf.